KB175423

고전에서 마음을 찾다

마음과 인성론 중심의 사서(四書) 이해

고전에서 마음을 찾다

— 마음과 인성론 중심의 사서(四書) 이해

2020년 9월 5일 초판 1쇄 인쇄
2020년 9월 9일 초판 1쇄 발행

지은이 | 임헌규
펴낸이 | 김태화
펴낸곳 | 파라아카데미 (파라북스)
기획·편집 | 전지영
일러스트 | 김영민
디자인 | 김현제

등록번호 | 제313-2004-000003호
등록일자 | 2004년 1월 7일
주소 | 서울 특별시 마포구 와우산로 29가길 83 (서교동)
전화 | 02) 322-5353 팩스 | 070) 4103-5353

ISBN 979-11-88509-36-2 (93150)

© 임헌규, 2020

* 이이 도서의 국립중앙도서관 출판예정도서목록(CIP)은 서지정보유통지원시스템 홈페이지(http://seoji.nl.go.kr)와 국가자료종합목록 구축시스템(http://kolis-net.nl.go.kr)에서 이용하실 수 있습니다. (CIP제어번호 : CIP2020036742)

* 파라아카데미는 파라북스의 학술 관련 전문 브랜드입니다.

* 값은 표지 뒷면에 있습니다.

고전에서 마음을 찾다

마음과 인성론 중심의 사서(四書) 이해 임헌규 지음

마음과 그 본성에 중점에 두고, 사서를 읽고 이해하는 것을 목표로 했다. 사서에 나타난 마음 (心) 및 그와 직접 연관되는 성性·정情·지志·의意 등이 나타나는 장절章節들을 제시·해설하 여, 사서의 편찬자들이 마음과 그 본성을 어떻게 정립·실현하라고 말했는지를 살핀다. 그리고 이 용례와 이론을 기반으로 유가의 핵심 사상인 마음과 심성론을 해명한다.

파라아카데미

머리말 _

주자(1130~1200)는 "사서四書란 인간 마음의 본성 회복을 근본 취지로 하는 이치의 학문 체계이다."고 정의했다. 이 정의에 따라 이 책은 마음과 그 본성에 중점에 두고, 사서를 읽고 이해하는 것을 목표로 했다. 사서에 대한 개괄적 · 인성론적 이해를 위해 이 책은 먼저, 역사상 최초로 사서를 정립 · 주석하면서, 가장 잘 소개했다고 인정되는 주자의 『집주』「서문」을 제시했다. 그리고 사서에 나타난 마음(心)과 직접 연관되는 성性 · 정情 · 지志 · 의意 등이 나타나는 장절章節들을 제시 · 해설하여, 사서의 편찬자들이 마음과 그 본성을 어떻게 정립 · 실현하라고 말했는지를 살피고, 이 용례와 이론(인 · 심성론)을 해명했다. 나아가 사서가 지닌 각각의 특징과 이론들을 잘 드러내는 주제를 선정하여 논술 · 해설하였다.

「도입부」에서는 첫째, 고전(경전)이란 무엇이며, 유교의 고전인 사서삼경이란 무엇을 말하는지에 대한 간략한 일반적인 소개를 하였다. 고전이란 무엇인가에 대해서는 여러 설명이 있을 수 있겠지만, 여기서는 초학자들을 위해 한자의 어원을 설명하는 것으로 대신했다. 그리고 공자 이전에 형성되었던 삼경三經에 대한 개괄적인 설명을 하고, 『논어』에 나타난 공자의 삼경 이해를 제시했다. 그리고 사서란 무엇이며, 그 체계는 어떻게 구성되어 있는지를, 이해를 돕기 위해 불교의 삼장三藏과 비교하며 설명했다.

둘째, 사서에 나타난 유교의 이념을 총괄적으로 서술했다. 유교가 지향하는 이념과 그 근간을 형성하는 도통, 그리고 행위의 표준이 되는 중용이란 무엇인지에 대해 살폈다. 또한 유교가 제시하는 바람직한 인간 및 사회상을 밝혔다. '유儒'란 시·서·예·악을 익히고, 천·지·인의 원리에 통달하고, 수신을 통한 내성외왕의 이념을 구현하려고 한 선비(군자)들을 지칭한다. 또한 유자儒者란 부국강병과 같은 공리가 아니라, 인간 본성의 구현에 관심을 갖고 가치와 당위의 세계를 자체 목적으로 사랑하는 호학자라 하였다. 결론적으로 유학은 궁극 근원인 하늘을 표준으로 삼아 최적의 평형과 균형을 추구하면서, 조화로운 삶을 영위하려는 이상을 지니고, '중中'으로 상호 정립을 이룬 주체(忠)들은 추기급인의 서恕의 실천을 통해 궁극적으로 사랑으로 서로 돌보는 지선의 공동체를 이루려고 했다는 것을 서술했다.

1부 『논어』에서는 우선 마음과 직접 연관이 되는 심心 · 성性(정情) · 지志(의意) 등이 나타난 문장과 그 용례를 살폈다(3장). 공자가 최초로 '성性' 개념을 제기하여, '생물학적 몸(生)'과 '그 욕망을 사유 · 도덕적 판단으로 주재(心)'하는 인성의 구현을 통해, 인도를 실천하고 인문세계를 건설할 수 있는 철학적 단서를 마련했다고 했다. 또한 공자는 '지志'(17회 14장 출현) 개념을 중요시하여, 모름지기 군자란 학學 · 도道 · 인仁과 같은 보편적인 덕을 변함없이 지향해야 한다고 말했다는 점도 살폈다. 「4장: 공자, 인간 본성과 인간의 길을 제시하다!」라는 주제로 공자의 위기지학의 이념에 대해 서술했다. 공자에게 자기실현은 곧 인간의 본성을 형성하는 인의 실천이며, 이는 기본적으로 다른 사람을 적극 사랑하는(愛人) 것으로 드러나는 관계적 상황에서 실현되는 것이었다.

2부 『대학』에서는 먼저(5장) 이 책의 주제가 되는 '덕德' 개념의 형성과 전개 및 논쟁(선천성 대 후천성)에 대해 살폈다. 공자 이전의 덕 개념은 천명을 받는 근거이자 선정의 조건이며, 후대의 자손들이 천명을 유지하고 선대의 유업을 계승하는 바탕이었다. 하지만 공자로부터 주로 도덕·덕성·품덕·덕행 등과 같이 품위 있고 아름다운 행위일반과 그 행위를 가능하게 하는 내면상태를 의미한다. 또한 덕이란 타고난 고유본성(재능)을 의미하기도 하지만, 그 재능을 후천적 노력(수양)을 통해 올바르게 발휘하여(行) 마땅함을 얻을 때, 비로소 그것을 '덕'이라고 한다는 점에 대해서도 살폈다. 그리고 「6장: 『대학』, 큰 배움의 이념과 방법을 제시하다!」에서는 '대학大學'이란 무엇이며, 삼강령-팔조목은 어떻게 해석해야 하는지를 주자와 다산의 해석에 입각하여 구조적·유기적으로 해명했다.

3부에서는 『중용』은 공자의 언명을 단초로 하여 인간 본성의 근원을 논하고, 이 본성에 근거하여 인간이 마땅히 가야할 길(人道)을 제시함으로써 유교 윤리를 정립했다는 점에 대해 살폈다. 우선 이 책에는 '성性' 자가 11회 출현(심心·정情·의意·지志는 단 1번도 나오지 않는다)한다는 점에 주목하여, 그 문장과 용례를 제시하면서 철학적 의미를 해설했다. 또한 『중용』이 유교 문헌 가운데 최초로 마음을 본성과 감정(본체와 그 작용)으로 논했다는 점에 대해서도 살폈다(7장). 그리고 「8장: 『중용』, 유교 윤리를 정립하다!」에서는 유교의 종지가 되는 수장首章을 중심으로 도덕의 형이상학(天命之謂性)과 도덕행위의 준칙(率性之謂道) 정립을 논하면서, 여기에서 나타난 유교 윤리·인간관의 특징을 논했다.

4부 『맹자』에서는 유교 심성론의 정립에 대해 논한다. 우선(9장) 맹자는 심心·성性·정情·의意·지志의 개념을 어떻게 정립·사용함으로써 유교 심성론의 최초 정립자가 되었는지에 대해 상세하게 논하고, 맹자가 제시한 "호연지기浩然之氣"의 방법에 대한 주자의 해설과 다산의 비평을 함께 살폈다. 「10장: 맹자, 인간 본성의 선함을 증명하다!」에서는 맹자가 말한 마음이란 기관의 특징(思: 反省)을 살피면서, 그가 제시한 '유자입정의 비유'를 통해 선한 인성의 증명과 성선의 의미에 대한 여러 해설들을 고찰·논구했다. 「11장: 맹자와 고자, 인성을 두고 최초로 논쟁하다!」에서 인성에 대한 자연주의적－생물학주의적인 입장을 취한 고자와 선험주의적－이념 규정적 방식을 취한 맹자의 인성에 대한 논쟁을 상세하게 논의하면서, 그 현대적 의미에 대해서 서술하였다.

이 책은 당초 필자가 담당하는 「마음과 인성론 강의」의 교재로 기획된 것이다. 이 강좌는 주자의 사서에 대한 정의(四書란 인간 마음의 본성회복을 근본 뜻으로 하는 학문체계이다)에 착안하여, 유교의 대표 경전인 사서의 근본 의미를 살피면서, 거기에서 나타난 마음과 인간 본성과 관련된 문제 등을 다루기 위해 개설된 것이다. 이 목적에 부합하기 위하여 필자는 사서에서 나타난 마음과 연관된 용어·장절들을 상세히 살피면서, 그 동안 이와 관련하여 썼던 글들을 다시 수정·보완하는 것으로 이 책을 구성하였다. 비록 부족한 점이 많지만, 동양고전을 처음 접하는 일반인과 수강생들이 마음과 인간 본성이라는 주제를 중심으로 사서를 이해하는 데에 조금이나마 도움이 되길 바란다.

2020. 9.
임헌규 손모음

차례 _

도입부

에필로그

도입부

「도입부」에서는 첫째, 고전(經典)이란 무엇이며, 유교의 고전인 사서삼경이란 무엇을 말하는지에 대한 간략한 일반적인 소개를 하였다. 고전이란 무엇인가에 대해서는 여러 설명이 있을 수 있겠지만, 여기서는 초학자들을 위해 한자의 어원을 설명하는 것으로 대신했다. 그리고 공자 이전에 형성되었던 삼경三經에 대한 개괄적인 설명을 하고, 『논어』에 나타난 공자의 삼경 이해를 제시했다. 그리고 사서란 무엇이며, 그 체계는 어떻게 구성되어 있는지를, 이해를 돕기 위해 불교의 삼장三藏과 비교하며 설명했다.

둘째, 사서에 나타난 유교의 이념을 총괄적으로 서술했다. 유교가 지향하는 이념과 그 근간을 형성하는 도통, 그리고 행위의 표준이 되는 중용이란 무엇인지에 대해 살폈다. 또한 유교가 제시하는 바람직한 인간 및 사회상을 밝혔다. '유儒'란 시·서·예·악을 익히고, 천·지·인의 원리에 통달하고, 수신을 통한 내성외왕의 이념을 구현하려고 한 선비(군자)들을 지칭한다. 또한 유자儒者란 부국강병과 같은 공리가 아니라, 인간 본성의 구현에 관심을 갖고 가치와 당위의 세계를 자체 목적으로 사랑하는 호학자라 하였다. 결론적으로 유학은 궁극 근원인 하늘을 표준으로 삼아 최적의 평형과 균형을 추구하면서, 조화로운 삶을 영위하려는 이상을 지니고, '중中'으로 상호 정립을 이룬 주체(忠)들은 추기급인의 서恕의 실천을 통해 궁극적으로 사랑으로 서로 돌보는 지선의 공동체를 이루려고 했다는 것을 서술했다.

1장

사서삼경이란
무엇인가?

1. 고전과 유가의 경전

　보편적인 종교 및 철학으로 인정되는 여러 유파들은 그 학설과 교리의 근간을 형성하는 고전(경전)이 있다. 고전은 인류의 위대한 문화유산으로 보편적 가치를 인정받으며, 인류의 정신적 삶과 물질적 생활방식에 지대한 영향을 끼쳐왔다. 고전 혹은 경전이란 무엇을 의미하는가에　대해서는 다양한 접근방식과 이해·해석이 있겠지만, 여기서는 한자의 어원으로 간략하게 설명해 보고자 한다.

　고전古典의 '고古' 자는 갑골문에서 시간상 과거를 나타내는 세로 획 ㅣ에 口(입 구)를 더한 부호에서 출발하여, 이후 '十(열 십)＋口(입 구)'의 회의자로 10세대 이전(옛날, 소박하다)부터 입으로 전해오던(口傳) 오랜 말들을 의미한다(『설문』). '전典'은 '冊(책 책)＋廾(두 손으로 떠받들 공)'의 형성자로 두 손으로 함께 높게 떠받든 책(典範, 經典)을 말한다. 따라서 고전古典이란 시간상 과거(十世代 이전)에서 구전되던 말들 가운데 함께 높이 떠받들 만한 가치가 있는 것들을 모아 기록해 놓은 전적典籍이다.

　경전經傳의 '경經'은 '糸(실 사)＋巠(지하수 경)'의 형성자로 베틀(巠)의 세로 선(날실, 날줄)을 말한다. 날실은 베틀을 짤 때 가장 중요한 베의 길이·넓이·조밀도를 결정하는 역할을 한다. 그래서 '경經' 자는 일의 가장 중요한 부분, 변하지 않는 것, 그리고 베를 짜듯 사람을 관리·운영하는 것(經營)을 의미하게 되었다. '전傳'은 '人(사람 인)＋專(오로지할 전)'의 형성자로 베 짜기와 같은 전문 기술(專)을 다른 사람(人)에게 전

傳 · 전달傳達 · 전수傳受한다는 뜻으로, 전설傳說 · 전기傳記 · 전통傳統 등을 의미한다. "성인의 창작을 '경經'이라 하고, 현인의 저술을 '전傳'이라 한다."고 했듯이, 「경」은 시공을 초월한 보편적인 진리를 담고 있는 성인의 직접적인 언행을 기록한 1차적 원자료이며, 「전」은 현인이 성인의 「경」을 주석하여 전한 2차 자료를 의미한다.[1]

그렇다면 어떤 전적을 유교의 「경」으로 볼 것인가? 이에 대해서는 시대사조와 학자들에 따라 의견을 달리했다. 사마천은 공자가 『시詩』·『서書』·『예禮』·『악樂』·『역易』·『춘추春秋』의 육경六經을 산정하고 육예六藝로 가르쳤다고 한다.[2]

공자는 물러나 『시』·『서』·『예』·『악』으로 닦으니, 제자가 더욱 늘어났

----

1. 『史記』「太史公自序」 "夫儒者以六藝爲法, 六藝經傳以千萬數." 『博物志』 "聖人制作曰 經, 賢人著述曰傳." 성聖은 耳(귀 이)+口(입 구)+壬(좋을 정)의 형성자로 귀(耳)는 뛰 어난 청각을 지닌 사람, 입(口)을 말을 상징하고, 壬은 발 돋음 하고 선 모습을 상징하 여, 남의 말을 귀담아 듣는 지도자를 의미한다. 이로부터 보통 사람을 넘는 총명과 예 지를 지닌 존재나 성인을, 그리고 학문이나 기술이 뛰어난 사람을 지칭하게 되었다. 현賢은 貝(조개 패)+臤又(군을 현)의 형성자로 노비를 잘 관리하고(臤又) 재산(貝)을 잘 지키는 재능 많은 사람을 말했다. 이후 재산이 많다, 총명하다, 현명하다, 현자 등 을 뜻하게 되었다.

2. 공자 이전 유교의 『詩』·『書』·『禮』·『樂』·『易』·『春秋』 등 이른바 五經 혹은 六經 가 운데 『예』는 율법(계율), 『시』·『악』은 시가詩歌, 『서』·『춘추』는 역사, 그리고 『역경』은 예언 및 철학에 해당한다. 이는 기독교의 예수 이전의 구약성서의 분류(律法書 · 歷史 書 · 詩歌書 · 豫言書)와 거의 일치한다. 일반적으로 39권으로 구성된 구약성서는 율 법서(모세오경 : 창세기, 출애굽기, 레위기, 민수기, 신명기), 역사서(여호수아, 사사 기, 룻기, 사무엘상하, 열왕기상하 역대상하, 에스라, 느헤미야, 에스더), 시가서(욥 기, 시편, 잠언, 전도서, 아가), 예언서(대선지서 : 이사야, 예레미야, 예레미야애가, 에스겔, 다니엘. 소선지서 : 호세아, 요엘, 아모스, 오바댜, 요나, 미가, 나훔, 하박 국, 스바냐, 학개, 스가랴, 말라기) 등으로 분류된다.

다. ...『서전』과 『예기』를 서술하고, 『시경』을 산정하고, 『악경』을 바로 잡으며, 『주역』의 「단전」, 「계사전」, 「상전」, 「설괘전」, 「문언전」을 지었다. 제자가 대개 3,000이었는데, 육예六藝에 통달한 자가 72명이었다.[3]

여기서 말한 '육예六藝'에 대해 예禮 · 악樂 · 사射 · 어御 · 서書 · 수數, 그리고 『시경』· 『서경』· 『예경』· 『악경』· 『역경』· 『춘추』 등 육경을 의미한다고 해석된다. 즉 72명의 제자가 통달한 육예六藝란 소학小學의 예 · 악 · 사 · 어 · 서 · 수와 대학大學의 육경六經 전부를 포괄한다고 하겠다. 소학이 인간의 행위방식을 익혀 인간적인 도리를 실천할 수 있도록 하는 일반 교육이라면, 대학은 그 원리에 통달하여 궁극적으로 자신을 닦고 다른 사람을 다스릴 수 있는 길을 제시하는 고등교육이라 할 수 있다. 육경은 오경(『악』 제외) 혹은 칠경(七經: 6경+『논어』)으로도 정립된다. 그리고 유교가 국가 이념으로 채택되고 연구가 심화됨에 따라 급기야 칠경 가운데(7), 『예』는 『주례周禮』· 『의례儀禮』· 『예기』의 삼례三禮로(+2), 『춘추』는 『좌전左傳』· 『공양전公羊傳』· 『곡량전穀梁傳』의 삼전三傳으로 나눠지고(+2), 여기에 『이아爾雅』와 『맹자』를 추가(+2)하여 '십삼경十三經'이 형성된다. 그런데 남송시대 신유학의 집대성자로 유교 역사상 가장 저명한 주석가인 주자(朱子, 1130~1200)가 도통론에 입각하여 사서四書를 확립 · 주석하게 된다. 그 후 원나라에서 주자의 주석이 과거시험의 표준으로 공인됨에 따라 사서가 가장 중요

----

3. 『사기』「공자세가」退而修詩書禮樂, 弟子彌眾... 孔子孔子晚而喜易 序彖 系象 說卦文言 以詩書禮樂教, 弟子蓋三千焉, 身通六藝者七十有二人.

한 경전으로 간주되고, 동시에 여러 경전 중에서 공자가 직접 산정하여 제자들을 가르쳤던 (주자가 직·간접적으로 주석했던) 삼경(『詩』·『書』·『易』)이 가장 큰 영향력을 행사했다(四書三經). 바로 이 때문에 우리는 사서삼경을 유가의 가장 중요한 경전으로 간주했던 것이다.

2. 삼경三經이란?

　이 책의 주제는 사서이지만, 잠시 삼경三經이 무엇인지를 공자의 언행을 기록해 놓은『논어』를 토대로 간략하게 살펴보자.

　『논어』에서 제자들의 증언에 따르면, "공자께서 평상시에 하신 말씀은『시』와『서』그리고 예를 지키는 것들이었다."[1] 공자 또한 "시에서 일어나서, 예에서 자립하고, 악에서 완성한다."[2]고 말했다. 공자에 따르면, "시는 감흥을 불러일으켜 볼 수 있고, 어울리고, 원망할 수 있게 하며, 가까이로는 부모를 섬기고, 멀리로는 임금을 섬길 수 있게 하기" 때문에, "사람이 시를 배우지 않으면, 마치 담장을 맞대고 서 있는 것과 같다." 그리고 예란 인간행위에 합당한 절도와 문식을 규정해 주는 것(約我以禮)으로, 예가 없으면 몸이 처할 곳이 없어지기 때문에 "예에서 일어선다."고 했다. 나아가 악樂이란 조화를 본질로 하면서 예에 의해 구분된 인간관계를 조화시켜 주는 것으로 윤리와 통하는 것이다.[3] 또한 공자는『서』를 인용하여 자신의 주장을 정당화하는 동시에(2:21), "나에게 만일 나이를 몇 해만 연장되어 끝내『역』을 배우게 된다면, 큰 허물이 없을 것이다."(7:16)고 말했다 이렇게 공자

1.『논어』7:17. 子所雅言 詩書執禮 皆雅言也.
2.『논어』8:8 子曰 興於詩 立於禮 成於樂.
3.『禮記』「樂記」"樂者 通倫理者也."

는 시·예·악 이외에『서』와『역』을 중시했다. 역사서로서『서』는 인물비평과 사건비정을 통해 선악과 시비를 구분·판단할 수 있게 해주는 거울(通鑑)의 역할을 했다. 변역變易의 책으로서『역』은 천·지·인(天地人)이 운행되는 가운데 변하지 않는 이치를 간편하게 알 수 있게 하는 철학으로 간주되었다.

그런데『논어』를 살펴보면, 공자는『시』에 관해서는 약 20여 회 내외로 언급하였지만,『서』에 대해서는 2회,『역』에 대해서는 단 1회만 언급했다.『악』은『시』의 악보樂譜로 추정되며,『예』는 글을 통한 문장을 익히는 것보다, 몸소 실천하는 것에 더 많은 비중을 두었을 것이다. 따라서 공자는 아마도 오늘날 문학에 해당하는『시』에 가장 많은 비중을 두고, 역사서인『서』를 보완적으로 채택하여 제자들을 교육[4]했으며, 말년에 철학서인『역』을 보고(韋編三絶) 좋아했다고 생각된다.

『시경』

일반적으로 '시詩'란 '언言+사寺'의 형성자로 간주되지만, 원래는 언言+지之로 구성되어 말(言)이 가는대로(之) 표현한 것을 말한다. 말(言)이란 입(口)에서 나오는 음파(≡)를 나타낸다. 따라서 입에서 나온 말(言)에 운율을 담아 가공·손질하여 깃들게 한 것(寺)이라는 의미에서

4.『논어』14:41. 子張曰 :『書』云, '高宗諒陰, 三年不言.' 何謂也?" 子曰 : "何必高宗? 古之人皆然. 君薨, 百官總己, 以聽於冢宰三年."

'지之'를 '사思'로 바꾸어 문학의 한 장르인 시詩가 되었다고 하겠다. 마음의 지향(의지·이상) 혹은 마음의 정회가 운율을 갖추어 가공되어 언표할 때 비로소 시가 되고, 이 시를 길게 읊을 때 노래(歌)가 된다.[5] '가歌' 자는 '欠(입 벌릴 흠)+哥(노래 가: 可의 연속됨)'의 형성자로 입을 벌려(欠) 이어서 계속 부르는 노래(哥)를 뜻한다.

그런데 '가哥'는 원래 갑골문에서 괭이(→柯)와 입(口)을 그려서 농사를 지으면서 부르던 노래(노동요)였는데, 노래를 부르면서 노동을 하면 고된 일도 쉽게 이루어진다는 뜻에서 '가능하다'는 의미가 파생되었다.[6] 그렇다면 '가歌'란 본래부터 운율이 있는 말(詩)에 맞추어 입을 벌려(欠) 노래(哥) 부르고, 그 노래에 맞추어 몸을 움직이는 노동 및 무송舞踊과 연관된다고 할 수 있다.

고대 중국문화는 주周나라 때에 이르러 비로소 하나의 온전한 문명체로 정립되었다. 『시경』은 이러한 문화를 배경으로 황하 중심의 민간가요에 기원을 둔 중국 최고最古의 시가총집詩歌總集이다. 『시경』에는 주나라의 초기 역사적 사건과 전설, 사회제도, 그리고 당시의 정치사회적 상황이 반영되어 있다.

중국의 『시경』은 서양 고대의 그리스적 전통에서 나온 대서사시인 호메로스(Homeros, BC 800? ~ BC 750)의 『일리아드Iliad』와 『오디세이Odyssey』에 비교된다. 그러나 그것은 한 저자가 썼던 그리스적 대서

---

5. 『書經』「舜典」 "詩言志 歌永言." 『漢書』「藝文志」 "書曰 詩言志 歌咏言 故哀樂之心感而歌咏之聲發 誦其言謂之詩 咏其聲謂之歌."
6. 하영삼, 『한자어원사전』, 도서출판3, 2014, 「詩」「志」「歌」항 참조.

사시보다는 오히려 헤브라이적 전통에서 나온 성서의『시편PSALMS』과 비견되는 측면이 더 많다. 유대인들의 고유 정서를 반영하는『시편』은 모세의 출애굽(BC 13세기경)으로부터 바빌론 유수(BC 586 ~ BC 537) 이후(BC 3세기)까지 약 1,000여 년에 걸쳐 기록되었다. 150여 편의 시 (50여 편은 저자 미상이고, 나머지 100여 편은 최소 7명에 저자에 의해 기록)와 총5권으로 분류되는『시편』은 일반적으로 찬양, 하나님의 우주적 통치, 왕과 왕권, 묵상, 감사, 예배, 이스라엘 역사, 저주, 회개 등을 내용으로 한다.[7] 이에 비해 중국 최초의 시가총집으로『시경』은 서주 초(BC 1122년: 12세기)부터 춘추 중기(BC 570: 6세기)까지 약 600년간 민간이나 귀족들이 창작하였거나, 혹은 궁중의식과 제사 때에 연주된 시를 집성한 것이다.『시경』의 각 편의 작자는 거의 알려져 있지 않으며, 그 계층 또한 다양한 것으로 분석된다.

　『시경』의 체제(내용)와 형식에 대해서는 부賦・비比・흥興・풍風・아雅・송頌이라고 하는 육의설六義說이 있다.[8] 여기서 부賦(직설법:直陳其事), 비比(비유법:以彼狀此), 흥興(연상법:托物興詞)은 표현 기법(방식)을 말하고, 풍風・아雅・송頌은 시의 성격이나 체제를 나타낸다. '풍風'이란 풍속風俗・풍화風化・풍유諷諭로, 윗사람이 아랫사람을 풍교風教하고 아랫사람이 윗사람을 풍자諷刺한다는 뜻이다. 아雅는 사대부 문학으로 문인들이 조정의 정치를 찬미하거나 풍자하여 지은 것으로, 주

7.『라이프성경사전』, 생명의말씀사, 2006.「시편」항 참조.
8.『周禮』「春官・太師」"教六詩 曰風 曰賦 曰比 曰興 曰雅 曰頌."「毛氏大序」"詩有六義焉, 一曰風, 二曰賦, 三曰比, 四曰興, 五曰雅, 六曰頌."

나라에서 널리 통용되던 정악正樂이자 공인된 정성正聲이다. '정政'은 바르다(正)는 뜻이고, 아雅 또한 바르다(正)는 뜻이기 때문에 '아雅'라고 불렀다. '송頌'[9]은 묘당廟堂문학으로 노래로써 공덕을 형용하여 송축·송미하는 것을 의미한다?[10]

현존『시경』의 구성을 보면 15개국의 풍인 국풍國風이 160편, 대아大雅·소아小雅로 나누어지는 아雅가 각각 31편과 80편(6편은 제목만 있고 시가 없다), 그리고 송頌이 40편으로, 도합 총 311(305)편이다. 이 책은 채시采詩·헌시獻詩·진시陳詩·산시刪詩 등의 과정을 거치면서, 이항里巷의 가요인 풍風과 사대부들의 아雅와 송頌을 종합하여 마침내 중국 최고의 정전正典으로 완성되었다. 『논어』를 보면, 공자는 다음과 같은 시론詩論을 피력했다.

2:2. "시詩 삼백 편을 한마디 말로 포괄하면, 생각에 사특함이 없는 것이다."[11]

8:8. "시에서 흥기하고, 예에서 자립하고, 악에서 완성한다."[12]

13:5. "시 삼백 편을 외우고도 정치를 맡기면 통달하지 못하고, 사방에

9.『說文解字』에는 다음과 같이 풀이하고 있다. '頌'자는 '頁'部를 따르고 '公'음을 따르는데, 본래 音은 容이다. 頌은 皃(얼굴 모)라고 했는데, 皃는 지금의 貌이니, 容貌가 頌자의 본의이다.

10.「毛詩大序」"上以風化下 下以風刺上 主文而譎諫 言之者無罪 聞之者足以戒 故曰風 …雅者, 正也, 言王政之所由廢興也. 政有小大, 故有小雅焉, 有大雅焉. 頌者, 美盛德之形容, 以其成功告於神明者也."

11. 子曰 詩三百 一言以蔽之 曰思無邪.

12. 子曰 興於詩 立於禮 成於樂.

사신으로 가서 단독으로 응대하지 못한다면, 비록 많이 외운다고 할지라도 또한 무엇에 쓰겠는가?"[13]

16:13. 진항이 백어에게 물었다. "그대는 (아버지인 공자로부터) 남다른 들음이 있는가?" 백어가 답했다. "없었습니다. 하루는 홀로 서 계실 때에 내가 종종걸음으로 뜰을 지나가니, '시를 배웠느냐?'고 하셨습니다. '아직 배우지 못했습니다.'고 했더니, '시를 배우지 않으면 말할 수 없다'고 하셨습니다. 저는 물러나 시를 배웠습니다.[14]

17:9. "제자들아! 어찌 저 '시'를 배우지 않는가? 시는 감흥하게 하고, 관찰할 수 있게 하고, 어울리게 하고, 원망할 수 있게 하며, 가까이로는 부모를 섬기고 멀리는 임금을 섬길 수 있게 하며, 조수와 초목의 이름도 많이 알게 해줄 수 있느니라."[15]

17:10. 공자께서 백어에게 일러 말씀하셨다. "너는 (『시경』의) 「주남」과 「소남」을 배웠느냐? 사람으로서 「주남」과 「소남」을 배우지 않으면 마치 담장을 마주하고 서 있는 것과 같다."[16]

----

13. 子曰 誦詩三百 授之以政 不達 使於四方 不能專對 雖多 亦奚以爲.
14. 陳亢問於伯魚曰 子亦有異聞乎 對曰 未也 嘗獨立 鯉趨而過庭 曰學詩乎 對曰未也 不學詩無以言 鯉退而學詩.
15. 子曰, 小子何莫學夫詩 詩 可以興 可以觀 可以羣 可以怨 邇之事父 遠之事君 多識於鳥獸草木之名.
16. 子謂伯魚曰 汝爲周南召南矣乎 人而不爲周南召南 其猶正牆面而立也與.

『서경』

중국 고대 우-하-상-주대에서 이제삼왕二帝三王의 기록인『서경』은 중국 최초의 역사서이다.『서경』은 본래 100편으로 당우唐虞시대와 하夏나라의 글을 모은『우하서』20편, 상商나라의 글을 모은『상서』40편, 주周나라의 글을 모은『주서』40편으로 구성되었고, 공자가 백 편을 편찬하면서 그「서序」를 지었다고 주장되어 왔다.

공자의 시대에 주 왕실은 미약하여 예악은 폐해지고『시』·『서』는 잔결殘缺이 많았다. 공자는 하·은·주 삼대의 예를 추적하여『서전』을 서하고(序書傳), 위로는 요순시대부터 아래로는 진목공에 이르기까지 그 사적을 차례대로 엮었다.[17]

『역』에서는 '황하에서 도가 나오고(河圖), 낙수에서 서가 나오니(洛書), 성인이 그것을 본받았다'고 하였다. 그러므로『서』가 일어난 지 오래되었으나, 공자에 이르러 찬술되었다. 위로서 요에서 시작하여 아래로는 진秦에서 끝나니, 모두 100편으로「서序」를 짓고 지은 뜻을 말하였다.[18]

17.『사기』「공자세가」. 孔子之時, 周室微而禮樂廢, 詩書缺. 追跡三代之禮, 序書傳, 上紀唐虞之際, 下至秦繆 編次其事.
18.『한서』「예문지」. "易曰 河出圖 洛出書 聖人則之 故書之所起 遠矣 至孔子 纂焉 上斷於堯 下訖於秦 凡百編 而爲之序 言其作意."

일반적으로 같은 역사서로 간주되는 『춘추』가 사건을 기술하였다면 (右史記事 事爲春秋), 『서경』은 군왕의 사고辭誥(명령이나 포고)를 기록(左史記言 言爲尙書)하였다고 한다. 『서』는 문장의 내용에 따라 보통 다음과 같은 6가지 형식(孔安國의「尙書六體」)으로 분류된다.

① 모범적인 통치행위를 기록한 전典(典範),

② 왕과 신하의 회의록인 모謨(謀議),

③ 조언으로서의 훈訓(訓戒, 敎訓),

④ 권면·격려하는 고誥(告),

⑤ 전쟁에 임하여 인민에게 하는 서誓(盟誓),

⑥ 신하에게 특권과 임무를 부과하는 명命(命令).

당대 사관에 의한 정치적 기록물로서 『우하서』는 하늘의 이치에 따라 덕으로 백성을 통치할 것을 말하였고, 『상서』와 『주서』는 제왕의 정치활동과 형법·군사 등을 기술해 놓았는데, 특히 일관된 애민愛 民·중민重民 정신은 성인의 사업으로 중국 정치의 기강이 되어왔다. 그래서 『서』는 공맹의 덕치 및 민본주의[19]뿐만 아니라 묵가를 위시한 제자백가에 의해 재해석·전유되어, 동아시아 정치·천문·지리· 윤리·민생 등 광범위한 문제에 심대한 영향을 끼쳤다.

----

19. 『書經』「大禹謨」 "禹曰 於 帝念哉. 德惟善政, 政在養民, 水火金木土穀惟修, 正德利 用厚生惟和. 九功惟敍, 九敍惟歌. 戒之用休, 董之用威, 勸之以九歌, 俾勿壞." 「五子 之歌」 "皇祖 有訓 民可近 不可下 民惟邦本 本固 邦寧." 이를 계승하여 맹자는 "民爲貴 社稷次之 君爲輕."(『맹자』7하:14)라고 말하였다.

『서』는 공자 이전에 이미 상당히 널리 유포되어 있었으며, 『논어』에서도 공자 또한 인용·해석했다.[20] 그런데 전국시대에 이르러서 중국 전통의 이제 삼왕의 기록물로서 『서』는 유교와 정통성을 두고 경쟁했던 『묵자』, 묵가와 양주 등의 공격으로부터 유가를 옹호하고자 했던 『맹자』, 그리고 다른 여러 학파들(법가 등)에 의해 경쟁적으로 인용되었다. 또한 『순자』에서 『서』는 『시』·『예』·『악』·『춘추』와 더불어 오경으로 불렸고(「勸學」), 성인의 사업에 대해 말한 정치의 기강으로 일컬어 졌다(「儒效」). 한대부터 『서』는 『상서尙書』라고 불리었다. 여기서 『상서』란 '상고시대의 책(以上古之書 謂之尙書: 陸德明)' 혹은 '공자가 찬술하고 높여서 천자의 조서와 같다(孔子纂書 尊而命之曰尙書 尙者上也 蓋言若天書然: 鄭玄)', 혹은 '상上이 말한 것을 아래의 사관이 기록했기 때문'이라고 한다(上所言 下爲史所書 故曰尙書: 王肅). 그리고 유교적 도통을 중시한 송대에서는 성인의 말씀이라는 의미에서 주로 『서경』이라고 칭했다.

『서경』과 항상 나란히 언급되는 『시경』이 진나라 때의 분서焚書를 겪으면서도 금문과 고문 간의 해석의 차이가 있지만, 편차와 목록에는 큰 차이가 없이 온전히 보전되어 있다. 그런데 전국시대의 맹자가 이미 "제후들이 이상적인 정치를 기술해 놓은 역사서가 자기들에게 해가 될 수 있음을 싫어하여 그 전적을 모두 버려 버렸다."[21]고 했고, 『사기』에서 "진나라가 천하를 차지하자, 천하의 『시』와 『서』를 불태워

---

20. 『논어』 2:21. "子曰 書云孝乎 惟孝友于兄弟 施於有政 是亦爲政 奚其爲爲政." 14:43, "子張曰 書云 高宗諒陰 三年不言. 何謂也. 子曰 何必高宗 古之人皆然. 君薨 百官總己以聽於冢宰三年."
21. 『맹자』「만장하」 "諸侯惡其害己也 而皆去其籍."

버렸는데, 제후들의 역사에 대한 기록은 더 심했다.”[22]고 말한 것에서 알 수 있듯이, 『서경』은 여러 경서 가운데 잔결이 가장 많은 책으로 손꼽힌다.

『역경』

‘역易’ 자는 ‘日(陽, 낮)+月(陰, 밤)’의 회의자로 음양의 변화를 나타낸다. 일반적으로 역易은 네 가지 의미(易四義)를 지닌다. 즉 ① 변역變易(음과 양이 유행한다), ② 교역交易(음과 양이 상호 待對한다), ③ 불역不易(변역·교역하는 이치는 변하지 않는다), 그리고 ④ 간이簡易(쉽게 배워 응용할 수 있다)가 그것이다. 혹은 ‘역易’ 자는 도마뱀의 형상에서 유래하였다는 설도 있는데(蜥蝪說), 곧 도마뱀이 주위의 상황에 따라 변화하여 적응하지만 도마뱀 자체는 변화지 않는 항구성을 지닌 데에서 역이 유래했다는 설명이다. 어쨌든 변화의 이치를 제시한 『역경』은 시·공간상 변하고 자리를 바꾸는 가운데 불변의 이치를 알려주어, 알맞고 바른(中正) 도리를 실천할 수 있도록 해주는 예언의 책이자 의리를 기술해 놓은 철학책이라고 하겠다. 『논어』에서 공자는 다음과 같이 말했다.

> “加我數年가아수년, 五十以學『易』오십이학역, 可以無大過矣가이무태과의.”(7:16)

---

22. 『사기』 「六國表」. 秦旣得意 燒天下詩書 諸侯史記尤甚.

이에 대해 주자는 "내가 몇 년을 더 빌려 살아, 끝내 『역』을 배울 수 있다면 큰 허물은 없을 것이다."라고 해석하였지만, 다산 정약용은 "내가 몇 년을 더 빌려 살아서, 쉰에 『역』을 배운다면, 큰 허물은 없을 것이다."라고 약간 다르게 해석했다.

주자의 주석은 『사기』 「공자세가」에 근거를 둔 것이다. 사마천은 「공자세가」에서 "공자는 만년에 『역』을 좋아하셔서 「단전」, 「계사전」, 「상전」, 「설괘전」, 「문언전」을 서술하셨다. 가죽 끈이 세 번 끊어지도록 『역』을 읽으시면서 말씀하시길, '만약 내가 몇 년을 이처럼 한다면, 나는 『역』에서 밝아질 것이다'라고 말했다."고 기록했다. 그리고 주자는 "『역』을 배우면, 길흉吉凶·소장消長의 이치와 진퇴進退·존망存亡의 도에 밝아지기" 때문에 큰 허물이 없어진다고 간략하게 해설했다(『집주』).

다산은 "『역』이란 책은 후회(悔)와 인색(吝)이 핵심이다. 후회란 과오를 고치는 것이고, 인색은 과오를 고치지 않는 것이다(능히 후회할 줄 알면 허물을 고치는 데 인색하지 않다). 그러므로 말하길, 『역』을 배우면 큰 과오가 없을 수 있다."(『고금주』)고 말하였다.

그렇다면 왜 아름답게 꾸민 말(文+口＝린吝:아끼다, 인색吝嗇하다)이 화禍를 불러오고, 흉凶한 것일까? 여기서 중요한 글자의 의미를 살펴보자. 悔(뉘우칠 회) 자는 '心(마음 심) + 每(매양 매: '어미 모母'에서 파생된 글자로 비녀를 꽂은 여인으로서 어머니)'로 구성되어, 철이 들어 어머니(每)의 마음(心)을 잘 헤아리지 못했던 것을 뒤늦게 뉘우친다(後悔)는 뜻이다. 이러한 회悔 자와 연용되는 것은 회개悔改의 '개改' 자이다. 개改 자는 '己(자기)+攵(攴:칠 복)'으로 잘못을 후회하며 자기 자신(己)을 매질(攵)하는 것을 말한다. 즉 다른 사람이나 환경에 책임을 전가하여 변명하는 것이 아니라, 책임을 자신에게 돌리면서 바로 '내 탓이요, 내 탓이요!'하면서 자신을 매질하여 자신을 바꾼다(改過遷善)는 뜻이다.

그렇다면 '뉘우칠 회(悔)'와 반대의 뜻의 글자는 무엇일까? 이에 대해 다산 정약용은 '인색할 인(吝)' 자라고 말한다. '인吝'이란 '文(꾸밀 문)+口(입 구)'로서 자전에는 '아름다운 말'이라고 풀이하고 있다. 그런데 이 말이 왜 '아끼다ㆍ인색하다'는 뜻이 되었을까? 그것은 곧 허물(過)이 있는데도 진정으로 뉘우치지(悔) 않고, 말(口)로써 아름답게 꾸며 허물을 시정률正하려고 하지 않기 때문에 이런 뜻이 나왔을 것이다. 바로 이런 근거에서 다산은 뉘우침(悔)의 반대는 인색함(吝)이라고 말했을 것이다. 허물 혹은 과오(過)가 있으면 타인이나 환경의 탓이 아니라, 바로 '내 탓'으로 돌리면서 자기 자신을 채찍질하여 시정하는 데에 인색吝嗇하지 않는 것, 즉 신속하게 개과천선하여 상황에 알맞고(中) 바르게(正) 행하는 것이 바로 진정한 뉘우침(悔)이라 하겠다.

일반적으로 『역』은 시ㆍ공적 상황에서 알맞고 바른 도리(中正之道)를 가르쳐 준다고 말한다. 알맞고 바르면 복福이 찾아오며 길吉하다는 것이다. 알맞지 않아 모자라거나 넘치며, 또한 올바르지 않다면(中正하지 않다면) 화禍가 찾아오고 흉凶하다고 한다. 그런데 불완전한 사람은 누구나 과오나 잘못을 범할 수 있다는 점에서, 『역』은 그 허물이나 과오 자체가 아니라, 그것을 대하는 사람의 태도에서 화ㆍ복과 길ㆍ흉이 엇갈린다고 말한다.

다산은 과오過誤가 있을 때, 뉘우쳐서(悔) 자신을 채찍질하여(改) 신속정확하게 고쳐 중정中正의 도리를 따를 때에 복福이 찾아와서 길하다고 말한다. 그리고 그 반대일 때, 즉 과오를 고치는데 인색吝嗇하여 타자와 환경의 탓으로 돌리면서, 말을 꾸며 변명만 일삼고(吝), 중정의 도리에 따르지 않을 때에 화禍가 찾아와서 흉하다고 말했다. 공자의 제자 안회顏回는 '화를 옮기지 않고(不遷怒)', '과오를 두 번 다시 되풀이하지 않았기(不貳過)' 때문에 유일하게 배우를 좋아한 사람이라고 칭송을 받았는데, 그의 '불이과'는 바로 『역』의 실천이라고 할 수 있다.

3. 사서四書란?

　역사상 사서를 최초로 실질적으로 정립한 주자는 "사람들에게 먼저 『대학』을 읽어 그 규모를 정하고, 다음으로 『논어』를 읽어 그 근본을 세우고, 그 다음으로 『맹자』를 읽어 그 발산한 점을 보고, 마지막으로 『중용』을 읽어 옛사람의 미묘한 뜻을 추구해야 한다."고 당부했다.[1] 또한 "사서란 본성 회복을 근본 뜻으로 하는 이학理學의 체계이다. 사서 가운데 『대학』은 오로지 덕德을 말하고, 『논어』는 오로지 인仁을 말했고, 『맹자』는 오로지 마음(心)을 말하고, 『중용』은 오로지 '이치(理)'를 말하였지만, 모두가 근본으로 돌아가면 천리天理로 복귀하는 사상체계이다."라고 정의했다.

　주자에 따르면, "『논어』의 주제는 인仁이며, 하나같이 예를 회복하여 인으로 돌아가는 것(復禮歸仁)을 말하면서 모두가 본성의 인을 조존·함양하는 요령을 제시했다."[2] 『논어』에서 '인'자는 전체 약 498장 중 약 59장에 걸쳐 대략 109회 내외로 가장 빈번하게 출현할 뿐만 아니라, 그 의미 또한 가장 중요한 주도개념이다. '인' 외에 예禮(42장 75회), 의義(20문장 24회), 지知(82장 118번), 도道(50장 72회), 덕德(31장 40회), 학學

---

1. 그래서 일반적으로 『소학』→『대학』→『논어』→『맹자』→『중용』→『시경』→『서경』→『역경』→『춘추』→『예기』의 순으로 경서를 읽으라고 권장되었다.
2. 『주자어류』14:3. "某要人先讀大學, 以定其規模; 次讀論語, 以立其根本; 次讀孟子, 以觀其發越; 次讀中庸, 以求古人之微妙處." 그리고 『주자어류』 권19, 「語孟綱領」 참조.

(42장 62번) 등도 중요한 개념으로 다루어졌다. 나아가 바람직한 인간상으로 군자君子(95장 107번) 개념이 현인賢人(24번), 성인聖人(8번), 대인大人(1번), 성인成人(1번)과 비교해 보았을 때 가장 빈번하고 중요하게 제시되었다. 따라서 공자의 언행으로 구성된 『논어』란 호학好學을 통해 인仁(義·禮·智)을 실천하는 도덕군자의 양성을 목적으로 시설된 책이라 하겠다.

사서 가운데 『논어』는 성인인 공자의 가르침(敎)이 드러나 있는 유일한 원자료이다. 따라서 이 책은 (불교의 표현을 빌리면) '경장經藏'에 해당한다.[3] 그렇다면 공자의 가르침의 진수로서 우리가 『논어』에서 진정 배워야 하는 학문이란 어떤 것인가? 평생 호학자로 자임하며(學而不厭), 대략 서른 내외부터 학단을 조직하여 73세를 일기로 마지막 숨을 거둘 때까지 가르치기를 권태로워하지 않았던(敎而不倦) 공자는 항상 제자의 자질에 따라 순서대로 자연스럽게 잘 이끌어주었지만, 그 학문의 체계 내에는 '일관지도一貫之道'가 있었다. 공자의 일관지도를 자기정립의 '충忠(中心)'과 타자정립의 '서恕(如心)'로 해석했던

---

3. 불경에는 경經·율律·논論의 3가지가 있는데 석가의 가르침을 경經, 윤리·도덕적인 실천규범을 율, 논리적으로 설명한 철학 체계를 론論이라 한다. 이 3가지를 모은 것을 각각 경장(經藏)·율장(律藏)·논장(論藏)이라 한다(삼장). 교법은 차차 정리되어 경(經, Sutra)이라고 불리게 되었고, ..계율은 제자들의 수도생활의 규정과, 불교 교단(敎團: 僧伽)의 규칙을 이야기하고, 그것이 차츰 증대, 정비되어 율장이 되었다. … 얼마 뒤 교법에 대한 연구와 해석이 발달하여 오랜 기간에 걸쳐 많은 저서가 나왔다. 이것은 제자들의 손에 의해 이루어졌다고 해서 경장과 구별하여 논장이라고 하였다. [네이버 지식백과] 두산백과사전 및 한국민족문화대백과, 「삼장」항 참조.

증자曾子[4]는 공자의 학문을 삼강령·팔조목으로 논리화하여 『대학』을 편집했다고 한다. 즉 증자는 성인 공자의 가르침(敎)으로 우리가 진정 익혀야할 진정한 학문(學)을 '대학大學(태학)'이라고 하고, "대학의 길은 명명덕·친(신)민·지어지선 하는 데에 있다."고 선언하면서, 그 조목으로 격물·치지·성의·정심·수신·제가·치국·평천하를 제시했다.[5] 이렇게 증자는 공자의 자기정립의 충忠을 명명덕(격물·치지·성의·정심·수신)으로, 그리고 타자정립의 서恕를 친민(제가·치국·평천하)으로 부연하면서, 공자의 학문을 논리적으로 재구성했다. 이러한 『대학』은 바로 공자학단의 논장論藏[6]에 해당한다고 할 수 있다. 대학을 배우는 주체인 대인은 궁리정심窮理正心을 통해 수신을 완성하고, 궁극적으로 치인과 평천하의 길을 추구한다는 점에서, 『대학』은 유교의 정치 교과서라고 하겠다.

공자가 중국철학사에서 이룩한 가장 큰 업적은 (금수와 구별되는) 인간의 자기자각에 기반하여 인성의 개념을 제기하면서, 인본·인도·인문주의를 주창한 데에 있다. 『논어』에 따르면, 공자는 (비록 드

---

4. 『논어』 14:15. "子曰 參乎 吾道 一以貫之 曾子曰 唯 子出 門人 問曰何謂也 曾子曰 夫子之道 忠恕而已矣."

5. 『대학』 경1장 참조.

6. '론論'이란 '言(말씀 언)+侖(둥글 륜: 다관多管으로 된 피리를 그린 약龠의 모습으로 피리와 같은 악기를 불 때의 조리條理나 순서를 형상화한 것으로 보인다. 이로부터 순서나 조리라는 의미로 쓰이게 되었다. 그런 순서가 도는 주기, 사이클을 의미한다)'의 형성자로 사리事理를 분석하여 조리 있게 말(言)로 설명하고 논의하는 것이다. 공자의 여러 가르침을 헤아리고 분석하여, 그 전체를 포괄하는 것을 일이관지하여 조리 있게 설명한 것이 바로 『대학』이라고 할 수 있다.

물게 말했지만) 성性과 천도에 대해서 말하면서 인간의 덕이 하늘에서 유래하며, 명을 알아야 군자가 될 수 있으며(不知命無以爲君子), 나아가 공자 자신은 쉰에 천명을 깨달았다(五十而知天命)고 하였다. 그러나 공자 당시에는 학문과 개념이 아직 성숙되지 못했기 때문에, 공자가 제시한 인간 본성의 유래와 그 내용(人性·仁義禮智), 인성과 그 내용에 근본을 두고 인간이 가야하는 길(人本·人道), 그리고 인간의 길을 걸어감으로써 실현해야 하는 문화(人文)에 대해 명확하게 이해한 제자는 거의 없었다.

공자의 손자였던 자사가 편집한 『중용』은 바로 이 문제에 대한 대답으로 구성되어 있다. 그래서 유가의 근본 취지(宗旨)를 요약해 놓은 『중용』의 첫 장은 "인간의 본성은 천명에서 유래했다는 것(인성의 유래), 인성에 근본을 두고 인간적인 삶을 영위하는 것이 인간의 길이라는 것(人道), 그리고 인간이 가야 할 길을 제시하는 것이 바로 성인의 가르침이며, 그 가르침에 의해 인문세계가 건설된다."고 말했다. 『중용』은 또한 "인간의 자기완성은 자기의 본성을 완전히 실현하고, 나아가 타인과 모든 만물의 본성을 완전히 실현시켜 줌으로써 천지의 화육 작용에 능동적으로 참여하여, 천지와 나란한 셋(與天地能參)이 되는 데에 있다."고 선언함으로써, 최상의 휴머니즘을 주창한다. 그리고 유교의 윤리학적 저서로서 『중용』은 도를 행하는 요체이자 지극한 최상의 원리로서 인간의 선한 행위의 표준이 되는 '중용'을 도덕행위의 준칙으로 정립함으로써 유교 윤리를 학적 이론으로 정립했다. 이렇게 『중용』은 "인간의 어떻게 살아야 하는가(인간의 길)?" 하는 문제와 연관하여, 인간의 본성과 그 유래, 그리고 행위의 표준(중용)을 설명했다는 점에서 유교의 윤리학을 정립한 전적, 곧 '율장律藏'에 해당한다고 하겠다.

『맹자』는 이단異端 변증을 통해 유교를 수호한 문제의 저서라고 할 수 있다. 『중용』을 편찬한 공자의 손자 자사의 문인 가운데 전국시대에 태어났던 유교의 아성인 맹자(BC 372? ~ BC 289?)는 세칭 호변가로서 이단변증과 유교의 수호자임을 자임하였다. 그는 다음과 같이 말했다.

세상이 쇠하고 도가 은미해져 사악한 학설과 포악한 행동이 일어나며 … 성왕이 일어나지 아니하여, 제후가 방자해져 초야의 선비들이 멋대로 의논하여 양주·묵적의 말이 세상에 가득하여, 세상의 말이 양주에게 돌아가지 않으면 묵적에게로 돌아간다. 양주는 위아爲我를 주장하니 이는 인군이 없는 것이고, 묵적은 겸애兼愛를 주장하니 이는 부모가 없는 것이다. 부모가 없고 인군이 없으면, 이는 금수禽獸이다. … 양주와 묵적의 도가 종식되지 않으면 공자의 도가 드러나지 못할 것이니, 이는 부정한 학설이 백성을 속여 인의의 정도正道를 꽉 막는 것이다. … 내가 이를 두려워하여 앞 성인의 도를 수호하고 양주·묵적을 막으며, 음탕한 말을 추방하여 사악한 학설이 나오지 못하게 한 것이다(3상:9).

맹자에 따르면, 양주의 위아주의에는 존현尊賢의 사회윤리가, 묵적의 겸애주의에는 친친親親의 가족윤리가 결여되어 있기 때문에 인륜의 정도라고 할 수 없다. 즉 인간을 금수상태에서 벗어나게 하는 인륜의 정도란 가족 사랑에서 출발하는 인仁과 덕이 있는 사람을 존경하는 의義에 있다는 것이다.[7] 그렇다면 맹자가 거의 항상 연결하여 사용한 인·의란 어떤 관계에 있는가? 인이 인간이 마땅히 추구해야 할 선한[8] 본성으로 인간이 기거할 편안한 집이라면, 의란 인의 본성으로 말미암아 인간이 마땅히 가야 하는 바른 길이라 하겠다. 공자는 주로 인을 말했지만, 맹자가 인·의를 함께 연결·보완함으로써 이제 유가 윤리는 안(居仁)과 밖(由義), 가족(天合: 父子)·사회윤리(義合: 君臣)를 겸비하는 도덕체계가 되었다. 그래서 정자程子는 다음과 같이 말했다.

> 맹자가 성인의 도에 끼친 공로는 이루 다 말할 수 없을 정도이다. 공자는 인仁자 하나만을 말했는데, 맹자는 입만 열었다 하면 곧 인仁·의義를 말했다. ...맹자가 말한 성선性善 역시 성인께서 미처 말씀하지 못한 것이다.[9]

이렇게 맹자는 금수와 인간의 차이에 대한 명확한 인식을 갖고 인(심)성론을 전개하였다(人禽之辨).[10] 또한 그는 의리와 이익의 변별(義利

---

7. 『중용』 20:5. "仁者 人也 親親 爲大 義者 宜也 尊賢爲大."
8. 맹자가 '性善'을 말한 대표 구절은 3상:1, 6상:2 및 6이다. 맹자가 말하는 '善'이란 추구할 만한 가치가 있다. 『맹자』 7하:25. "可欲之謂善."
9. 『맹자집주』 「序」. "程子又曰 孟子有功於聖門, 不可勝言. 仲尼只說一箇仁字, 孟子開口便說仁義. ...孟子性善 ...前聖所未發."
10. 『맹자』에서는 측은지심惻隱之心을 단서로 인간의 본성이 인仁하다는 것을 증명한다. 이때 '惻'이란 마음의 아픔(心痛) 혹은 간절히 가련하게 여김(傷之切)을, 隱이란 깊

之辨), 그리고 왕도와 패도정치를 구별(王覇論辨)하여 공자의 학설을 옹호하였다고 할 수 있다.

이 아픔(痛之深)을 나타낸다. 仁이 깊이 가련하게 여기는 마음(惻隱之心)으로 확인된다는 말은 곧 인간은 殘(歹+戔: 죽은 시체歹를 조각내는 것戔)·忍(心+刃: 칼날로 마음을 찌름)한 금수禽獸와 구별되는 본성을 지니고 있음을 나타낸다. 무릇 인간이란 다른 사람에게 同情心을 지니면서 차마 잔인하지 못하고, 不安해하며, 깊이 가련히 여기며, 친애하는 마음의 본성을 지닌 존재라는 것이 유교의 주장이다. '잔殘' 자는 '歹(뼈 부서질 알)+戔(쌓일 잔, 해칠 잔: 戈+戈)'의 형성자로 심한 전쟁(戔)으로 인한 잔해(歹)가 쌓임, 혹은 죽은 시체(歹)를 창으로 조각내는 잔인殘忍함을 나타낸다.

2장

유교란
무엇인가?

『논어』에서 공자는 최초로 인간의 마음과 그 본성, 그리고 하늘이 부여한 인간의 덕을 주제로 다루었다. 공자의 후기 수제자인 증자는 '공자의 일관지도를 충忠(中+心)·서恕(如+心)'라고 단언하면서, 『대학』에서 인간 덕의 실현(明明德)을 요체로 하는 대인의 길을 제시했다. 공자의 손자인 자사는 『중용』에서 인간의 본성이 천명으로 주어졌다고 하고, 그 본성에 따르는 것이 바로 인간의 길(人道)이라고 말함으로써 유교 윤리를 정립했다.[1]

　　자사 문인의 제자로 전국시대에 태어났던 아성 맹자는 당시 이단들의 흥기에 대응하여 공자학설의 수호자로 자임하고, '유자입정의 비유'를 통해 본심과 인성의 선함을 증명했다. 또한 "학문의 길이란 다름 아닌 잃어버린 마음을 구하는 것일 따름이다"[2]고 선언하고, 존심·양성의 수양론을 통해 하늘을 섬기는 방법을 제시했다. 유교의 사서四書는 예禮 위주의 외적 형식으로부터 내적 마음으로 전향하여, 인간의 본마음과 그 본성, 그리고 인간의 덕을 주제로 다루면서, 군자의 수기치인의 길과 인문세계의 건설을 주창했다.[3]

---

1. 『중용』 수장. "天命之謂性 率性之謂道."
2. 『논어』 4:15. "子曰 參乎 吾道 一以貫之 曾子曰 唯 … 夫子之道 忠恕而已矣." 『맹자』 6 상:11. "學問之道無他, 求其放心而已矣."
3. 『대학』 경1장 참조.

여기에서는 이러한 사서에 나타난 유교란 무엇이며, 어떤 이념으로 무엇을 실현하려고 했는지를 예비적으로 살펴보고자 한다.

유교(학)이란 문자 그대로 설명하면, '유(儒=人+需=須: 사람이 되기 위해 필수적으로 갖추어야 할 것)'를 근본으로 가르치고 배우려고 시도한 이념과 제도의 체계라고 규정할 수 있다. 그렇다면 유교의 근본 개념은 '유儒'라고 할 수 있으며, 따라서 우선 '유'가 무엇인지에 대해 문헌에 입각하여 해명하고자 한다. 그리고 학자이자 교육자 그리고 정치가였던 '유'를 근본으로 가르치고 배우려고 했던 유학·유교는 가장 높고 가장 포괄적인 지혜의 학문이자 목적의 정치학으로 학문－교육－정치가 삼위일체의 현실성을 형성하였다는 점을 드러내고자 한다.

다음으로 유교의 가장 중요한 특성을 형성하는 도통론道統論과 중용中庸 개념을 규명하고자 한다. 유가는 그 도의 근원을 하늘(天)로 설정하고, 하늘을 한마디로 '중中'하다고 규정하고, 중용의 도를 실천하는 데에 인간 행위의 표준(正)이 형성된다고 설파했다. 여기서는 '중中'의 의미를 중용의 중, 중화中和의 중, 그리고 시중時中의 중으로 나누어 설명하면서, 중용의 실천이란 ① 규구規矩로서 궁극 표준에 기반하여, ② 상대와 연관하여 최적의 평형·균형을 이루고, ③ 궁극적으로는 전체와 연관하여 최상－최선의 조화를 이루는 삶을 추구하는 것이라는 점을 증시하고자 한다.

마지막으로 유가의 근본 뜻(宗旨)을 제시해 놓은『중용』수삼구首三句와『대학』의 삼강령三綱領을 중심으로 인간과 사회의 이념을 해명하고자 한다. 유가는 인간에게 본성의 덕으로 인仁이 부여되어 있음을 확

인하고, 충서忠恕의 실천을 통해 지선의 공동체 건립을 목표로 한다
는 것을 제시하고자 한다.

1. 유교란

종교宗教란 말은 서양의 religion의 번역어로 res(사물)와 ligare(연결하다) 혹은 legare(정리하다, 경의를 표하다)의 합성어로, 신神과 사람의 재결합(관계회복) 및 엄숙한 의례儀禮, 그리고 초월자에 대한 경의를 표한다는 데에서 유래했다.[1] 그런데 종교란 '종宗(으뜸·조상·높음·근본·뿌리·적장자)'과 '교敎(가르침·교훈·교의)'의 합성어로서 '근본적인 것에 대한 가르침(敎義)'으로 풀이할 수 있다.[2] 따라서 유교란 우선 문자상으로 '유儒'를 근본·종지로서 가르치는(배우는) 신념·가치·이념·제도의 체계라고 정의할 수 있다.

유교가 '유儒'를 근본으로 가르친다면, 당연히 "유儒란 무엇인가?"를 해명하는 것이 급선무이다. '유儒'란 우선 '인人'+'수需(=須)'[3]로서 "사람이 되기 위한 필수적인 교양과 학문을 갖춘 사람, 또한 그러한 학덕으로 사람들을 가르치는 사람"[4]을 뜻한다. 고전의 용례로 살펴보면, '유儒'란 ① 술사術士(전문가), ② 교육자, ③ 공자문도, ④ 학자, ⑤

----

1. K. McLeish(eds), 「religion」, Key Ideas in Human Thought, Prima Publishing, 1995, p. 626 참조.
2. "동양에서 '종교宗敎'란 말은 본래 불교(華嚴五敎章卷一)의 용어로, 敎化의 대상에게 설해진 붇다의 가르침을 敎라 하고, 가르침의 내용을 宗이라고 하였다." 전관응 감수, 「종교」「불교학대사전」, 홍법원, 2001, 1436-7쪽.
3. 『周易』「需卦」, "需 須也."
4. 김충렬, 「儒'의 자의와 기능」『중국철학산고(II)』, 온누리, 1988, 159쪽.

철학자, ⑥ 도덕군자(내성외왕의 추구), ⑦ 대장부, ⑧ 선비 등을 지칭한다.[5] 즉 '유儒'란 육예六藝를 전문으로 가르치는 교육자에서 출발하여, 공자가 시詩·서書·예禮·악樂을 산정하여 학파를 개창한 이래 (음양가, 묵가, 명가, 법가, 도덕가 등과 구별되는) 공자학파에서 시·서·예·악을 익히고, 천天·지地·인人의 원리에 통달하여, 궁리정심을 통한 수기치인·내성외왕의 이념을 구현하려 한 선비(학자, 군자)들을 지칭한다.

선비(儒者, 儒生, 儒士)란 부국강병과 같은 현실의 이익을 추구하는 공리·실용주의자가 아니라, 인문주의 곧 인의예지와 같은 인간다운 가치를 지향하면서 수단적·효용적 차원을 초탈하여 진선미와 당위의 세계를 자체목적으로 사랑하는 호학자이다. 인간에게 필수적인 인문적 가치를 추구하는 유자들의 학문으로서 유학은 가장 인간다운 인간의 학, 즉 학문의 이상으로서 인문학이다. 여기서 '인문人文'이란 "인간이 인간의 본성으로부터 올바르고(義), 아름답고(美), 선하게(善), 그 결(理)과 길(道)에 따라 표장·현상하는 사태 자체"[6]를 지칭하며, 따라서 인문학이란 "인간이 그 본성으로부터 올바르고 아름답고 선하

---

5. 『說文解字』儒柔也. 術士之稱. 周禮「地方大司徒」, 師儒 鄕里敎以六藝者. 『莊子』「田子方」, "魯多儒士". 『列子』「周穆王」, 魯有儒生 自媒能治之. 『史記』「秦始皇紀」, "與魯諸生議". 『史記』「孔子世家」, 孔子以詩書禮樂敎弟子 蓋三焉 身通六藝者七十有二人. 『法言』「君子」, 通天地人曰儒. 김충렬, 앞의 논문, 160-5쪽 참조.

6. '文'이란 ① 무엇을 빛나게 하다 혹은 드러내 보이다(文采, 文飾), ② 현상(天文), ③ 법도(節文, 繁文), ④ 결이나 길(文理, 物理), ⑤ 善이나 美(文德, 崇文)를 의미하는데, 총괄하면 "어떤 것이 그것의 본성(法, 理)에 따라 드러남"을 의미하며, '그 본성에 따라 드러나는 것'이 빛나고 아름다우며 선하다는 뜻으로 풀이할 수 있다.

게 살아갈 수 있도록 결과 길을 널리 배우고, 깊이 있게 묻고, 신중하게 사려하고, 밝게 분별하여, 돈독하게 실천하는 행위의 총체이다."[7]

유학이 인문학의 함양을 통해 인본·인문주의를 표방한다는 사실은 삼경三經에서 『시경』이 오늘날의 문학, 『서경』은 역사학, 그리고 『역경』은 오늘날의 철학에 유비될 수 있다는 사실로 확인할 수 있다. 시詩로 구성된 『시경』은 인간의 감정을 순화시켜 사악한 감정이 일어나지 않게 하여(思无邪) 풍속을 교화시키고,[8] 역사서로서 『서경』은 인물비평 등을 통해 선악과 시비를 비정할 수 있도록 가르치고, 변화의 이치를 제시한 『역경』은 삼재의 이치에 통달하고 중정中正의 의리·도리를 알아 실천함으로써 인간의 자기완성에 나아가도록 하는 것을 목적으로 편찬된 책이다.

나아가 유가에서 학學과 교敎, 자기와 타인은 상호 성장(相長)하는 관계이다. 자신의 입장에서의 수기修己의 학學(明明德)은 타자의 입장에서는 치인治人의 교敎(新民·親民)가 된다. 유가에서 배움과 교육은 표리관계를 형성하고, 교육은 정치적일 뿐만 아니라, 정치 또한 교화적이다. 따라서 유가에서 학문-교육-정치는 삼위일체를 형성한다. 학문의 완성자로 최고의 덕을 지닌 성인만이 최고의 통치자의 자격을 갖고 "예를 논하고, 제도를 만들고, 문자를 상고할 수 있다."[9]

유학은 학문-교육-정치, 그리고 수신-제가-치국-평천하의 일

----

7. 『중용』 11장. "博學之 審問之 愼思之 明辨之 篤行之."
8. 『논어』 2:2. "子曰 詩三百 一言以蔽之 曰思無邪."
9. 『중용』 28장. "非天子 不議禮 不制度 不考文 …雖有其位 苟無其德 不敢作禮樂焉 雖有其德 苟無其位 亦不敢作禮樂焉."

치를 추구하는 수기치인지학修己治人之學 혹은 내성외왕지학內聖外王之學을 표방한다. 이런 의미에서 유학은 자기 덕을 밝혀 백성을 새롭게 함으로써 지선의 이상적 공동체를 구현하려고 하는 성학聖學이지, 상대적인 수단세계(農·工·商)에 종사하면서 기술의 전수에 관여하는 과학이 아니다. 공자는 의리에 관심을 둔 "군자는 (수단세계에 종사하여 각자의 고유한 용도가 있어 상호 통용되지 않는) 그릇이 아니다."[10]라고 말하였다. 공자가 수단세계에 종사(농사, 원예)하는 방법을 묻는 제자 번지의 질문에, 자신은 그런 일에서 경험 많은 농부나 원예사만 못하다고 대답하면서, 번지를 '소인'이라고 질책한 것은 이런 맥락에서 이해할 수 있다.[11]

지선의 공동체를 건설하고자 하는 유학은 특정 존재자나 수단세계에 관여하는 전문지식이 아니라, 모든 지식과 수단들이 인간의 목적에 봉사하도록 수단에 가치 질서를 부여하고, 수단에 종사하는 사람들이 조화롭고 통일적인 인간적인 공동체에 가장 적절하게 공헌할 수 있게 통치하는 가장 높고 가장 포괄적인 지혜의 학문이자 목적의 정치학이다.[12] 그래서 맹자는 신체의 노동을 통해 수단 세계에 종사하는 자(小人, 勞身者)와 공동체의 목표를 설정하고 정의롭게 다스리는 자(治人者, 大人, 勞心者)의 분업관계를 '천하의 통의通義'라 했다.

---

10. 『논어』 2:12. "子曰 君子不器."

11. 『논어』 13:4. "樊遲請學稼 子曰 吾不如老農 請學爲圃 曰吾不如老圃 樊遲出 子曰 小人哉 樊須也."

12. 신오현, 「유교의 교학이념」, 『인간의 본질』, 형설, 1984, 292쪽.

대인이 할 일이 있고, 소인이 할 일이 있다. … 그렇기에 옛말에 어떤 이는 마음을 수고롭게 하고, 어떤 이는 몸으로 힘을 쓰나니, 마음을 수고롭게 하는 자는 다른 사람을 다스리고, 몸으로 힘쓰는 자는 다른 사람에게 다스려진다고 했다. 다른 사람에게 다스려지는 자는 다른 사람을 먹여주고, 다른 사람을 다스리는 자는 다른 사람에게 얻어먹는 것이 천하의 통의이다.[13]

바로 여기에서 우리는 학문과 가르침(정치), 존재와 당위, 가치와 사실, 인식과 윤리를 일치시키려는 유학(교)의 숭고한 인본·인도·인문주의 이념을 보게 된다. 역으로 이러한 이념에는 군사부일체君師父一體 혹은 사농공상士農工商이라는 관념을 내포하여 인간성의 우열이 도덕성에 의해 판단되고, 인간의 기능적 직업적 측면을 경시하는 논리가 은장되어 있음을 확인할 수 있다. 나아가 유학의 이념 가운데에는 보편적·규제적 인간 일반의 이상이 개별적·현실적 인간생활을 오히려 역지배하고, 인간의 이념인 군자의 학문이 현실적 모든 경험과학 위에 군림함으로써, 경험과학의 발전을 지체시키는 경향이 내포되어 있다.

---

13. 『맹자』 3상:4. "有大人之事 有小人之事 …故曰 或勞心 或勞力 勞心者 治人 勞力者 治於人 治於人者 食人 治人者 食於人 天下之通義也."

2. 도통론과 중용

유가에는 고유의 도통론이 있는데, 그 궁극 근원은 하늘(天)이다. 『논어』에서 공자의 언명들은 만물과 덕의 근원으로서 하늘을 잘 드러내고 있다.

> 공자께서 말씀하셨다. "나는 말을 하지 않으려고 한다." 자공이 말하기를, "선생님께서 말씀을 하지 않으시면 저희들은 어떻게 기술하겠습니까?" 공자가 말하기를, "하늘이 무슨 말을 하던가? 사시가 운행되고 온갖 만물이 생장하는데, 하늘이 무슨 말을 하던가?"[1]

> 공자께서 말씀하셨다. "하늘이 나에게 덕을 주셨는데, 환퇴가 나에게 어떻게 하겠는가?"[2]

유교에서 하늘은 사계절을 운행하며 만물을 생장시키는 만물의 존재근거이자 도덕성의 근원이며, 언어적 표상을 초월한 형이상자이다. 유도儒道는 천도天道이며, 인간의 도(人道)는 궁극 근원으로 표준인

---

1. 『논어』 17:19. "子曰 予欲無言 子貢曰 子如不言 則小子何述焉 子曰 天何言哉 四時行焉 百物生焉 天何言哉."
2. 『논어』 7:22. "子曰 天生德於予 桓魋其如何."

하늘을 본받는 데에서 성립한다. 표준으로서 하늘은 '중中'으로 표상되며, 만물의 대본大本이 된다.[3] 따라서 인간의 올바른(正=一+止 : 하늘에 나아가 머무름)[4] 길은 중함으로써 하늘의 천지화육 작용에 동참하는 데에서 성립한다.[5] 그래서 『주역』「무망괘无妄卦」에서는 "크게 중함으로써 바르게 된다(大中以正)"고 말했다. 『서경』「대우모」편과 『논어』「요왈」편, 그리고 『중용』의 다음 구절들은 그 전거가 된다.

제께서 말씀하셨다. "우야, … 하늘의 역수가 너의 몸에 있으니, … 인심은 위태롭고 도심은 은미하니, 오직 정성스럽고 한결같이 하여 진실로 그 '중中'을 잡아라. … 온 천하가 곤궁하면 천록이 영원히 끊어질 것이다."[6]

요임금께서 말씀하셨다. "순아, 하늘의 역수가 너의 몸에 있으니, 진

---

3. 『중용』 1:4. "中也者 天下之大本也 和也者 天下之達道也 致中和 天地位焉 萬物育焉."

4. 정(正)은 一(한 일)+止(머무를 지)의 회의자로 절대적 표준인 하늘(一)에 나아가 합일하여 머무르는 것이 '바르다'는 뜻이다. 다른 한편 성곽(口)에 정벌하러 가는(止) 모양으로 정벌은 정당하기에 '정의' 혹은 바르다는 뜻이 나왔다고 한다. ① 바르다(치우치지 않다, 단정하다, 반듯하다, 곧다, 정확하다), ② 올바르다(정직하다, 공정하다), ③ 바로잡다(도리나 원칙에 어긋난 것을 바로잡다), ④ 결정하다, ⑤ 다스리다, ⑥ 관장하다, ⑦ 정실(정처, 본처, 적장자), ⑧ 정(주가 되는 것), ⑨ 바로, 막, ⑩ 정사(=政), ⑪ 상법(常法), ⑫ 군대 편제의 단위(三領爲一正), ⑬ 정벌하다(天子失義 諸侯力正), ⑭ 노역(勞役).

5. 『중용』 22:1 "惟天下至誠 爲能盡其性 能盡其性則能盡人之性 能盡人之性則能盡物之性 能盡物之 性則可以贊天地之化育 可以贊天地之化育則可以與天地參矣."

6. 『書經』「大禹謨」 "帝曰 來禹 … 天之曆數 在爾躬 … 人心惟危 道心惟微 惟精惟一 允執厥中 …四海困窮 天祿永終."

실로 그 중을 잡아라. 온 천하가 곤궁하면 천록이 영원토록 끊어질 것이다." 순임금도 우임금에게 또한 그것으로써 명령하셨다. 탕이 말씀하시길, … 주나라 무왕이 크게 베푸니 ….[7]

공자께서 말씀하셨다. "순임금은 크게 지혜로운 사람일 것이다. 순임금은 묻기를 좋아하시고, 가까운 말도 살피기를 좋아하시고, 악을 숨기고 선을 선양했으며, 양 극단을 잡으시고 그 중을 백성에게 썼으니, 이것이 바로 순임금이 되신 까닭이다."[8]

그래서 주자는 궁극 근원인 하늘(天)로부터 요−순−우−탕−문−무−주공−공자 등으로 전해내려는 도통과 중용의 도의 근원을 「중용장구서」에서 다음과 같이 해설했다.

『중용』은 무엇을 위해 지었는가? 자사자께서 도학의 전수를 잃을까 근심하여 지은 것이다. 대개 상고시대에 성인과 신인이 하늘을 계승하여 표준을 세우면서 도통의 전수가 비롯되었다. 도통이 경전에 나타난 것으로 말한다면 '진실로 그 중을 잡으라(允執厥中)'는 요임금이 순임금에게 전수한 것이고, '인심人心은 오직 위태롭고, 도심은 오직 은미하니, 오직 정성스럽고(精) 한결(一)같이 하여 진실로 그 중을 잡으라'는 순임금

---

7. 『논어』 20:1. "堯曰 咨爾舜 天之曆數 在爾躬 允執厥中 四海困窮 天祿永終 舜亦以命禹 (湯)曰… 周有大賚 …"
8. 『중용』 6:1. "子曰 舜其大知也與 舜好問而好察邇言 隱惡而揚善 執其兩端 用其中於民 其斯以 爲舜乎."

> 이 우임금에게 전수한 것이다. … 그 이후로 성인과 성인이 서로 계승하여, 성탕 · 문 · 무는 인군으로, 고요 · 이윤 · 부열 · 주공 · 소공은 신하로서 모두가 이미 이를 통해서 도통의 전수가 이어왔다. 우리 부자 같은 분은 비록 그 지위는 얻지 못하였지만, 옛 성인을 계승하고 오는 후학을 열어주신 공로는 오히려 요순보다 더함이 있다. 그러나 그 당시 이를 보고 알았던 사람으로서 오직 안연과 증자가 그 도통의 전통을 계승하였지만, 증자가 다시 이를 전수하여 공자의 손자인 자사가 이를 계승할 즈음에 이르러서는 성인과 시대가 멀어짐에 따라 이단이 일어났다.[9]

유가에서 도통의 근원은 중中한 하늘이며, 따라서 하늘을 본받아 중용 · 중화 · 시중을 행하고 이루는 것이 선한 인간 행위의 표준이 된다. 『중용』에서는 "중용을 행하는 것이 도를 실행하는 요체"[10]라고 규정하고, "중용은 최상의 지극한 원리"[11]이기 때문에, "천하국가를 균등하게 다스리고, 작록도 사양하고, 흰 칼날을 밟는 것과 같은 뛰어난 행위를 한다고 할지라도, 중용은 불가능할 수 있다"[12]고 말한다.

---

9. 『中庸章句』「序」. "中庸 何爲而作也 子思子 憂道學之失其傳而作也 蓋自上古聖神繼天立極 而道統之傳 有自來矣 其見於經則允執厥中者 堯之所以授舜也 人心惟危 道心惟微 惟精惟一 允執厥中者 舜之所以授禹也 … 自是以來 聖聖相承 若成湯文武之爲君 皐陶伊傅周召之爲臣 旣皆以此而接夫道統之傳 若吾夫子 則雖不得其位 而所以繼往聖開來學 其功 反有賢於堯舜者 然當是時 見而知之者 惟顔氏曾氏之傳 得其宗 及其曾氏之再傳 而復得夫子之孫子思 則去聖遠而異端起矣."
10. 『중용』 4:1. "子曰 道之不行也 我知之矣 知者過之 愚者不及也 道之不明也 我知之矣 賢者過之 不肖者不及也."
11. 『논어』 3:1. "子曰 中庸 其至矣乎."
12. 『중용』 9:1. "子曰 天下國家 可均也 爵祿 可辭也 白刃 可蹈也 中庸 不可能也."

그리고 "중中은 천하의 대본이고 화和는 천하의 달도이기 때문에, 중화를 이루면 천지가 제자리를 잡고 만물이 길러진다."[13]고 했다. 나아가 군자의 표준은 중용이기 때문에 "군자는 중용을 행하고, 소인은 중용에 반하여 행하는데, 군자의 중용이란 군자로서 때에 알맞고(時中), 소인이 중용에 반하는 것은 소인이면서 기탄없이 행하기"[14] 때문이라고 한다.

그렇다면 유가에서 도를 행하는 요체이자 지극한 최상의 원리로서 인간의 선한 행위의 표준인 '중中'이란 무엇인가?『설문』에 따르면 "중中은 '곤丨'과 '국口'으로 구성되어 사방으로 둘러싸인 안(口)의 가운데를 관통(丨)함을 나타내는 지사문자 혹은 씨족사회를 상징하는 '깃발(幟)'을 의미한다.[15] 나아가 중中은 치우침(偏)과 구별되면서도 다른 것들과 알맞은 상태(合宜)에 놓여 있는 것을 말한다. 결국 '중中'이란 자타 · 내외의 연관성에서 판단 · 설정되는 것이며, 자기의 변동에 따라 외변의 한계가 달라지고, 또한 외변의 변이에 따라 중의 위치도 옮겨질 수 있기 때문에, 항상 고정된 불변의 어떤 것일 수 없다. 맹자는 다음과 같이 설명한다.

자막은 중中을 잡는데, 중을 잡는 것이 도에 가깝다. 그러나 중을 잡고 권權(저울질함)이 없으면, 하나만을 잡는 것과 같다. 하나만을 잡는 것을

- -

13.『중용』1:4. "中也者 天下之大本也 和也者 天下之達道也 致中和 天地位焉 萬物育焉."
14.『중용』2:1. "仲尼曰 君子中庸 小人反中庸君子之中庸也 君子而時中 小人之中庸也 小人而無忌憚也."
15. 湯可敬 撰,『說文解字今釋』, 岳麓書社, 2005, 60-61쪽.

싫어하는 까닭은 도를 해치기 때문인데, 하나를 가지고 백 가지를 버리기 때문이다.[16]

『중용』에서는 '중中' 개념을 ① 중용의 중, ② 중화의 중, 그리고 ③ 시중의 중이라는 세 측면으로 제시했다.[17]

먼저, 중용의 중이란 갑골문에서 드러났듯이 광야에서 사람들을 불러 모으는 표지로서의 깃발[18] 혹은 저울추(錘)로 저울질(權)하는 데에서 중심中心이 되는 '표준'을 의미한다. 그래서 정자는 이것을 풀이하여, "치우치지 않는 것을 중이라 하고, 바뀌지 않는 것을 용이라 한다. 중은 천하의 정도正道이고, 용은 천하의 정리定理이다"고 해석했다. 주자는 "중中은 치우치지 않고(不偏), 기울지도 않으며(不倚), 지나치거나 모자람이 없음을 명명한 것이고, 용은 공평하고 떳떳함이다"[19]라고 명확한 해석을 했다. 이런 의미에서 중中은 명사로서 최고경지 또는 최고윤리, 모든 것의 대본이자 정도·정리라고 할 수 있는데, 이것을 증득했을 때 모든 면에 적변適變해갈 수 있는 위치를 확보하게 된다. 그리고 주자의 해석에서 '치우치지 않음(不偏)'이란 원의 중심처럼 모든 둘레와 조화를 이른 상태를 나타내고, '기울지 않음(不倚)'

---

16. 『맹자』 7상:26. "子莫 執中 執中 爲近之 執中無權 猶執一也 所惡執一者 爲其賊道也 擧一而廢百也."

17. 김충렬, 「中庸 수삼구에 대한 해석」, 위의 책, 215쪽 참조.

18. 이선경, 「선진유가에 있어서 時中의 문제」, 『동양철학연구』55, 2008, 309쪽.

19. 『中庸章句』「序」 "中者 不偏不倚無過不及之名 庸平常也 子程子曰 不偏之謂中 不易之胃庸 中者天下之正道 庸者天下之定理."

은 평형을 이루는 저울추처럼 균형을 찾는 것인데, 이처럼 조화와 균형을 함께 추구·완성하는 것이 바로 '중中'이다. 그리고 '과過·불급不及이 없음'이란 이러한 조화와 균형에 도달하지 못하거나 넘어섬이 없음을 의미한다.

둘째, 중화의 중은 균형·평형의 중을 의미한다. 이는 『중용』에서 "기쁨·성냄·슬픔·즐거움의 감정이 아직 피어나지 않는 것을 일러 중이라 하고, 감정이 피어나 모두 절도에 맞는 상태를 화和라고 한다."고 말한 데에서 드러난다. 여기서 중은 동사로서, 항상 자아의 표현이 모든 것과 균형·평형을 이루도록 노력하는 상태를 나타낸다. 평형平衡의 평平은 '일一'을 의미하고(未發之中), 형衡은 저울대를 의미한다. 저울대는 '일一'의 모양을 이루어 균형의 상태에 도달한다. 따라서 평형 혹은 균형의 논리로서 중화는 최고의 논리(未發之中, 中也者 天下之大本)에 도달하고, 거기서부터 최적의 논리(和也者 天下之達道, 致中和 天地位焉 萬物育焉)가 이루어진다는 것을 말한다. 모든 자연현상과 만물들은 일시적으로 불균형의 상태가 있을 수 있지만, 모두가 다 평형 혹은 균형을 추구한다고 할 수 있다.

셋째, 시중時中의 중中은 조화를 의미한다. 『중용』에서는 먼저 '군자의 시중時中'을 말하고 나서, 안(주체)과 밖(객체)을 합하는 도로서 '시조지의時措之宜'를 말한다.

성誠이란 자기를 이룰 뿐만 아니라, 타자를 이루는 것이다. 자기를 이루는 것은 인仁이고, 타자를 이루는 것을 지智이니, 성품의 덕이라 내

외를 합한 도이다. 그러므로 때로 둠이 마땅함이다(時措之宜).²⁰

조화란 본래 음악의 술어로서(調는 물체의 요동, 음악의 가락을 의미한다) 곡조의 협화를 의미하는데, 각자의 개성이 발휘되면서 그 개성이 어울려져 하나의 장엄한 전체를 구성하는 것을 말한다. 평형 · 균형의 중화는 반드시 '일一' 즉 균형의 상태에 놓여 있어야 하지만, 조화의 시중은 일정한 것이 아니라 오히려 다양 · 부제不齊한 가운데 각자의 직분과 공능을 최선으로 발휘하여 전체적인 조화를 이루는 것을 말한다. 다음의 공자의 언명을 살펴보자.

초야에 은둔한 인재로는 백이, 숙제, 우중, 이일, 주장, 류하혜, 소련이었다. 공자께서 말씀하시길, "그 뜻을 굽히지 않고, 그 몸을 욕되게 하지 않는 이는 백이와 숙제이다." 류하혜와 소련에 대해 평하시길, "뜻을 굽히고, 몸을 욕되게 하였으나, 말은 윤리에 맞고, 행위는 사려에 맞았으니 그들은 이와 같을 따름이다." 우중과 이일에 대해 평하시길, "은거하면서 꺼리지 않고 말하였지만, 몸가짐은 깨끗함에 맞았고, 폐기된 것도 권도權道에 맞았다. 그러나 나는 이들과 달라 가可한 것도 없고 불가不可한 것도 없다."²¹

----

20. 『중용』 25장. "誠者 非自成己而已也 所以成物也 成己 仁也 成物 知也 性之德也 合內外之道也 故 時措之宜也."
21. 『논어』 18:8. "逸民 伯夷叔齊 虞仲夷逸 朱張柳下惠少連 子曰 不降其志 不辱其身 伯夷叔齊與 謂柳下惠少連 降志辱身矣 言中倫 行中慮 其斯而已矣 謂虞仲夷逸 隱居放言 身中淸 廢中權 我則異於是 無可無不可."

공자가 말하는 시중의 도로서 '무가·무불가'는 "사사로운 의지와 기필하는 마음과 옛 것에 갇힌 고집, 그리고 삿된 아상이 자연히 없어져서"[22] "마음이 하고자 하는 바를 쫓아도 법도를 넘지 않고"[23] "억지로 힘쓰지 않아도 알맞고, 따지지 않아도 터득하고, 넉넉하게 도에 적중하는"[24] 성인의 경지를 말한다. 맹자는 이러한 공자에 대해, 백이의 성지청자聖之淸者, 이윤의 성지임자聖之任者, 유하혜의 성지화자聖之和者를 종합한 집대성자로서의 '성지시자聖之時者'라고 불렀다. 집대성자로서 공자는 조리를 시작하는 지智와 조리를 끝내는 성聖을 함께 갖추고 있는 것으로 맹자는 평가했다.[25]

궁극 근원인 하늘을 본받아 중용을 실천하고, 중화를 이루고, 시중의 삶을 영위하려고 한 유가의 이념은 궁극적인 표준을 확보하고, 최적의 평형과 균형을 추구하면서, 시의時宜에 부합하는 조화로운 최상−최선의 삶을 자유자재로 영위하는 것이었다. 그것은 단순히 산술적 중간이나 시속에 영합하는 것이 아니라, 존재의 이치(所以然之故)와 당위의 법칙(所當然之則)에 부합하는 그야말로 순리順理 혹은 합리合理(이치에 부합하는)의 삶을 영위하고자 하는 것이다.

---

22. 『논어』 9:4. "子絶四 毋意 毋必 毋固 毋我."
23. 『논어』 2:4. "七十而從心所欲不踰矩."
24. 『중용』 2:18. "誠者 天之道也 誠之者 人之道也 誠者 不勉而中 不思而得 從容中道 聖人也 誠之者 擇善而固執之者也."
25. 『맹자』 2상2, 5하 : 1 참조.

3. 인간과 사회

유도는 천도이며, 유학의 도덕적인 기원은 하늘에 있으며, 표준으로서 하늘은 '중中'이듯이 인간 행위는 중용의 도를 실천하는 데에서 선이 성립한다. 천명이 인간에게 본성의 덕으로 부여되어 있기 때문에, 인간은 중용의 도를 실천하여 하늘의 화육작용에 동참할 수 있는 것이다. 그래서 다산은 "중中이란 천명의 성性이다. 인간의 성은 지극이 선하니, 이 성을 잡고 지킬 수 있으면 천하가 인仁으로 돌아간다."[1]고 말했다. 다산의 이 언명은 유가의 종지를 요약해 놓은 다음의 『중용』 수삼구首三句를 중中 및 인仁 개념과 연관시켜 해석한 것이다.

하늘의 명을 일러 성이라고 하고, 본성에 따르는 것을 일러 도라고 하고, 도를 닦는 것을 일러 교라고 한다.[2]

그리고 이 구절과 체용관계를 형성하는 잘 알려진 『대학』의 삼강령은 다음과 같다.

---

1. 『與猶堂全書』 2, 권16, 32쪽, 「論語古今注」. "案中者天命之性也. 人性至善. 能執守此性. 則天下歸仁矣."
2. 『중용』 1장. "天命之謂性 率性之謂道 修道之謂敎."

대학의 길은 밝은 덕을 밝히고, 백성을 새롭게 하고, 지극한 선에 머무는 데에 있다.[3]

인간이 천명으로 부여받은 본성의 덕에 따르는 것이 인간의 길(人道)이며, 이 길을 먼저 깨달은 사람(先覺者)이 뒤의 미처 깨닫지 못한 사람들이 따르도록 시설해 놓은 예악형정이 성인의 가르침(敎)이자 다스림(治人, 新民)이다. 인간의 본성은 보편자인 하늘에서 유래하기 때문에 개인적 특수성을 초월한다. 하늘이 우주 전체의 자연이라면, 인간은 천덕(天性, 天理)을 가장 온전하게 갖추고 태어난 '소우주'이다.

인간은 하늘이 내려준 '명덕明德'을 단지 가능성으로만 부여받고 태어났다. 인간이 부여받고 태어난 본성은 아직 실현되지 않은 잠재적 가능성이기 때문에, 사회생활을 통한 역사적 과정에서 계발·실현할 수밖에 없다. 이 점에서 인간은 사회-역사적 존재이다. 요컨대, 유교의 인간은 완성된 기성품이나 어떤 사물이 아니라, 항상 스스로를 사회역사적 현실에서 창조·실현의 과정에 있는 사이(間)의 중간적 존재이다.

공자는 천명(性, 德)의 인식 여부에 의해, 자기정립을 추구하는 군자와 이익에 골몰하는 소인을 구분한다.[4] 소인은 세상사에는 밝지만, 위로 통달하거나 천명을 알지는 못하며,[5] 천명의 성을 알지 못하기

----

3. 『대학』經1장. "大學之道 在明明德 在親(新)民 在止於至善."
4. 『논어』 20:3. "子曰 不知命 無以爲君子也."
5. 『논어』 16:8 및 14:24. "君子上達 小人下達." 16:8. "小人不知天命."

때문에 자기정립을 이루지 못하고 인의를 실천하지 못한다.[6] 따라서 자기정립의 군자가 되기 위해서는 인사에 관한 지식인 하학만이 아니라, 반드시 형이상자인 천명에 상달하여 인간의 본성을 인식·실현해야 한다.[7]

그렇다면 하늘의 명령으로 우리가 품부 받고 태어난 본성의 덕은 구체적으로 무엇을 의미하는가? 그것은 바로 '인仁'이다. 마치 물은 차갑고, 불은 뜨거운 본성을 타고 났듯이, 인간의 본성은 인하다고 유가는 주장한다. 따라서 인간에게 필수적인 것(儒)을 배우면서 가르치는 인문주의를 표방한 유학(敎)에서는 인을 통한 자기정립이 가장 중요하다. 그래서 공자는 말했다.

"사람으로서 인仁하지 못하면 예를 잘 실천하여도 무슨 소용이 있으며, 사람으로 인하지 못하면 악을 잘 하여도 무슨 소용이 있겠는가?"[8]

같은 맥락에서 공자는 "군자는 인仁을 떠나서 어디에서 이름을 이루겠는가?"라고 말하면서, "군자는 밥 먹는 사이에도, 급하고 구차한 때에도, 그리고 심지어 넘어지고 엎어질 때에도 인을 어기지 않는

---

6. 『논어』 17:23. "小人有勇而無義." 14:7. "未有小人而仁者." 4:16. "子曰 君子 喩於義 小人 喩於利."
7. 『논어』 14:37. "子曰 莫我知也夫 子貢曰 何爲其莫知子也 子曰 不怨天 不尤人 下學而 上達 知我者 其天乎."
8. 『논어』 3:3. "子曰 人而不仁 如禮何 人而不仁 如樂何."

다."[9]고 말한다. 공자는 인을 인간의 보편 덕이며, 가장 온전한 덕(全德)으로 정립함으로써 유가의 창시자가 되었다. 그런데『논어』에서 공자는 인에 대한 적극적인 정의를 내리지 않으면서, "인은 멀리 있지 않다. 우리는 인하고자 하면 당장 인에 도달한다."[10]고 말한다. 나아가 그가 유일하게 호학자로 칭송했던[11] 제자 안연에게만 인의 실천에 대한 적극적인 처방을 해주고 있다.

> 안연이 인을 묻자, 공자께서 말씀하셨다. "자기를 이기고(克己) 예에로 복귀함(復禮)이 인이니 하루라도 자기를 이기고 예에로 돌아가면 천하가 인으로 돌아갈 것이다. 인은 자기로 말미암는 것이지(由己) 남으로부터 말미암는(由人) 것이겠는가?"[12]

여기서 공자는 참된 자기(眞己)의 회복을 인의 실천이라고 말하면서, 인의 실천은 자기 자신에게서 유래한다는 것을 분명히 함으로서 당위적으로 형성해야 하는 인간의 이상은 인간 본성의 실현이라고 말했다.

그리고 증자는 공자의 '일이관지一以貫之'하는 도를 충서忠恕'[13]로 해

9.『논어』 4:5. "君子 去仁 惡乎成名 君子 無終食之間 違仁 造次 必於是 顚沛 必於是."

10.『논어』 7:29. "子曰 仁遠乎哉 我欲仁 斯仁至矣."

11.『논어』 6:2. "哀公問 弟子孰爲好學 孔子對曰 有顔回者好學 不遷怒 不貳過 不幸短命死矣 今也則亡 未聞好學者也."

12.『논어』 12:1. "顔淵問仁 子曰 克己復禮爲仁 一日克己復禮 天下歸仁焉 爲仁由己 而由人乎哉."

13.『논어』 4:15. "子曰 參乎 吾道 一以貫之 曾子曰 唯 … 夫子之道 忠恕而已矣."

석하면서, 인으로 평생의 책무를 삼았다.[14] 충서란 '충忠'(中+心)과 '서
恕'(如+心)의 글자구성으로 볼 수 있듯이, (仁으로써) 나의 중심을 잡고,
그 마음을 남에게까지 미루어 나아간다는 뜻이다. 이 '충서'는 '인'을
실행하는 가장 간결하고 중요한 방책이다.[15]

대저 인이란 자기가 서고자 하면 남을 세우고, 자기가 통달하고자 하
며 남을 세우는 것이다. 가까운 데에서 취하여 비유할 수 있다면, 인을
실현하는 방책이라고 할 수 있다.[16]

바로 여기에 근거하여 증자는 인을 평생토록 실현해야 할 책무라고
간주했다.

선비는 드넓고 굳세지 않을 수 없다. 그 임무가 무겁고 길이 멀기 때
문이다. 인으로 자기의 임무로 삼으니 또한 무겁지 아니한가, 죽은 뒤
에 그치니 또한 멀지 아니한가?"[17]

참된 인간 본성의 실현으로서 인의 실천은 자기로 말미암는 것(由

---

14. 『논어』 8:7. "曾子曰 士不可以不弘矣 任重而道遠 仁以爲己任 不可重乎 死而後已 不
亦遠乎."
15. 『논어』 15:23. "子貢問曰 有一言而可以終身行之者乎 子曰 其恕乎 其所不欲 勿施於
人."
16. 『논어』 6:28. "夫仁者 己欲立而立人 己欲達而達人 能近取譬 可謂仁之方也已."
17. 『논어』 8:7. "曾子曰 士不可以不弘毅 任重而道遠 仁以爲己任 不亦重乎 死而後已 不
亦遠乎."

己)이지, 남에게서 유래하는 것(由人)이 아니다. 그래서 공자는 인으로 자기를 정립하는 '위기지학'과 상대적인 이익을 추구하는 '위인지학'을 구분하고,[18] "군자는 자기에게서 구하지만, 상대적인 이익을 추구하는 소인은 남에게서 구한다."[19]고 말하였다. 그리고 맹자는 이 말을 다음과 같이 풀이한다.

인의예지는 밖으로부터 우리를 녹여서 들어오는 것이 아니라, 우리가 본래 지니고 있건만, 반성하지 않을 따름이다. 그러므로 구하면 얻고 놓으면 잃는다.[20]

구하면 얻고 놓으면 잃으니, 이 구함은 얻음에 유익함이 있으니 자신에게 있는 것을 구하기 때문이다. 구함에 도가 있고 얻음에 명命이 있어 이 구함은 얻음에 유익함이 없으니, 밖에 있는 것을 구하기 때문이다.[21]

맹자가 말하는 우리 밖에 있는 것으로 구함에 도道·명命이 있어 유익함이 없는 것은 '신체적 감관'(耳目之官)으로 추구하는 '이익'이다(7하:24). 맹자는 "어떻게 우리나라를 이롭게 하겠는가?"라는 양혜왕의 물음에, "하필이면 이익을 말하십니까? 오직 인의가 있을 따름이

----

18. 『논어』 14:25. "古之學者 爲己 今之學者 爲人."
19. 『논어』 15:20. "君子求諸己 小人求諸人."
20. 『맹자』 7상:6. "仁義禮智非由外鑠我也 我固有之也 不思耳矣 故 求則得之 舍則失之."
21. 『맹자』 7상:3~4. "求則得之 舍則失之 是求有益於得也 求在我者也 求之有道 得之有命 是求無益於得也 求在外者也."

다"(1상:1)라고 대답하여, 상대적인 이익을 뒤로 하고, 인간본성의 인의를 절대화하였다. 맹자는 "(인의예지를 지닌) 나에게 모든 만물이 갖추어져 있다. 자신을 반성하여 성실하면 즐거움이 그보다 큼이 없다. 힘써 서恕를 행하면 인에 가깝다"[22]고 말하여 공자-증자의 언명을 보완한다. 결국 맹자는 "인은 사람 마음(人心)이요, 의는 사람의 길(人路)이다."고 명확히 정의하면서 인간 본성으로 자기정립을 기하는 대인의 학으로서 유학의 이념을 밝힌다.

> 마음은 생각(思)할 수 있으니, 생각하면 얻고, 생각하지 않으면 얻지 못한다. 이는 하늘이 우리 인간에게 부여한 것이니 먼저 그 큰 것을 정립한다면 그 작은 것이 빼앗지 못할 것이니 이것이 대인이 되게 한다.[23]

대인지학의 이념은 『대학』의 삼강령에 가장 잘 명시되어 있다. 대인의 학문에 들어선 자는 단순히 자신의 덕성의 자각과 실현에만 종사하는 것이 아니라, 타인이 새롭게 다시 태어나서 자기실현 할 수 있도록 돕는다. 『대학』은 인간 본성을 하늘로부터 부여받은 보편적인 덕(明德)으로 규정하고, 이 보편 덕의 실현 정도에 비례해서 공동체의 이상이 구현된다고 말한다. 관계적-사회적 존재로서 인간이 하늘로

----

22. 『맹자』7상:4. "孟子曰 萬物皆備於我矣 反身而誠 樂莫大焉 强恕而行 求仁莫近焉."
23. 『맹자』6상:11~15. "孟子曰 仁 人心也 義 人路也 …心之官則思 思則得之 不思則不得也 此天之所與我者 先立乎其大者 則其小者不能奪也 此爲大人而已矣."

부터 부여 받은 덕은 결국 개인의 특수성을 넘어 보편적 공동선에 합치하는 것을 의미하며, 바로 이 점에서 대인은 공동체에 관여하는 정치적 존재일 수밖에 없다. 실로 인간의 덕성을 관계적 상황에서 알맞고 올바른(中正) 도리를 실천하는 인(仁=人 +二)으로 규정할 때, 관계적인 공동체를 떠난 인간은 상상할 수 없으며, 보편 덕(仁)을 떠난 정치를 논할 수 없다(仁政, 德治). 공동체(가정, 국가, 천하)는 개인의 확장형이며, 개인은 공동체의 축소형이다. 따라서 개인의 명덕의 실현은 사회적인 '친민親民'과 표리관계를 형성한다.

개인과 개인, 개인과 사회의 관계에서 관건이 되는 공동체의 보편성을 실천하는 방법은 서恕이다. 서恕란 공동체의 구성원으로 인간들이 상호 같은 마음(恕=如 +心)으로 승인·인정하는 것을 말한다. 그런데 개인 원자론(사회 명목론)을 배경으로 하는 자유주의에서는 주체로서 완결된 원자적 개인이 타인의 방해나 강제 없이, 소유권을 거래하고 계약을 맺는다. 여기에서 타자에 대한 의무란 계약에 의해 성립되며, 상대에게 위해危害를 가하면 법과 계약에 의한 제재를 받게 된다. 그런데 인간을 철저히 유적·공동체적 존재로 파악하는 유가의 주체는 ① 표준(中)으로 자기 정립하는 도덕적 주체이며(忠 =中 + 心), ② 인仁한 본성을 실현하는 사회적 존재로서 남을 사랑(愛人)하는 의무를 지니고, ③ 그 의무를 통한 타자의 교화(不忍人之政, 親民)를 자기 내적 본성의 실현으로 간주한다. 나아가 ④ 이렇게 중中으로 상호 정립을 이룬 주체들은 추기급인推己及人의 서恕로써 상호 인정하고, 궁극적으로 사랑으로 서로 돌보는 지선至善의 공동체의 건설을 이상적 목표로 한다.

인문주의를 표방하여 (금수와 구별되는) 인간 본성을 문제시하면서, 인간본성으로 인간의 길을 갈 때 인간다운 인문적 삶이 가능하며, 교육과 정치 또한 인간다움을 구현하기 위해 교화적으로 이루어져야 한다고 주장한 유학의 이념은 상대·기능·공리주의 등이 횡행하는 현대 철학에서 아주 중대한 의미를 지닌다. 인간의 본성이 인하다는 유학의 주장은 곧 인간은 인하다는 점에서 사회적 존재로서 동류인 다른 사람을 사랑할 줄 알며,[24] 바로 이 점에서 잔인殘忍한 동물과 측은해할 줄 아는 인간은 구별된다고 주장한다. 맹자는 인한 본성은 다른 사람의 불행을 목도하면 '측은지심' 혹은 '불인인지심不忍人之心'을 무조건적·자발적으로 드러내며, 바로 이로부터 우리 마음의 본성이 인하다는 것을 확인할 수 있다고 주장했다.

"인간의 본성이 인하다."는 유가의 주장은 현대 주도적인 물리주의적 인간관과 구별된다. 일찍이 맹자는 "인간과 금수의 차이는 아주 드물다. (그러기에 그 드문 것을) 대부분의 사람들은 버리지만, 군자만은 보존한다."[25]고 설파했다. 여기서 보존하는 것은 분명 단순히 뇌의 능력만은 아닐 것이다. 물리주의가 전횡하는 현 시대에 우리는 어떻게 동류들의 고통을 보고 측은해하고, 다른 사람을 적극 사랑하는 인간 본성을 사회—역사적으로 실현해야 인간다운 인간과 인간적인 사회가 형성된다는 것을 어떻게 설득력 있게 재구성하여 보여줄 것인가? 진정 "인간과 여타 동물과의 차이는 본성의 차이인

---

24. 『논어』 12:22. "樊遲問仁 子曰 愛人 問知 子曰 知人."
25. 『맹자』 4하:19. "孟子曰 人之所以異於禽獸者 幾希 庶民去之 君子存之."

가, 아니면 뇌기능의 차이인가?" 바로 이 문제의 해명에 현재적 상황에서 유학의 인간 이념을 탐구하는 우리의 과제가 놓여 있다고 하겠다.

4. 맺는말

　유교(학)란 '유儒'를 근본으로 배우고 가르치는 이념의 체계이다. 여기서 결정적으로 중요한 '유儒'란 시 · 서 · 예 · 악을 익히고, 천 · 지 · 인의 원리에 통달하고, 내성외왕의 이념을 구현하려고 한 선비(군자)들을 지칭한다. 유자는 부국강병과 같은 공리주의가 아니라, 인간 본성의 구현에 관심을 갖고 가치와 당위의 세계를 자체목적으로 사랑하는 호학자이다. 그리고 유가에서는 학과 교, 자기와 타인은 상호 성장하는 관계로 수기의 학문(明明德)은 타자의 입장에서는 치인의 교육(新民)이 된다. 나아가 유학은 가장 높고 포괄적인 지혜의 학문이며, 목적의 정치학이다. 이러한 유학의 이념에는 인간성의 우열이 도덕성에 의해 판단되고, 보편적 규제적 인간 일반의 이상이 개별적 현실적 인간생활을 역 지배하여 사농공상이라는 관념을 낳기도 했다.

　유가의 도통의 근원은 중中한 하늘이며, 인간은 표준으로서 하늘을 본받아 데에서 올바르고 선한 행위를 할 수 있다. '중中'은 세 가지 의미로 해석되는데, 중용 · 중화 · 시중이다. 중용의 중이란 중심으로서 '표준'의 정립을 의미하고, 중화의 중은 균형(평형)을, 그리고 시중의 중은 조화를 의미하였다. 이는 궁극 근원인 하늘을 표준으로 삼아 최적의 평형과 균형을 추구하면서, 조화로운 삶을 영위하고자 한 유가의 이상을 드러낸 것이라고 할 수 있다.

　유교는 인간에게는 본성의 덕이 천명으로 부여되어 있기 때문에 인간은 중용을 실천하고 천지의 화육작용에 동참할 수 있다고 한다. 유교에서 인간 본성의 덕은 동류를 측은히 여기고, 다른 사람을 사랑하는 '인'이다. 인이란 보편적 이념은 구체적·사회적·역사적 현실에서 사회적 존재로서 인간의·인간에 의해·인간을 위해 실현된다. 유교에 따르면, 사회는 개인의 확장형이고, 개인은 사회의 축소형이다. 그런데 유교에서 개인과 개인, 개인과 사회의 관계에서 관건이 되는 공동체의 실천 규범은 '서恕'이다. 서恕의 방법은 같은 마음(恕=如+心)으로 상호 승인·인정의 원리를 함축한다. 이는 중中으로 상호 정립을 이룬 주체들은 추기급인을 통해 궁극적으로 사랑으로 서로 돌보는 지선의 공동체를 이상으로 한다고 말할 수 있다.

　오늘날 유교는 복구불능의 상태로 와해되어 있다. 그러나 우리는 현실에서 유가적 사회제도가 와해되어 있는 현상을 목격하고 유가의 정신이나 이념이 무가치하다고 치부할 수는 없다. 유교의 인문주의 정신과 중용의 실천윤리, 상호인정의 지선의 공동체 지향은 역사 초월적으로 인류의 영원한 이상이 될 수 있다. 유교의 근본정신을 오늘의 현실에 비추어 선명히 재인식하고, 그 정당한 역사적 평가를 내리고, 전통과 반전통의 진정한 대면을 이루는 것이 우리의 과제이다.

1부

논어

1부 『논어』에서는 우선 마음과 직접 연관이 되는 심心·성性(정情)·지志(의意) 등이 나타난 문장과 그 용례를 살폈다(3장). 공자가 최초로 '성性' 개념을 제기하여, '생물학적 본性'과 '고 욕망을 사유·도덕적 판단으로 주재心'하는 인성의 구현을 통해, 인仁도를 실천하고 인문세계를 건설할 수 있는 철학적 단서를 마련했다고 했다. 또한 공자는 '지志'(17회 14장 출현) 개념을 중요시하여, 모름지기 군자란 학學·도道·인仁과 같은 보편적인 덕을 변함없이 지향해야 한다고 말했다는 점도 살폈다. 「4장: 공자, 인간 본성과 인간의 길을 제시하다!」라는 주제로 공자의 위기지학의 이념에 대해 서술했다. 공자에게 자기실현은 곧 인간의 본성을 형성하는 인의 실천이며, 이는 기본적으로 다른 사람을 적극 사랑하는(愛人) 것으로 드러나는 관계적 상황에서 실현되는 것이었다.

공자의 일생과 『논어』[1]

『사기』「세가」에서 말했다. 공자의 이름은 구丘이고, 자는 중니仲尼이니, 그 선대는 송나라 사람이다. 아버지는 숙량흘叔梁紇이고, 어머니는 안씨顏氏인데, 노나라 양공 22년(BC 551) 경술년 11월 경자일(21일)에 노나라 창평향 추읍에서 공자를 낳았다. 어릴 적 놀이할 때에 항상 조두를 진설하고 예용禮容을 갖추었다. 장성하여 위리委吏가 되어서는 계산을 공평하게 하였고, 사직리司職吏가 되어서는 가축이 잘 번식하도록 했다. 주나라로 가서 노자에게 예를 묻고(問禮於老子) 돌아오자, 제자들이 더욱 많이 찾아왔다.

소공昭公 25년(BC 517) 갑신년 공자 나이 35세. 소공이 제나라로 달아나 노나라가 혼란하니, 이에 제나라로 가서 고소자高昭子의 가신이 되어 경공景公을 만났다. 경공이 이계의 토지로 봉하고자 했지만 안영晏이 반대했다. 경공이 의혹을 품자, 공자는 노나라로 되돌아왔다.

정공定公 원년(BC 509) 임진년 공자 나이 43세. 계씨季氏가 강압·참람하고, 가신 양호陽虎가 난을 일으켜 정사를 전횡했다. 그러므로 공자는 벼슬하지 않고, 물러나 『시』·『서』와 예·악을 닦으시니, 제자들이 더욱 많아졌다.

----

1. 역사상 가장 정밀한 『논어』 주석서를 편찬한 주자(朱子, 1130~1200)의 『논어집주』「서」로 공자와 『논어』에 대한 간략한 해설이다.

정공 9년(BC 501) 경자년 공자 나이 51세. 공산불뉴公山不狃가 비읍으로 계씨를 배반하고 공자를 부르니, 가고자 했지만 끝내 가지 않았다. 정공이 공자를 중도재中都宰로 임명하니, 1년 만에 사방에서 본받았다. 마침내 사공司空이 되고, 또한 대사구大司寇가 되었다.

정공 10년(BC 501) 신축에 정공을 도와서 제나라 군주(경공)와 협곡에서 회맹하니, 제나라 사람들은 노나라에게 침탈한 땅을 반환해 주었다. 12년(BC 503) 계묘에 중유仲由에게 계씨의 가신이 되게 하여, 삼도의 성을 허물고 그 갑병을 거두게 했다. 맹씨가 성 땅의 성을 허물려고 하지 않았기 때문에, 포위하였으나 이기지 못했다.

정공 14년(BC 496) 을사에 공자 나이 56세. 정승의 일을 섭행하여(攝行相事) 소정묘少正卯를 주살하고, 국정을 참여하여 들으니, 석 달 만에 노나라가 크게 다스려졌다. 제나라 사람들이 여악을 보내 저지하니 계환자季桓子가 받아들였고, 교제를 지내고도 제사고기를 대부들에게 나눠주지 않자 공자는 떠나갔다.

위나라에 가서 자로의 처형인 안탁추顔濁鄒의 집에 머물렀다. 진나라를 갈 적에 광 땅을 지나니, 광 땅 사람들이 양호라고 여겨 구류했다. 풀려나자 위나라로 돌아와 거백옥伯玉의 집에 머무르고, 남자南子를 만났다. (위나라를) 떠나 송나라에 가니, 사마환퇴司馬桓가 죽이려고 하니, 또 떠나 진나라에 가서 사성정자의 집에 머물렀다. 3년간 머무르다 위나라로 돌아오니, 영공이 등용하지 못하였다. 진나라 조씨의 가신인 필힐佛이 중모 땅으로 모반하고 공자를 불렀다. 공자는 가려했지만, 또한 과단하지 못했다. 장차 조간자趙簡子를 만나려 서쪽으로 하수에 이르러 되돌아와서, 다시 거백옥의 집에 머물렀다. 영공이 진법을 묻자, 대답하지 않고 떠나 다시 진나라로 갔다.

계환자季桓子가 죽을 적에 유언하여 강자康子에게 일러 반드시 공자를 부르라고 하였다. 그 신하들이 저지하자 강자는 이에 염구를 불렀다. 공자는 채나라로 가서 섭 땅에 이르렀다.

초나라 소왕昭王이 장차 서사의 영지로 공자를 봉하려하니, 영윤令尹 자서子西가 반대하니, 이에 그만두었다. 다시 위나라에 돌아오니, 이때 영공은 이미 죽고, 위나라 임금 첩輒이 공자를 얻어 정치하고자 했으며, 염구가 계씨의 장수가 되어 제나라와 전쟁에서 공로가 있었다. 강자가 이에 공자를 부르니, 공자가 노나라로 복귀했다. 실로 애공哀公 11년 정사년(BC 484)으로 공자 나이 68세였다.

그러나 노나라는 끝내 공자를 등용하지 못했고, 공자 또한 버슬을 추구하지 않았다. 이에 『서전』과 『예기』를 서술하고, 『시』를 산정하고 악을 바로잡고, 『역』의 「단전」·「계사전」·「상전」·「설괘전」·「문언전」을 차례로 지었다. 제자가 대략 3천이었는데, 몸소 육예에 달통한 자는 72인이었다.

애공 14년(BC 481) 경신에 노나라 서쪽으로 사냥을 나갔다가 기린을 포획하니, 공자는 『춘추』를 지었다. 이듬해 신유에 자로가 위나라에서 죽었다. 애공 16년(BC 479) 임술 4월 기축일(11일)에 공자가 별세하니, 나이 73세였다. 노나라 도성의 사수가에 장례하니, 제자들이 모두 심상 3년 상을 지내고 떠났으나, 오직 자공만은 무덤가에 여막을 짓고 모두 6년을 지냈다.

공자는 리鯉를 낳았으니, 자는 백어伯魚이고 먼저 죽었다. 백어는 급伋을 낳았으니, 자가 자사子思로 『중용』을 지었다.

하안이 말했다. 『노논어』는 20편이고, 『제논어』는 별도로 「문왕問王」과 「지도知道」가 있어 모두 22편이며, 그 20편 가운데 장구도 『노논어』보다 자못 많다. 『고논어』는 공씨의 벽속에서 나왔는데, 「요왈」 아래 장의 「자장문子張問」을 한 편으로 만들어 두 「자장」이 있어 모두 21편이며, 편의 차례도 「제논어」·『노논어』와 같지 않다.

정자가 말했다. 『논어』라는 책은 유자와 증자의 문인에게서 이루어졌기 때문에, 그 책에는 유독 두 사람만 '자子'로 칭했다.

정자가 말했다. 『논어』를 읽을 때에 다 읽어도 전혀 아무런 일이 없는 자도 있으며, 다 읽은 뒤에 그 중 한두 구절을 터득하고 기뻐하는 자도 있으며, 다 읽은 뒤 알아서 좋아하는 자도 있으며, 다 읽은 뒤 바로 자기도 모르게 손으로 춤을 추고 발로 뛰는 자도 있다.

정자가 말했다. 요즘 사람들은 책을 읽을 줄 모른다. 가령 『논어』를 읽었을 때에, 아직 읽지 않았을 때에서 이런 사람이요, 다 읽고 뒤에도 또한 다만 이런 사람이라면, 이것은 곧 읽지 않은 것이다.

정자가 말했다. 나는 17~18세부터 『논어』를 읽었는데, 당시에 이미 글 뜻을 훤히 알았다. 읽기가 더 오래될수록 다만 의미가 심장함을 깨달을 뿐이다.

3장

『논어』에서의
마음

"『논어論語』는 공자께서 제자 및 당시 사람들에게 응답하신 것과 공자께 직접 들은 말들을 그 당시 제자들이 각자 기록한 것인데, 공자께서 돌아가시자 문인들이 모아서 편찬하였기에 붙여졌다."… 정현이 말했다. "중궁·자유·자하 등이 찬했다. 론論이란 륜綸·륜輪·리理·차次·찬撰이다. 이 책으로 세상일을 경륜할 수 있기(經綸世務)에 륜綸이라 하며, (그 작용이) 원만하게 두루 통하여 무궁하기(圓轉無窮)에 륜輪이라 하며, 온갖 이치를 온축하기(蘊畜萬理)에 리理라 하며, 편장에 순서가 있기에(編章有序) 차次라 하며, 서로 현인들이 모여 찬정(群賢集定)했기에 찬撰이라 한다. 답술을 '어語'라 하는데, 이 책에 기록한 것은 모두 공자께서 제자 및 당시 사람들에게 응답한 말씀이므로 어語라고 했다."[1]

일반적 '마음'과 가장 직접적으로 연관되는 용어는 심心·성性·정情·지志·의意 등이다. 『논어』 전체 약 498장에서 '심心' 자는 5장에 걸쳐 6회 출현하였다.[2] '성性'(5:12, 17:2)과 '정情'[3] 자는 각각 2회만 사용

---

1. 정태현·이성민 공역, 「서해」 『역주논어주소』, 전통문화연구회, 2014.
2. 『논어』 2:4, 6:5, 14:42, 17:22, 20:1 등
3. 13:4, 19:19 등에 나오는 '정情'은 마음의 감정이 아니라, 성실誠實 혹은 실정實情이란 의미이기 때문에 여기서 다루지 않는다.

되었다. 그리고 마음의 소리와 뜻을 나타내는 '의意(心+音)' 자는 단 1
회 나왔지만(9:4), '지志(心+士=之)' 자는 도합 14장에 걸쳐 17회 출현하
였다.[4]

---

4. 1:11, 2:4, 4:4, 4:9, 4:18, 5:25, 7:6, 9:26, 11:25, 14:38, 15:8, 16:11, 18:8, 19:6 등.

1. 심心

　가장 오래된 갑골문에서 '심心' 자는 우리 몸의 정중앙에 위치한 심장心臟의 상형자로 출현했다. 『설문』에서는 "심心이란 오행五行의 중심으로 만물을 생성하는 '토土'에 해당하는 장기臟器(간肝-금金·비脾-목木·신腎-화水·폐肺-화火)"라고 했다.[1] 중국의 가장 오랜 의학서인 『황제내경』에서는 정신이 깃들어 있는 "심心은 오장육부의 큰 주인으로 군주에 해당하는 기관이다."[2]고 했다. 최대 자전인 『강희자전康熙字典』(1716)에 '심心'으로 구성된 한자는 1,170여 자이며, 대부분 사상·감정·심리 활동 등과 연관되어 출현한다. 중국인들은 두뇌頭腦가 아니라, 심장에서 사유·상상 등과 같은 심리 및 주재 작용이 일어난다고 생각하면서, 마음을 신체의 중추 기관이자 사유주체로 정립했다.[3] 『논어』에서 '심心' 자가 출현한 구절(6회/5장)을 살펴보자.

　17:22. 子曰: 飽食終日, 無所用心, 難矣哉! 不有博弈者乎, 為之猶賢乎已.[4]

----

1. 『說文解字』「心部」 "心卽人的心臟 心爲土臟主土 在身體正中 象形字 象心之形 今文經博士僞心主火. 安: 心之官則思 古人的錯誤僞定 心用爲偏多與思慮有關."
2. 『皇帝內徑』「靈樞, 邪客」 "心者 五臟六腑之大主也 … 心爲君主之官."
3. 전병술, 『심학과 심리학』, 모시는사람들, 2014, 34쪽.
4. 포飽는 食(밥 식)+包(쌀 포)의 형성자로 음식(食)을 배불리(包) 먹었음을 말하고, 충

공자께서 말씀하셨다. "배불리 먹고 종일토록 마음 쓰는 바가 없으면, (아마도) 어려울 것이다. 박(博=局戱)과 혁(奕=圍棋)이 있지 않는가? 그것을 하는 것이 아무것도 하지 않는 것보다 나을 것(賢=勝)이다."

주자: 이욱이 말하길, "성인께서 사람들에게 장기나 바둑을 하라고 가르치신 것이 아니라, 마음 쓰는 데가 없어서는 안 된다는 것을 심하게 말씀하신 것이다."라고 하였다.

다산: (마음 쓰는 바가 없다는 것은) 의지도 없고 하는 일도 없이 해이·나태해서 생각을 운용해 나가거나 일에 힘을 다하는 것이 없는 것

분하다·만족한다는 뜻이다.

用用은 가운데 卜(점 복)과 나머지 뼈(骨)를 그려 점(卜) 칠 때 쓰던 뼈로써 시행施行의 의미를 그려 사용使用·응용應用·작용作用을 나타낸다.

난難은 隹(새 추)+堇(노란 진흙 근)으로 원래는 새 이름이었다. 堇은 제물로 바쳐져 손이 위로 묶인 채 입을 크게 벌리고 고통스러워하는 사람으로, 難은 날개가 묶여 고통스러워하는 새를 말했지만, 인신하여 (날기가) 어렵다는 뜻이 나왔다. 간난艱難·힐난詰難 등으로 쓰인다.

박博은 十(열 십)+尃(펼 부)의 형성자이다. 尃는 專(오로지할 전: 세 가닥의 실+실패+실패 추+손)과 유사한데, 베를 짜는 것처럼 전문적(專)인 학식을 두루 갖춘 것(十)을 말한다. 넓다, 크다, 통달하다, 많다, 장기, 놀음 등을 의미한다. 박보博譜는 장기 두는 법을 풀이한 책, 박희博戱는 도박을 말한다.

혁奕는 大(큰 대)+亦(또 역)의 형성자로 크다, 뛰어나다(奕奕)는 뜻이다. 바둑 혹은 노름의 뜻도 있다. 혁기奕碁는 바둑돌을, 혁추奕楸는 바둑판을 말한다. 노재 왕씨가 말하길, "박博은 『설문』에 부簿라 했는데 장기놀이다. 6저12기(六著十二碁)이다. 옛날에 오조烏曹가 부簿를 만들었다. 『설문』에 혁奕은 이십二十자에 딸린다. 두 속을 오므려 잡는다는 말이다. 위기圍碁를 혁이라 한다."고 했다.

賢(어질 현)은 貝(조개 패)+臤又(굳을 현)의 형성자로 노비를 잘 관리하고(臤又) 재산(貝)을 잘 지키는 재능이 많은 사람을 말했으며, 이후 재산이 많다, 총명하다, 현명하다, 현자 등을 뜻하게 되었다.

이다. 어렵다(難矣哉)는 것은 유익한 일을 하기 어렵다는 것이다.

6:6. 子曰: 回也, 其心三月不違仁, 其餘則日月至焉而已矣.[5]
공자께서 말씀하셨다. "안회는 그 마음이 석 달(한 계절) 동안 인을 떠나지 않았다. 그 나머지 사람들은 하루에 한 번, 혹은 한 달에 한 번 인에 이를 뿐이다."

주자: 인이란 마음의 덕이다(仁者 心之德). 마음이 인을 어기지 않았다(不違仁)는 것은 사욕私欲이 없으면서 인의 덕을 지녔다는 것이다. 일월지언日月至焉이란 혹 하루에 한 번 (인에) 이르거나 혹 한 달에 한 번 인에 이르러, 인의 구역에 나아갈 수는 있었지만 오래가지 못한다는 것이다.

다산: 인이란 다른 사람을 향한 사랑이다(仁者 嚮人之愛). 자식이 어버이를 향하고(子嚮父), 신하가 임금을 향하고(臣嚮君), 목민관이 백성을 향하니(牧嚮民), 무릇 사람과 사람의 서로 향하여 온화하고 부드럽게 서로 사랑하는 것(人與人之相嚮藹然其愛者)을 일러 인仁이라 한다. 그 마음

----

5. 위違는 辵(갈 착)+韋(에워쌀 위)의 형성자로 성을 지키다가(韋), 성을 떠나다(辵)는 뜻에서 벗어나다, 위반違反하다 · 어기다는 뜻이 나왔다.
여餘는 食(밥 식)+余(나 여)의 형성자로 객사(余=舍)에서 손님을 위해 음식(食)을 남겨 두다는 뜻에서 여유 · 남다 · 풍족함을 그렸다.
지至는 『설문』에서는 새가 땅에 내려않는 모습으로, 아래쪽 가로획(一)은 땅이다"고 했다. 화살(矢)과 가로 획(一)으로 구성되어, 화살(矢)이 날아와 땅(一)에 꽂힌 모습이라고도 한다. 이르다가 원뜻이며, 어떤 목표에 도달했다는 의미에서 끝 · 지극至極 · 최고最高라는 의미가 생겼다. 원래 의미에 刀(칼 도)가 더해져 到(이를 도), 혹은 강제하다는 의미가 있는 攵(칠 복)가 더해져 致(이를 치) 자가 만들어졌다.

이 떠나지 않는다면 일을 행하는 것에 나타나는 데에 그치는 것이 아니라, 마음 가운데에서 실제로 그렇게 된다(中心實然).

주자는 인仁을 마음의 덕(心之德)으로 정의하였는데, 이 구절 또한 천리(하늘의 이치)—인욕(인간의 사사로운 욕망)의 관점에서 해석했다, 반면에 다산은 체득과 실천의 관점에서, "마음에는 선천적으로 주어진 어떠한 덕이 없으며, 행사 이후에 덕의 명칭이 있다(行事以後有德之名)"고 주석했다.

2:4. 子曰: 七十而從心所欲, 不踰矩.[6]

공자께서 말씀하셨다. "일흔에 마음이 하고자 하는 바를 좇아도 법도를 넘지 않았다."

주자: 성인께서는 표리表裏 · 정조精粗에 밝게 관철하지 않음이 없어,

---

6. 종從은 彳(조금 걸을 척)+止(그칠 지)+'따를 종'의 형성자로 두 사람이 나란히 따르는 모습으로, 따라가다 · '부차적'이라는 뜻도 있다. '남의 말을 따르다'는 것에서 공손 · 종용從容하다는 뜻도 나왔다. 혈연관계에서 사촌을 지칭한다.

욕欲은 欠(하품 흠)+谷(골 곡)의 형성자로 입을 크게 벌리고(欠) 텅 빈 계곡(谷)처럼 끝없이 갈구하는 욕망을 그렸다. 그것이 마음(心)에서 비롯되기 때문에 慾(욕심 욕)으로 분화했다.

유踰는 足(발 족)+兪(점점 유)의 형성자로 발(足)로 뛰어넘어 가다(兪), 초과하다는 의미다.

구矩는 矢(화살 시)+巨(클 거)의 형성자로 직각이나 네모꼴을 그리는 곱자를 말한다. 원래는 사람(大)이 큰 곱자(巨)를 손에 든 모습이었으나, 이후 '大(큰 대)' 자가 잣대를 뜻하는 矢(화살 시)로 변했다.

그 몸은 비록 이렇게 인간이지만 그 실은 오로지 이 하나의 천리天理이니, 이른바 '마음이 하고자 하는 바를 좇아도 법도를 넘지 않는 것'이다. 어디를 가고 오든 간에 모두가 이렇게 천리이니, 어찌 쾌활하지 않을 수 있겠는가?

다산: 도심(道心, 도의를 지향하는 마음)이 주재가 되고 인심(人心, 신체적 욕망에서 발생하는 마음)이 도심의 명령을 들으면, 마음이 하고자 하는 바를 좇아도 도심이 하고자 하는 바를 좇는 것이 되기 때문에 법도를 넘지 않는다. 만약 보통사람이 마음이 하고자 하는 바를 좇으면, 인심이 하고자 하는 바를 좇는 것이 되기 때문에 악에 빠진다. 마땅히 벼슬할 만하면 벼슬하고, 그만둘 만하면 그만두고, 오래 머물 만하면 오래 머물고, 빨리 떠날 만하면 빨리 떠나는 것(존재와 당위의 일치)이 이른바 '마음이 하고자 하는 바를 좇아도 법도를 넘지 않는다.'는 것이다.

『논어』에서 마음(心)이란 ① 무엇에 대한 의향(의도)을 지니고, ② 생각을 성실히 운용하면서 부여받은 일에 최선을 기울이고, ③ 인仁과 같은 덕목에 의거하여, ④ 법도(矩: 표준·당위)와의 일치를 지향해야 하는 것이다. 요컨대 어떤 무엇을 지향·운용되는 인간 마음이란 보편적인 덕(인)에 의거하여(依於仁) 당위적 법도를 준수하여 성실히 운용함으로써, 궁극적으로 존재와 당위가 일치하는 성인의 경지에 도달하는 것을 목표로 한다.

주자는 『논어』의 '마음'을 사욕을 없애고 보편적인 인의 덕을 지녀 하늘의 이치(天理)가 유행하게 해야 한다는 관점에서 주석했다. 한자의 원의에 정통했던 다산은 '심心'이란 "우리의 생물학적 신체를 주관

하여 밖으로 운용하는 것을 가차한 것(心爲血府 爲妙合之樞紐 故借名曰心)이
라고 했다. 그리고 그는 『서경』 「대우모」의 인심·도심의 개념에 의해
입각하여, 도심(도의를 지향하는 마음)이 주재가 되고, 인심人心(신체적 욕망에
서 발생하는 마음)이 도심의 명령을 듣는(聽命) 관계가 될 때, 올바른 관계
가 정립된다고 해설했다.

2. 성性

성性은 『논어』에서 단 2회(5:12, 17:2) 출현했지만, 『중용』·『맹자』에서 중심 주제로 논의되고,[1] 후대 성리학性理學에서 가장 중요한 개념으로 발전한다. '성性(心+生)'은 사유능력이나 도덕적 판단능력을 의미하는 '심心'과 태어나면서부터 지니게 되는 자연적·생물학적 욕구 혹은 본능을 의미하는 '생生'의 결합이다. 따라서 어느 쪽(心 혹은 生)에 비중을 두느냐에 따라 그 의미가 완전히 다르게 해석될 수 있기 때문에, 이른바 '인성론 논쟁'이 제기되었다. 성性(心+生)이란 우선 사람이 태어나면서 지니는(生) 본 바탕의 마음(本心)을 말한다. 그리고 마음이 우리 몸의 큰 주인(大主)이란 측면에서 본다면, 성性(心+生)이란 생물학적 몸(生)에 대한 마음의 주재主宰를 의미하며, 따라서 인성人性이란 우리 인간(人)의 생물학적 몸(生)을 주관하여(心) 인간을 (여타의 금수와 구별되게) 인간답게 해주는 훌륭한 가치를 지닌 선한 것을 말한다. 『설문』에서는 "사람의 양기陽氣로서 성性은 선善하다. 심心에서 유래하여 생生으로 발음된다."고 했다.

공자 이전에는 일반적으로 인간은 생물학적 몸(生) 혹은 혈통(姓=女+生)에 의해, 금수와 생물학적으로 혹은 신분적으로 구별되었다. 그

---

1. '심心'은 『논어』 6회, 『맹자』 121회, 『대학』 13회, 그러나 『중용』에는 보이지 않는다. 그리고 '성性'은 『논어』 2회, 『맹자』 36회, 『대학』 1회, 『중용』 9회이다.

런데 『논어』에서 공자가 처음 '성性' 개념을 논의함으로써 자연적·생물적 신체 혹은 혈통의 차원을 넘어, 그것을 주재하여 자신의 의미를 실현하는 인간의 자기정립을 문제시하는 계기가 마련되었다. 즉 성 개념이 제기·정립됨에 따라, 이제 인간은 동물과 공유하는 식·색·안일과 같은 신체적 욕망을 추구하는 생물학적 존재의 차원을 초월하여, 인간의 고유본성과 그 본성에 따르는 인간의 길과 인문세계를 추구할 단서를 마련했다.

5:12. 子貢曰: 夫子之文章, 可得而聞也; 夫子之言性與天道, 不可得而聞也.[2]

----

2. 문文은 갑골문에서는 사람의 가슴에 어떤 무늬를 새겨놓은 문신文身을 의미했다. 문자文字란 일정한 필획을 서로 아로새겨 어떤 형태들을 그려낸 것이다. 그래서 무늬라는 의미의 '문文'에 문자라는 의미가 담기게 되었다. 『설문』에서는 "획을 교차하다는 뜻으로 교차한 무늬를 형상했다(錯劃也, 象交文)"고 했다. 그리고 문자로 쓰인 것을 문장文章이나 문학작품이라고 말하게 되었다. 그러자 문文은 주로 문장이나 문자의 의미로 쓰이게 되었고, 무늬라는 말은 문紋자가 대신하게 되었다.
장章은 원래 辛(매울 신)+田(밭 전)의 형성자로 문신 칼(辛)로 문양을 새겨 넣은(田) 모습으로 문양이나 글자를 새겨 넣는 것을 그린 것이다. 『설문』에 따르면, 音(소리 음)+十(열 십)의 회의자로 음音과 숫자의 끝을 상징(十)이 결합한 구조로 음악(音)이 끝나는(十) 단위 즉 악장樂章이라는 뜻이 생겼고, 이후 어떤 사물의 단락이나 장절章節·법규法規·조리條理·문채文彩 등을 되었다.
천天은 본래 갑골문에서 머리가 돌출된(一) 사람(人)의 형상으로 '위대偉大한 사람'이란 뜻에서 시작되어, 그 사람이 사후 거주지인 하늘(大+一=天), 그리고 그 하늘에 거주하는 신神을 상징했다. 돌출된 머리를 형상했다는 점에서 천天은 고원高遠·광대廣大·존대尊大·존경尊敬·외경畏敬의 대상으로 의미가 확장되었다. 『설문』의 주석에서는 "천天은 정수리(顚)를 말하면, 지극히 높고 필적할 만한 것이 없다(至高無對). '일一'과 '대大'의 형성자로 사람이 머리 위에 이고 있는 장소이다(人所戴)."고 하였다.
도道란 '辶(辵=行止)'+'首'(사람의 맨 위의 머리로서 가는 목적)로 구성된 회의문자로 자공이 말했다. "선생님의 문장文章(덕이 밖으로 드러난 것으로 위의威儀와 문사文辭 혹은 『시』·『서』·『예』·『악』의 학설)은 알아들을 수 있었지만, 선생님께서 (드물게) 성과 천도를 말씀하신 것은 알아들을 수 없었다."

공안국 : 성性이란 사람이 부여받아 태어난 것(人之所受以生也), 천도天道란 우주의 원기元氣가 두루 미쳐 만물이 나날이 새로워지는 도(元亨日新之道)이니, 그 이치가 심오하고 정미하다. 그러므로 들을 수 없었다는 말이다.

주자 : 문장文章은 덕이 밖으로 드러난 것이니, 위엄과 거동(威儀)과 글과 말(文辭)이 모두 그것이다. 성性이란 사람이 부여받은 천리天理이고 천도天道는 천리자연의 본체(天理自然之本體)이니, 기실은 하나의 이치一理이다. 공자의 문장文章은 날마다 밖으로 드러났으니 진실로 배우는 자들은 함께 들었을 것이지만, 성性과 천도天道에 이르러서는 공자께서 드물게 말씀하셨으니, 배우는 자들 중에서 알아듣지 못한 자가 있었을 것이라는 말이다.

다산 : 성性과 천도天道는 『중용』에서 말한 것과 같은 것들(天命之謂性,

서 '향하여 가는 길(방법)이면서 목적'을 나타낸다. 즉 도道는 물리적인 도로道路라는 의미에서 출발하여 인간과 사물이 마땅히 경유해야(應由) 하는 길, 사람들의 행위활동을 어떤 방향으로 이끌어 주는 통로이면서, 궁극적으로 그 길을 통해 나아갈 때에 도달하게 되는 목표나 목적을 의미한다. 그 후 의미가 더욱 확대 혹은 구체화·추상화되어 사람과 사물의 운용원리이자 반드시 준수해야 할 법칙, 힘써 지켜야 할 원칙과 도리, 그리고 사물의 운동변화 과정과 운용원리까지 의미하게 된다. 『논어』에서 도道 자는 50장에 걸쳐 72회 내외로 출현했다.

성이란 우리 마음의 기호이다:성기호설性嗜好說)이다. 지혜가 정미精微한 것을 변석할 수 있어야 비로소 성性과 천天을 더불어 말할 수 있기에, 알아들은 자가 적었다.

17:2. 子曰: 性相近也, 習相遠也.[3]
공자께서 말씀하셨다. "본성은 서로 가깝지만, 습관은 서로 멀다."

고주: 성性이란 인간이 하늘로부터 부여받은 것으로 태어나서 고요한 것을 이른다. 외물外物의 자극을 받기 전에는 사람들의 성은 모두 서로 비슷하니, 이것이 '상근相近'이다. 외물의 자극을 받은 뒤에는 습관이 천성이 되기 때문에 선善에 습관이 되면 군자가 되고 악에 습관이 되면 소인이 되니, 이것이 '상원相遠'이다.

주자: (여기서의 성이란) 기질氣質을 겸하여 말한 것이다. 기질지성은 본래 미美·악惡의 차이가 있지만, 그 처음을 말한다면 모두 서로 크게 먼 것은 아니다. 다만 선에 습관이 되면 선해지고 악에 습관이 되면 악해지니, 이에 비로소 서로 멀어지게 된다.

----

3. 習습은 羽(깃 우)+日(날 일)의 회의자로 어린 새가 오랜 세월(日) 동안 반복해 날갯짓 (羽)을 익히는 모습으로부터 학습學習과 중복重複의 의미를 그렸다. 이후 일日이 白 (흰 백)으로 변했는데, 白은 自(스스로 자)의 변형으로 보인다. 따라서 스스로(自) 배우는 날갯짓(羽)으로부터 자발적인 학습의 중요성을 강조했다. 혹은 白은 鼻(코 비) 자의 본형이 自의 변형체로 새끼 새가 날기 위해 날갯짓을 되풀이하다·숨찬 입김이 코에서 나타난다는 뜻으로, 되풀이하여 익힌다는 의미이다. 익히다, 배우다, 습관, 거 듭되다, 가르치다, 항상 등의 뜻이 있다.

주자의 본연·기질지성에 의한 성 개념 해석은 후대에 많은 논란을 불러일으켰다. 특히 왕양명王陽明은 『전습록』에서 다음과 같이 비판했다.

공자가 말한 '성상근'이란 곧 맹자가 말한 성의 선함(性善)이니, 오로지 기질의 측면에서 말한 것일 수는 없다. 만일 기질의 측면에서 말한 것이라면, 강剛·유柔처럼 대립하는 것인데, 어찌 서로 가까울 수 있겠는가? 오직 성의 선함만 같을 뿐이다. 사람이 처음 태어났을 때에는 선함만이 같을 뿐이지만, 단지 강剛이 선함에 습관이 되면 강선剛善이 되고 악에 습관이 되면 강악剛惡이 되며, 유柔가 선함에 습관이 되면 유선柔善이 되고 악함에 습관이 되면 유악柔惡이 되어, 나날이 서로 멀어지게 된다.

공자의 '성상근性相近'이란 곧 맹자가 말한 모든 인간이 같이 지니고 태어난 동일한 본성의 선함을 의미한다는 것이 양명의 해석이다. 그런데 다산은 고주, 주자 그리고 양명의 해석마저도 엄밀하지 못하다고 비판하고, 제3의 해석을 시도한다. 다산은 "성性이란 본심의 호오好惡이고, 습習이란 견문지관숙聞見之慣熟이다"고 정의한다. 또한 공자가 말한 성性이란 도의지성道義之性으로 맹자의 이른바 '사람은 모두 요순과 같은 성인이 될 수 있다'고 말한 근거가 되는 성과 같은 하나의 성이기 때문에, 주자처럼 기질지성이라고 할 수 없다고 비판하고 다음과 같이 주석했다.

'성상근'이란 갑과 을, 두 사람의 성性을 근거로 볼 때 그 현賢·불초不
肖가 본래는 서로 가깝다는 것이고, 습習을 근거로 볼 때 그 현·불초
가 마침내 서로 멀다는 것이다. 아래 구절의 '습상원習相遠'으로 미루어
보면 그 뜻이 분명해진다. 요순과 걸주는 그 측은·수오의 성이 털끝
만큼도 차이가 나지 않는데, 이것을 다만 성은 서로 가깝다는 것으로
써 논해서는 안 된다(말이 명확하지 못하다). '습상원'이 이미 현·불초
가 서로 멀어진 것이면, '성상근'은 또한 어찌 현·불초가 서로 가까웠
던 것이 아니겠는가?

이들의 논의를 다시 정리하면, 다음과 같다.

고주: 성性은 사람이 하늘로부터 부여받은 것으로 태어나서 고요한 것
으로 외물의 자극을 받기 전에는 사람들의 성性이 모두 서로 비슷하지
만, 선악의 습관에 의해 군자·소인으로 멀어진다.

주자: 성(=기질지성氣質之性)이 지닌 미美·악惡은 처음에는 서로 멀리 않았
지만, (선·악에) 습관에 의해 서로 (천양지차로) 멀어진다.

양명: 본성(맹자가 말한 성선性善)은 서로 같지만(近=同), (강강剛·유유柔의
기질이 선·악의) 습관에 의해 서로 멀어진다.

다산: 현·불초(知·愚)는 성(=본심의 好·惡)의 측면에서 본다면 서로 가
까웠지만, 습관(聞見之慣熟)의 측면에서 보면 서로 멀어진다.

이렇게 고주는 "성이란 사람이 부여받아 태어난 것(性者 人之所受以生
也)이고, 천도란 우주의 원기가 두루 미쳐 만물이 나날이 새로워지는

도(天道者 元亨日新之道)이다."고 설명한다. 그런데 주자는 "성은 사람이 부여받은 천리(性者 人之所受之天理)이고 천도는 천리자연의 본체(天道者 天理自然之本體)이니, 기실은 하나의 이치(一理)이다."고 말하여 '천즉리天卽理' 및 '성즉리性卽理'의 입장에서 고주를 수정했다.

이에 대해 다산은 성性이란 『중용』의 "천명을 일러 성이라고 한다(1 장: 天命之謂性)"고 할 때의 성이라고 주석했다. 다산은 "명命 · 성性 · 도道 · 교敎를 모두 하나의 이치(一理)로 귀속시키면, 이치란 본래 지각 · 위능威能이 없는데, 무엇 때문에 계신공구戒愼恐懼할 것인가?"[4]라고 말하고, 주자의 '천즉리天卽理'의 입장을 비판한다. 즉 천天을 무형 · 무위한 의부지품依附之品에 불과한 이치로 환원한다면, 인간이 도덕을 실천할 근거를 상실할 수 있다는 것이다. 그래서 다산은 천天이란 (나라의 임금國君을 나라님國이라 부르듯이) 인격적인 상제上帝를 지칭하며, 따라서 천도란 다름 아닌 상제의 명령이라고 말한다. 상제의 명령은 인간에게 도심(本心)으로 부여되어 있는데, 이 도심의 기호가 바로 성性이라는 것이다. 성을 본심의 기호(好德恥惡)라고 주장하면서, 다산은 지각 · 위능이 없는 이치에 따를 것이 아니라, 주체로서의 본심이 '자주의 권형(自主之權)'을 지니고 그 기호에 따라 결단 · 실천하는 것이 중요하다고 주장한다.[5]

---

4. 『여유당전서』 II, 1:5. 「중용자잠」 "君子處暗室之中 戰戰栗栗 不敢爲惡 知其有上帝臨 女也 今以命性道教 悉歸之於一理 則理本無知 亦無威能 何所戒而愼之 何所恐而懼之乎."
5. 『역주논어고금주』 5, 78~9쪽. "於是又賦之以可善可惡之權 聽其自主."

3. 지志·의意

'지志'는 원래 심心과 지之의 형성자(心之所之之謂)로 마음의 지향과 그
대상(뜻·의념·심정)을 말했다.[1] 이후 지之가 사士로 바뀌어 선비(士)
의 굳은 마음(心)으로서 의지·주재主宰를 뜻하였다.

『논어』에서 지志 자는 (心자보다 많은) 도합 14장에 걸쳐 17회 출현
했다. 이 가운데 마음이 가는 바(心之所之) 혹은 마음의 정향(心之定向)으
로서 '(…에) 뜻을 두다'라는 동사적 의미로 4회 나왔다. 지우학志于學
(2:4)·구지어인의苟志於仁矣(4:4)·사지어도士志於道(4:9, 7:6) 등이 그 실례
인데, 여기서 지志의 대상은 학·인·도와 같은 가치를 지닌 것이다.
다음으로 '지志'가 의지·의향·소망·목표 등과 같이 명사형으로 사
용된 경우는 1:11(父在觀其志)·4:18(見志不從)·5:25(盍各言爾志…願聞子之
志)·9:26(匹夫不可奪志也)·11:25(亦各言其志也…亦各言其志也已矣)·16:11(隱
居以求其志)·18:8(不降其志…降志辱身矣)·19:6(博學而篤志) 등으로 총 8장에
서 11회 내외로 출현했다. 그리고 형용사로 1회(15:8. 志士仁人) 나왔다.
대표적인 몇 구절을 살펴보자.

2:4. 子曰: 吾十有五而志于學.[2]

---

1. 『설문해자』「志字部」"志 意也. 從心之聲, 志是意念 心情 形聲字."
2. 于于는 일종의 취주악기로 초기의 간단한 피리(竽:피리 우)를 그렸는데, 『설문』에서

94

공자께서 말씀하셨다. "나는 열다섯에 학문에 뜻을 두었다."

주자: 옛날에는 15세에 태학大學에 들어갔다. 마음이 가는 바를 일러 지志라고 한다. 여기서 이른바 '학學'이란 곧 태학의 도이다. 태학의 도에 뜻을 두면, 모든 생각이 여기에만 있어 학문하기를 싫어하지 않는다.

다산 : 지志는 마음에 정해진 방향이 있음(心有定向)을 말한다.

7:6. 子曰: 志於道, 據於德, 依於仁, 游於藝.[3]

공자께서 말씀하셨다. "도에 뜻을 두고, 덕을 지키고, 인을 의거하고, 예(禮 · 樂 · 射 · 御 · 書 · 數)에 노닐어야 한다."

는 '기旗가 펼쳐져 나오는 것을 그렸다.'고 했다. 악기에서 소리가 천천히 펼쳐 나오는 모습에서 기운이나 소리가 퍼져 나온다는 뜻이 생겼고, 이후 문장에서 말의 소리를 조절하는 어기사語氣詞로 장소 · 비교 · 대상 등을 나타내는 다양한 의미의 조사로 쓰였다.

3. 거據는 手(손 수)+豦(원숭이 거)의 형성자이다. 원래는 거据(거점 거)에서 거據로 바뀌었다. 차지하다, 웅거雄據, 의거依據, 증거證據 등의 뜻이 나왔다. 자리를 차지하려면 (居) 격렬한(豦) 싸움이 필수적이었기에, 거据가 거據로 바뀌었을 것으로 추정된다.

   의依는 人(사람 인)+衣(옷 의)의 형성자로 사람이 옷을 입다가 원래 뜻이다. 사람(人)에게 옷(衣)과 같이 없으면 살 수 없는 언제나 의지하며 기대야 하는 곳임을 그렸다. 의지依支 · 근거根據 · 순종順從하다의 뜻이다.

   유游는 水(물 수)+斿(깃발 유)의 형성자로 물길을 따라 유람(斿)함을 나타낸다. 수영하다 · 한가롭게 노닐다 · 사귀다는 뜻이다.

   예藝는 云(이를 운)+埶(심을 예: 屮, 木, 土, 埶: 땅에다 두 손으로 초목을 심는 형상)의 형성자로 구름(云)이 낀 날에 나무를 심다(埶)는 뜻이다. 나무를 심는다는 뜻에서 나무를 심는 기술이란 뜻이 나왔고, 다시 기예技藝 · 공예工藝 · 예술藝術 등의 뜻이 생겼다. 일반적으로 소학(—15세)으로는 여섯 가지 기예(六藝)를 교과목으로 하였다. 육예로는 예절(禮), 음악(樂), 활쏘기(射), 말부리기(御), 글쓰기(書), 수학(數)이 있었다.

주자: 도란 인륜으로 일상생활에서 마땅히 행해야 하는 것이다. 덕은 도를 행하여 마음에 얻어진 것이다. 인仁은 사욕이 완전히 제거되어 마음의 덕이 온전한 것이다. 예藝는 예악의 문채(禮樂之文)와 활쏘기·말 몰기·글쓰기·수학의 기법(射御書數之法)으로 모두 지극한 이치가 깃들어 있는 것으로 일상에서 뺄 수 없는 것들이다. 이 장은 사람의 학문함이 마땅히 이와 같이 해야 함을 말했다. 대개 학문은 가장 먼저 뜻을 세워야(立志) 한다. 도에 뜻을 두면 마음이 바른 상태에 머물러서 다른 곳으로 가지 않는다. 덕에 머무르면(據德), 도를 마음에 터득하여 잃지 않게 된다. 인에 의거하면(依仁), 덕성이 항상 작용하여 물욕이 행해지지 않는다. 예에 노닐면(游藝), 조그만 것도 놓치지 않아 움직일 때나 쉴 때나(動息) 함양함이 있게 된다. 배우는 자가 여기에서 선후의 순서와 경중의 이치를 잃지 않는다면, 본말이 겸비되고 내외가 교대로 함양되어 일상에서 조금의 간극도 없고, 차츰차츰 깊이 스며들고 넉넉히 이해하게 되어, 홀연히 자신도 모르는 사이에 성현의 영역으로 들어가게 된다.

다산: 여기에서 저기에 이르는 것을 도라고 하고, 마음이 바르고 곧은 것을 일러 덕이라 하며(心之正直曰德: 直과 心을 따랐다), 인仁이란 다른 사람을 향한 사랑이다(仁者 嚮人之愛也). 예藝란 육예六藝(예·악·사·어·서·수)이다.

4:4. 子曰: 苟志於仁矣, 無惡也.[4]

공자께서 말씀하셨다. "진실로 인에 뜻을 두면, (아직 인을 완성하는 데에 미치지 못하면, 과오가 없을 수는 없지만) 악함(악을 행하는 일)은 없다."

주자: 그 마음이 진실로 인仁에 있으면, 반드시 악을 행하는 일은 없다.

다산: 인이란 효제충신을 총괄하는 명칭(仁者孝悌忠信之總名)이다. 과오(過)와 악惡은 다르다. 인仁에 뜻을 두고 있는 자가 아직 인仁을 완성하는 데에 미치지 못하여 과오가 없을 수는 없다. 그러므로 말하기를, "허물을 보면 인한지를 안다."고 하였다. 그러나 그 뜻이 이미 확립되었으며, 반드시 악행은 없다.

9:25. 子曰: 三軍可奪帥也, 匹夫不可奪志也.[5]

----

4. 구苟는 ++(풀 초)+句(글귀 구)의 형성자로 『설문해자』에서는 풀의 이름이라고 하였다. 그러나 『갑골문』에서는 양羊을 토템으로 삼았던 강족羌族이 꿇어앉은 모습을 그려, 은나라의 강력한 적이었던 그들이 '진정으로' 굴복하는 모습을 그렸고, 이로부터 진실하다·구차苟且하다의 뜻이 나온듯하다. 또한 '정말로 …한다면'의 의미를 나타낸다. 악惡은 心+亞로 이루어져 있다. 亞는 무덤의 시실을 안치하던 묘실墓室을 그린 것(왕의 무덤을 관리하던 관직으로 '버금'이라는 뜻이 나왔다)으로 시신에 대한 두려움이나 거리낌 등으로부터 흉측하다, 싫어하다 등의 뜻이 나왔다. 그래서 亞+心=惡은 싫어하는 마음, 나아가 선악善惡에서 '나쁘다'는 뜻이 생겼다. 증오憎惡 혹은 수오羞惡에서는 '오'로 읽는다.

5. 군軍은 車(수레 거)+勻(고를 균)으로 원래는 전차를 고르게 배치함을 말하는데, 이후 고르게 배치된 군대軍隊를 말한다. 공자 당시 주周나라에서는 천자는 6군軍, 큰 영주(諸侯)는 3군, 중 영주는 2군, 소 영주는 1군(12,500명)을 제공해야 한다고 규정하였다. 따라서 삼군이란 큰 제후가 출병시키던 상군上軍·중군中軍·하군下軍을 이르던

공자께서 말씀하였다. "삼군의 장수는 (용맹이 남에게 달려 있기에) 빼앗을 수 있지만, 필부의 지(志: 氣의 將帥)는 (자신에게 달려 있기 때문에) 빼앗지 못한다."

주자: 후중량이 말하길, "삼군의 용맹은 남에게 달려 있고, 필부의 지志는 자신에게 있다. 그러므로 장수는 빼앗을 수 있어도 지志를 빼앗을 수는 없다. 만약 빼앗을 수 있다면, 또한 지志라고 하기에 부족하다."고 했다.

다산: 『맹자』에서 "지는 기운의 장수이다(志 氣之帥也)"고 말했다. 대개 이 경에 근본을 두었다. '불가탈지不可奪志'란 부귀가 넘치게 할 수 없고, 빈천이 움직이게 할 수 없고, 위무威武가 굽힐 수 없음을 말한다.

삼군과 같은 큰 군대라고 할지라도 그 부대가 오합지졸이라면, 그

말로, 전의되어 큰 대군이라는 뜻으로도 사용되었다.

탈奪은 衣(옷 의→大)+隹(새 추)+寸(마디 촌)의 회의자로 손(寸)으로 잡은 새(隹)를 옷(衣)으로 덮어 놓았으나 날아가 버린 모습이다. 벗어나다, 잃어버리다, 빼앗다 등의 뜻이다.

주朱는 『설문해자』에 의하면 소나무의 일종으로 속이 붉은 나무(적심목赤心木)를 나타내는 지사문자에서 '붉다'는 뜻이 나왔다.

수帥는 巾(수건 건)+師(군사 사)의 형성자로 『설문』에서는 허리에 차고 있는 수건(巾)이라 했는데, 장수들이 허리춤에 차던 수건을 말한다. 이로부터 장수將帥를 뜻하게 되었다. 그리고 '솔(=率)'로 읽어 이끌다, 거느린다는 뜻이다.

필匹은 주름이 여러 갈래로 진 베의 모습을 그린 상형자이다. 베가 원래 뜻이고, 베를 헤아리는 단위였다. 베1필은 4장丈으로 부였다. 이후 말馬을 헤아리는 단위로 확대되었다. 베는 중요한 혼수품이었기에 배필配匹에서처럼 짝이나 배우자의 의미로 쓰이게 되었다.

장수를 빼앗을 수 있다. 그러나 한 필부라고 할지라도 그 지志가 확고하다면 비록 그 몸은 죽일 수는 있지만, 그 지를 빼앗을 수는 없다. 삼군의 장수는 부대의 존망에 달려있지만, 필부의 지志는 그 자신의 마음에 달려있다. 따라서 필부가 그 절개를 버리지 않는 한, 그 지志를 다른 사람이 빼앗을 수는 없다.

주자는 위기지학爲己之學과 위인지학爲人之學의 차이에 착안하여, 그 구절을 해석한 후중량의 주석을 받아들이고 인용했다. 맹자는 "지는 몸을 구성하는 기운의 장수이다(志 氣之帥也)"라고 말했다. 다산은 이 구절에 근거를 두고, 맹자가 이런 말을 했다고 주장한다.

18:8. 逸民, 伯夷 · 叔齊 · 虞仲 · 夷逸 · 朱張 · 柳下惠 · 少連. 子曰: 不降其志, 不辱其身, 伯夷 · 叔齊與! 謂柳下惠 · 少連: 降志辱身矣, 言中倫, 行中慮, 其斯而已矣. 謂虞仲 · 夷逸: 隱居放言, 身中淸, 廢中權. 我則異於是, 無可無不可.[6]
일민(버려져 벼슬하지 않는 사람)은 백이 · 숙제 · 우중 · 이일 · 주장 ·

---

6. 일逸은 착辵(쉬엄쉬엄 갈 착)+토兎(토끼)의 회의자로 잘 달아나는(辵) 토끼(兎)로써 사냥감을 놓쳐 잃어버리다 · 도망가다 · 석방하다 · 은둔하다 · 초월하다 · 한적하다는 뜻.
륜倫은 인人(사람)+륜侖(둥글다)의 형성자로 같은 무리 사이의 차서次序를 말하였다. 차서次序가 윤리의 핵심으로 작용하였기 때문에 사람에게 두루 미치는 윤리개념으로 발전하였다.
권權은 목木+관雚(황새 관)의 형성자로 양쪽의 평형을 잡아 무게를 재는 저울의 추를 뜻한다. 저울추라는 의미에서 권세 · 권력 · 권리를 뜻하게 되었는데, 인간 사회의 힘이나 세력을 재는 기구라는 뜻.
방放은 복攵(치다)+방方의 형성자로 변방邊方으로 강제로 내치는 것을 말한다. 추방, 버리다, 석방, 밖으로 내몰려 제멋대로 한다는 뜻의 방종放縱을 의미하기도 한다.

류하혜·소련이다. 공자께서 말씀하셨다. "그 뜻을 낮추지 않고 그 자신을 욕보이지 않은 자는 백이·숙제이다. 류하혜·소련을 평하면, 뜻을 낮추고 자신을 욕되게 하였으나, 단지 말은 윤리에 맞았고 행실은 사려에 맞았으니, 그렇게 했을 따름이다. 우중·이일을 평하면, 은거하면서 분방하게 말하였고, 자신은 (도의) 맑음에 맞았고, (자신을) 버리고 권도에 맞았다. 나는 이들과는 다르니, 가함도 없고 불가함도 없다."

주자: 사량좌가 말하길, "일곱 사람이 은둔하여 더럽히지 않은 것은 같지만, 마음을 세우고 행동한 방식은 달랐다. 백이·숙제는 천자도 신하로 삼을 수 없고 제후도 벗으로 삼을 수 없었으니, 대개 이미 세상을 피하고 무리를 떠났다. 성인보다 한 등급 아래로, 이들 중 아마도 최고일 것이다. 유하혜·소련은 비록 뜻을 굽혔지만 자기를 굽히지는 않았고, 비록 자신을 욕되게 하였으나 영합을 구하지는 않았으니, 그 마음에 달갑게 여기지 않는 것이 있었다. 그러므로 말은 윤(倫:윤리, 질서)에 맞고 행실이 사려에 맞을 수 있었다. 우중·이일은 은거하며, 말을 거리낌 없이 하여, 말이 선왕의 법도에 부합하지 않는 것이 많았다. 그러나 맑으면서 더럽히지 않았고, 저울질(權)하여 마땅함에 적중했으니, 방외의 선비들(方外之士)이 의義를 해치고 가르침을 손상시켜 큰 윤리를 어지럽힌 것과는 등급을 달리한다. 그래서 균등하게 일민逸民이라 불렀다."라고 했다. 윤돈이 말하길, "일곱 사람은 각각 그 나름으로 하나의 절조를 지켰지만, 공자께서는 가함도 없고, 불가함도 없으셨으니, 이것이 항상 그 가함에 적중하면서, 일민의 무리와 달랐던 까닭이다."고 말했다.

다산: 뜻으로는 긍정하지 않지만, 굽혀 따르는 것이 바로 강지降志이

다. 달갑게 여기지 않지만 비굴하게 취하는 것이 바로 욕신辱身이다.

15:8. 子曰: 志士仁人, 無求生以害仁, 有殺身以成仁.[7]

공자께서 말씀하셨다. "뜻있는 선비와 덕을 이룬 사람은 삶을 구하여 인을 해치는 일이 없고, 몸을 죽여서도 인을 이룸이 있다."

주자: '지사志士는 뜻있는 선비이고, 인인仁人은 덕을 이룬 사람이다. 이치상 마땅히 죽어야 하는데 삶을 구하면, 그 마음에 불안함이 있다. 이는 마음의 덕을 해치는 것이다. 마땅히 죽어야 해서 죽으면, 마음이 편안하고 덕이 온전해 진다.

다산: 지사志士는 도에 뜻을 둔 선비이고, 인인仁人은 인한 마음의 사람이다. 인이란 인륜의 지극함이다(仁者人倫之至也). 소체小體로써 대체大體를 손상시키지 않기 때문에, 인을 해치는 일이 없고, 몸을 죽이는 일이 있다.

『논어』의 '지志'를 고주는 사모하다(志 慕也. 道不可體 故志之而已)로, 주자

----

7. 害는 그 자형에 대해 의견이 많지만, 할割(나누다)과 연계해 볼 때 청동기물을 만드는 거푸집을 그린 것으로 생각된다. 청동물이 굳고 나면 겉을 묶었던 끈을 잘라야 하는데, 여기서 '칼로 자르다'는 뜻이 나왔고, 이후에 칼에 의한 상처, 해치다, 해를 입다는 뜻이 나왔다. 손해損害, 재해災害 등.
신身은 『설문』에서 사람의 몸을 그린 상형자라 한다. 이후 사람의 주체나 자기 자신을 뜻과, 자신自身이 몸소 행하는 것을 말하기도 한다. 신身으로 구성된 한자들을 모두 몸과 관련된 의미를 가진다. 금문에서는 임신하여 배가 불록한 모습을 그려 '임신하다'가 원래 뜻인데, 인신하여 머리부터 발 위까지 '신체'를 지칭하게 되었다고 한다.

는 마음이 가는 바(心之所之也) 혹은 마음의 욕구(心之欲求)로 해석했다. 다산은 마음의 정향(心之定向)으로 주석했지만, 인仁이란 마음의 덕이 아니라, 효제충신의 총명이라고 했다. 그리고 다산은 "지어도志於道"에 대해 "마음과 본성을 다스리고자 하는 것이다. 대체가 근심하지 않고(心性은 大體이다), 소체의 아름다움만 추구하는데(口體는 小體이다) 어찌 (도를) 의논할 만하겠는가?"(2:4, 4:9)라고 주석했다.

주자와 다산은 명사적 의미의 '지志'에 대해서는 특별한 주석을 하지 않았다. 다만 9:26(三軍可奪帥也 匹夫不可奪志也)의 지志에 대해 주자는 위기지학爲己之學의 의미에서 "지志란 자기에게 있는 것이기 때문에 빼앗을 수 없다"는 후중량의 말을 인용만 했다. 이에 대해 다산은 맹자의 "지志는 몸을 구성하는 기운의 장수이다(志 氣之帥也)."는 말은 공자의 이 언명에 기초했다고 지적한다. 다산의 해석대로 이해한다면, 공자는 군대를 통솔하는 장수처럼 마음의 지志가 몸을 주재해야 한다고 생각했다. 지志는 의사(意思: 무엇을 하고자 하는 생각)와 구별되는 개념이다. 의사意思는 단순히 마음이 발동한 것을 말하지만, 지志는 명확히 지향志向과 주재主宰가 있는 것이다.

다음으로, 『논어』의 '의意'에 대해 살펴보자. '의意'란 '심心+음音'의 회의자로 마음(心)의 소리(音)가 뜻이자 의지임을 나타낸다. 『설문해자』에서는 "의意는 뜻(志)을 나타내는데, 언어와 성음에 근거하여 그 사람의 마음의 뜻을 알 수 있다."[8]라고 하였다. 그런데 『논어』에서 '의意'자는 단지 1회 나왔다.

----

8. 『설문해자』「意部」 "意 志也 從心察言而知意也 從心從音."

9:4. 子絶四, 毋意, 毋必, 毋固, 毋我.[9]

공자께서는 네 가지가 전혀 없으셨다. 사사로운 의지(私意)가 없으셨고, 기필함(期必)이 없으셨고, 고집(집착執·정체滯)이 없으셨고, 사사로운 자아가 없으셨다.

고주: 공자께서는 도로써 헤아린 까닭에 임의任意로 처리하지 않았다는 것이다. 등용되면 도를 행하고, 버려지면 감추기 때문에 전필專必이 없다.

주자: 의意는 사의私意이다. 필必은 기필期必이다. 고固는 집체執滯이다.

----

9. 절絶은 원래 네 개의 糸자에 刀로 구성되어, 칼로 실을 자른다는 의미에서 '끊다'가 생겨났고, 또한 막다른 곳이라는 뜻도 나왔다. 그리고 아득히 뛰어나다(絶色), 결단코, 심히 등으로 뜻이 확장되었다. 8구로된 절률시(絶律詩)의 절반을 끊어 만든 시라는 의미에서 절구絶句라는 말도 생겨났다.

의意는 心(마음 심)+音(소리 음)의 회의자로 마음(心)의 소리(音)가 뜻이자 의지임을 그려냈다. 생각하다, 마음속에 담아두다, 내심, 감정, 의미 등을 말한다.

필必은 弋(창 과)+八(여덟 팔)의 형성자로 갈라진 틈(八) 사이로 창(弋)을 그린 무기 자루의 모습으로 창과 같은 무기는 반드시 자루에 끼워야만 사용할 수 있기에 '반드시'라는 뜻이 나온 것으로 추정된다. 『설문』에서는 八+弋(주살 익)으로 기준을 나누다(八)라고 한다. 반드시, 기필, 신뢰, 고집하다 등.

고固는 口(에워쌀 위)+古의 형성자로, 옛 것(古)에 에워싸여(口) 밖으로 나가지 못하는 고루함을 뜻하는 데, 옛 것에 에워싸여 나오지 못한다는 뜻의 고집固執이 나왔다. 완고頑固, 고루固陋 등.

아我는 창(戈)과 같은 날이 있는 무기를 나타내며, '나' 혹은 '우리'란 뜻은 가차했다고 하지만, 『설문』에서는 회의자라고 한다. 갑골문 당시에 이미 '우리'로 쓰여 '나'로 쓰인 것은 가차로 보지만, 我에 羊(양)의 장식물이 더해진 의장용 칼인 義가 공동체에서 지켜야할 '의리'를 의미하는 것을 볼 때, 我는 적보다는 내부를 결속하기 위한 대내용 무기로, 여기서 '우리'라는 뜻이 나왔을 것이라고 추정한다. '나 혹은 우리'는 '너 혹은 너희'와 무기를 들고 대적하는 상대적인 관계임을 뜻한다.

아我는 사기私己이다. 사익을 위해 사의가 발동하고, 이 사의에 의해 기필하는 마음이 생기며, 기필하는 마음에서 고집이 일어나서 나에 대한 집착이 생겨난다. 또한 나에 대한 집착에서 사의가 생겨나며, 이러한 사의에서 기필하는 마음이 생겨나고, 이 기필하는 마음에서 고집과 아집이 또다시 강화되어 생겨난다. 이 네 가지는 서로 견인하는 악순환을 일으켜 우리들을 고통으로 몰고 가는데, 공자께서는 이 네 가지가 전혀 없었다.

다산: 의意란 억측億이다. 사사로운 뜻으로 억측하여 헤아리는 것을 의意라 한다(以意億度曰意也). 필必은 기期이다. 고固는 견집堅執이다. 아我란 기己이니, 자기를 버리고 남을 좇는 것을 무아毋我라고 말한다.

'무의毋意'의 '의意'를 고주는 임의任意, 주자는 사의私意, 그리고 다산은 억탁臆度으로 주석했다. 플라톤의 『국가』편(6권)에 나오는 이른바 '선분의 비유'로 말하면, 공자께서는 영상影像을 참된 실재라고 믿는 doxa(억견臆見)를 단절하고 누스(존재=사유)의 단계에 도달한 것으로 다산은 해석했다. 혹은 하이데거식으로 말하면, 공자께서는 존재자에 대한 표상을 단절하고 표상 없는 사유 즉 존재사유의 경지에 도달했다는 것이다. 그런데 장재張載의 '지'志와 '의意'에 대한 다음과 같은 구별은 『논어』에 나타난 의意와 지志에 대한 정확한 해석이라고 생각된다.

성심成心을 잊은 뒤에야 도에 참여할 수 있다(成心이란 私意이다). 화化하면 (성인聖人이 되어) 성심成心이 없다. 성심成心이란 의意를 말한다.

대개 지志와 의意를 구별하여 말하면, 지志는 공公적이지만 의意는 사적인 것이다.[10]

『논어』의 '지志'(비록 항산恒産이 없어도, 인의예지에 대한 항심恒心을 바꾸지 않는 선비士의 굳은 마음心처럼)는 공적 · 긍정적 가치(學, 道, 仁 등)를 항상 지향하여, 우리를 더 높은 경지(善人, 信人, 美人, 聖人, 神人)로 나아가도록 주재하는 역할을 한다. 그에 비해 '의意'는 한때의 충동에서 우발적으로 일어난 사사로운 동기이자 억측(私見, 意思)으로, 공자처럼 크게 변화된(大而化之) 성인에게는 자연스럽게 없어지는 것이라고 할 수 있다.

앞에서 『논어』에 나타난 마음의 개념과 연관하여 심心 · 성性(정情) · 지志(의意) 등에 대해 살폈다. 욕망하는 존재로서 인간의 마음(心: 총6회, 5장)은 법도의 제재를 받으면서, 인仁과 같은 보편 덕에 의거하여 어기지 말고(不違仁), 성실하게 운용되어야 한다. 그러나 『논어』에 나타난 정情은 그 용례(實情, 誠實)로 볼 때, 후대에 논의된 성정론性情論(선 · 악, 체 · 용, 본성과 감정 등)의 범주로 정밀하게 논의되지는 않았다.

『논어』에서 성性은 문헌상 최초로 단 2회 나타났다. '성性' 개념의 출현으로 말미암아 인간은 비로소 생물학적 몸과 그 욕망(食 · 色 · 安逸)을 사유 · 도덕적 판단으로 주재하는 (금수와 구별되는) 인간의 본성(人性), 인간의 길(人道), 인문의 세계를 건설할 수 있는 철학적 단서를 마련하게 되었다. 공자가 말한 '성상근性相近'이란 말은 자공子貢과 같은

---

10. 『正蒙』「大心」. "成心忘 然後可與於道(自注: 成心者 私意也) 化則無成心矣 成心者 意之謂與." 「中正」. "蓋志意兩言 則志公而意私爾."

뛰어난 제자들도 이해하기 힘들었으며(不可得而聞), 또한 후대의 다양한 해석과 논란을 불러일으켰다. 주자는『논어』에 나타난 '성性'을 기질지성이라고 주석했지만, 다산은 이 용어를 기호라고 해석(대체大體로서의 심心과 그 기호嗜好로서의 성性: 성기호설)하여 독자적인 해석을 추구했다.

마음(心)과 연관하여『논어』에서 가장 중요하게 제시된 개념은 '지志'(17회 출현, 14장)이다. '지志'는 생물학적 욕망을 추구하는 우리 몸을 주재主宰하면서, 학學·도道·인仁과 같은 보편 덕을 변함없이 정향한다. 이러한 지志는 일시적인 충동에서 우발적으로 일어난 사사로운 동기이자 억측인 의意(私意·意思)와 구별된다. 지志 개념으로 볼 때, 유교는『논어』에서부터 이미 도덕의지의 자유를 긍정했으며, 도덕의 자각적 능동성 또한 긍정하였다.[11]

『논어』에서 명확하게 규명되지 않은 심心과 성性·정情의 관계, 그리고 신身과 심心(意志)의 관계는 그 뒤에 다양하게 규명되었다.『중용』은『논어』의 성性을 천명天命으로 확인하고(1장), 마음의 상태를 희로애락喜怒哀樂의 미발未發·이발已發로서 나누어 동태적으로 설명했다. 그리고 맹자는 이른바「유자입정의 비유」(2상:6)에서 순수하게 선한 사단四端이 있다는 사실을 근거로 인간의 본성이 선하다(性善說)고 논증했다. 나아가 그는 심신관계를 지志·기氣 개념으로 설명하고, 상호 영향을 미치는 양자의 조화관계에서 바람직한 인간상을 모색하였다. 뒤의『대학』에서는 우리의 몸(身)은 마음(心)이 주재하고, 그 마음은 그 뜻(意)에 의해 정향된다는 점에서 마음의 뜻이 성실해지면 우리 마음

---

11. 장대년(박영진 역),『중국윤리사상연구』, 소명, 2012, 297쪽.

이 바로 잡히고(正心在誠意), 마음이 바로 잡히면 우리 몸이 닦인다(修身在正心)고 설명했다.

4장

공자,
인간 본성과
인간의 길을 제시하다!

세계에는 인간과 그 무엇이 존재한다. 인간은 이 세계의 그 무엇을 문제로 여기며 경이驚異로워하며 무엇인지 알고자 한다(존재론). 알고자 하는 욕망에 의해 존재하는 그 무엇의 근거와 기원에 대해서도 탐구·사유한다(형이상학). 나아가 존재의 실상이나 근거를 파악하려는 인간 자신의 인식의 근원이나 능력을 반성적·비판적으로 검토한다(인식론). 유한한 존재자로서 인간은 여기에 그치지 않고, 타자와 더불어 사회를 이루면서 인간으로서 가야할 길(도덕)과 유지해야 할 관계의 질서(윤리·인륜)를 추구한다. 또한 인간은 존재의 구조와 인간의 역사를 문제시하고, 자연적 혹은 인위적 창작물의 가치와 아름다움에 대해 평가한다(가치론, 미학). 뿐만 아니라 사실의 세계와 존재의 영역을 기술하고 설명할 때, 그 도구로 사용하는 언어의 문제를 주제로 다루기도 한다.

그런데 인간이 이렇게 다양한 영역에 관심과 문제를 제기하는 것은 의식(마음)으로 존재하는 고유한 삶의 방식에 기인한다. 무엇을 의식·문제시하고 그것이 무엇인지 알고자 하는 것은 (전지전능하기 때문에 의심할 필요가 없는) 신과는 다르게, 인간이 불완전한 존재자임을 함축한다. 그러나 이러한 의식 활동을 수행하는 인간의 능력은 그것이 불가능하거나 미미하여 인간처럼 체계적인으로 수행할 수 없는 여타 존재자에 비해 탁월한 존재가 되게 한다. 의식의 존재이자 존재의 의식으로서 '인간'은 불완전하지만 무엇인가를 알 수 있는 능력[1]을 지닌다는 점에서, 수직적으로는 완전한 존재와 여타 존재자들, 그리고 수평적으로는 여러 인간들 사이에서 유를 형성하고 존재하는 중간적 사이(間)의 존재라 할 수 있다.

수직적 · 수평적 사이의 존재로서 인간은 존재하는 그 무엇을 부단히 의식하면서 거기에 대해 마음을 쓰며 존재하기 때문에, 고착된 기성품이 아니라 항상 스스로를 창조 · 실현하는 과정 중의 있는 가능성 존재이며, 사물적인 자체동일성이 아니라 의식(정신, 마음)의 자기동일성을 추구한다. 존재의 의식으로서 인간은 자기 안에 미완성이나 부족 · 결핍을 인식하고, 이를 충족시켜 완성하려는 의욕을 일으킨다. 자각이 없는 인간에게는 '과거'의 개념이 없으며, 자기부정과 자기초극이 불가능한 존재에게는 '미래'와 '이상'이란 무의미한 것에 불과하다. 적어도 시간적 · 역사적 사이의 존재로서 여타 존재자들과 더불어 살아가면서 자기완성을 기도하는 인간은 수직적−전승적인 과거 · 미래와 수평적−공간적 사회관습에 착안할 때, 상대적으로 자기존재의 결핍과 그 충족을 통한 완성을 의식하지 않을 수 없다. 바로 여기서 지혜사랑의 철학이 인간에게 가능하며, '지혜사랑'이란 "불안전한 정신이 완전한 정신에 도달하기 위한 자기초월적 귀향편력 mentis itinerarium ad deum"이라고 할 수 있다.[2]

---

1. 의식을 나타내는 한자어 '意識'에서 識(알다)자와, 영어의 Consciousness(Cons함께 +sciousness앎), 독일어 Bewusstsein(알고 있는 존재)은 이러한 사정을 나타내고 있는 표현이라고 생각된다.
2. 신오현, 「유가철학의 교학이념」『철학의 철학』, 문학과지성사, 1987, 385쪽 참조.

이러한 자혜사랑의 이념은 『논어』에서 공자가 주창한 성인을 목표로 학문을 좋아하는 군자의 성학聖學 이념과 그 방법론에서 전형을 이룬다. 여기서 우리는 『논어』에 나타난 공자의 호학을 통한 성인에 도달하기 위해 제시했던 '자기정립의 학(爲己之學)'의 이념과 그 실현의 방법을 살펴보고자 한다.

1. 자기정립의 이념

다시 한 번 강조하지만, 유학儒學의 주제는 '유儒'이며, 유란 기본적으로 '인人+수需(=須)',[1] 즉 '(금수禽獸와 구별되는) 인간이기 위하여 필수적으로 갖추어야 할 것', 곧 '인간됨'을 의미한다. 그렇다면 '유교' 혹은 '유학'이란 '인간다운 인간이 되게 하기 위하여 필수적으로 갖추어야 할 것을 가르치고·배움'으로써 인간의 길을 교학하여 상장相長을 모색하는 '인문주의humanism'라고 정의할 수 있다. '유자儒者'란 개인적으로나 집단적으로 부와 세력, 실리와 같은 현실적인 것에 무관심하거나 무능력한 하고, 문리나 인의와 같은 이상에 관심을 갖는 호학자好學者 또는 애지자愛智者를 뜻한다. 즉 이해관계의 수단적 차원을 초탈하여 가치와 당위 세계를 자체 목적으로 사랑하는 사람이 바로 유자이다.[2] 이 글은 바로 이러한 유자(군자)의 길, 즉 인간의 자기정립의 길을 『논어』에서 찾아 기술하고자 한다.

공자는 "성인, 인인, 혹은 지인으로 자처하지 않고,[3] 창시자가 아니라 기술자에 불과"하다고 겸손해 했다. 그리고 그는 "나면서부터 아

---

1. 『周易』「需卦」需 須也.
2. 신오현, 앞의 논문, 376쪽. 『春秋左傳』 哀公 21年條 참조.
3. 『논어』 7:33. "若聖與仁 則吾豈敢." 9:7. "吾有知乎哉 無知也." 7:19. "我非生而知之者 好古敏以求之者也."

는 자는 아니라, 옛것을 좋아하여 민첩하게 구하며"⁴ "배우는 것에 싫증내거나 가르치기를 권태로워하지 않는다"⁵고 자평했다. 또한 "비록 그 실천에서는 터득한 것이 없을 수 있지만, 학문을 좋아한다는 점에서는 그 누구에게도 뒤지지 않는다."⁶고 자부했다. 공자는 "내 일찍이 종일토록 먹지 않고 밤새도록 잠자지 않고 사색해 보았지만, 유익함이 없었다. 역시 학문하는 것만 못하였다."⁷고 말할 정도로, 학문의 중요성을 강조·정진했다. 물론 공자가 사유의 중요성을 간과한 것은 아니다. "배우고 사유하지 않으면 자신의 것으로 체득되지 않고, 사유만하고 배우지 않으면 위태롭다."⁸고 말하여, 객관적 지식의 학습과 주체적 사유의 병진을 주장하기도 했다.

그런데 무릇 '배움(學)'이란 자각적인 계발을 뜻하고, 이는 '자발적인 물음'을 전제하기 때문에 '학문學問'이라 했을 것이다. 배움이란 자기에게 결여되는 것과 자신에게 은폐되어 있는 세계를 조명하는 활동, 즉 반성적 사고이자 '물음(問)'이다. 사회적—역사적 존재인 인간은 항상 과거 전통이 역사적 공간 속에 드러나 있는 현실 사회에 묻고, 배울 수밖에 없다. 이러한 문물—제도와의 대화 속에서 찾고자 하는 것은 주체적 자각이 드러나 있는 역사적 진리인 예禮이다. 그래서 공자

---

4. 『논어』 7:1. "子曰 述而不作 信而好古." 7:19. "我非生而知之者 好古敏以求之者也."
5. 『논어』 7:33. "子曰 若聖與仁 則吾豈敢 抑爲之不厭 誨人不倦 則可謂云爾已矣."
6. 『논어』 5:27. "子曰 十室之邑 必有忠信如丘者焉 不如丘之好學也." 7:32. "子曰 文莫吾猶人也 躬行君子 則吾未之有得."
7. 『논어』 15:30. "子曰 吾嘗終日不食 終夜不寢以思 無益 不如學也."
8. 『논어』 2:15. "子曰 學而不思則罔 思而不學則殆."

는 "군자는 널리 글을 배우고(博文) 예로써 단속하면(約禮), 또한 (도에서) 크게 어긋나지 않을 것이다."[9]고 말하고, 학문의 중요성을 다음과 같이 말했다.

'인(仁)'을 좋아하면서도 학문을 좋아하지 않으면, 그 폐단은 어리석게 된다.

'지식(知)'을 좋아하면서도 학문을 좋아하지 않으면, 그 폐단은 허황된다.

'믿음(信)'을 좋아하면서도 학문을 좋아하지 않으면, 그 폐단은 해치게 만든다.

'정직(直)'을 좋아하면서도 학문을 좋아하지 않으면, 그 폐단은 급하게 만든다.

'용기(勇)'를 좋아하면서도 학문을 좋아하지 않으면, 그 폐단은 어지럽게 만든다.

'강함(剛)'을 좋아하면서도 학문을 좋아하지 않으면, 그 폐단은 경솔하게 된다.[10]

그렇다면 '공자가 좋아한 학문'은 어떤 성격의 것인가? 다음 구절이 그 일단을 말해준다.

---

9. 『논어』, 6:25. "博學於文 約之以禮." 9:10. "顏淵 喟然歎曰 仰之彌高 鑽之彌堅 瞻之在前 忽焉在後夫子 循循然善誘人 博我以文 約我以禮."
10. 『논어』 17:8. "好仁不好學 其蔽也 愚. 好知不好學 其蔽也 蕩. 好信不好學 其蔽也 賊. 好直不好學 其蔽也 絞. 好勇不好學 其蔽也 亂. 好綱不好學 其蔽也 狂."

군자는 먹음에서 배부르기를 구함이 없고, 거처에서 편안하기를 구함이 없고, 일에서는 민첩하지만 말에서는 신중하고, 도가 있는데 나아가 올바르면 학문을 좋아한다고 이를 만하다.[11]

공자가 제시한 현실의 이상적 인간상인 군자는 단순히 의식주와 같은 세속의 무상하고 상대적인 수단인 재화(利)가 아니라, 이상과 당위를 그 자체 목적으로 사랑해야 한다. 이는 아마도 공자가 말하는 호학자가 갖추어야 할 최소 요건이다. 그런데 공자가 좋아한 학문이란 우선 단순한 이론적 인식만을 의미하지는 않는다. 이는 다음 구절에 잘 나타나 있다.

애공이 물었다. "제자 가운데 누가 학문하기를 좋아합니까?" 공자께서 대답하셨다. "안회라는 사람이 있어 학문을 좋아하여, 노여움을 옮기지 아니하고(不遷怒) 잘못을 되풀이하지 않았습니다(不貳過). 불행히 단명하여 죽었습니다. 이제는 없으니, 학문을 좋아한다는 자를 들어보지 못했습니다."[12]

여기서 '노여움을 옮기지 않음(不遷怒)'은 '노함이 상대에게 있지, 자기에게 있지 않기 때문에 옮기지 않는다'는 뜻으로 상당한 극기공부

---

11. 『논어』 1:14. "子曰 君子 食無求飽 居無求安 敏於事而愼於言 就有道而正焉 可謂好學也已."
12. 『논어』 6:2. "哀公問 弟子 孰爲好學 孔子對曰 有顔回者 好學 不遷怒 不貳過 不幸短命 死矣 今也則亡 未聞好學者也."

克己之功와 자기정립이 이루어져 있음을 말한다. '잘못을 되풀이하지 않음(不貳過)'은 "불선함이 있으면 자각하여, 다시 되풀이 하지 않는 다."[13]는 뜻으로, 이는 선에 대한 판단능력(지혜)과 실천의 용기를 함께 갖추고 있음을 말한다. 무릇 유교에서 학문이란 『중용』에서 말했 듯이, "널리 배우고, 깊이 묻고, 신중히 생각하고, 밝게 분별하고, 돈독하게 실천하는 행위의 총체"[14]로서 지행일치를 지향한다. 그렇다면 이러한 학문은 어떤 길을 가고, 무엇을 목표로 하는가? 이에 대한 대답으로 송대 호원(胡瑗, 993~1059)이 태학에서 제시한 문제, 즉 「안자가 좋아한 것은 어떤 학문인가?」에 대한 정이천(程伊川, 1033~1107)의 유명한 답안을 살펴보도록 하자.

성인의 문하에서 그 무리가 3,000인데 오로지 안자만이 학문을 좋아한 다고 일컬어졌다. 대저 시서詩書 · 육예六藝를 3,000 제자가 익혀 통하지 않음이 없었지만, 안자만 홀로 좋아한 것은 어떤 학문인가? 학문으로써 성인에 도달하는 길(방법)이다(學以至聖人之道也). 배워서 성인에 도달할 수 있는가라고 묻자, 그렇다고 말하였다. 학문의 길은 어떠한가라고 묻자, 말하기를 … 무릇 학문의 길은 그 마음을 바로 잡고(正心), 그 성품을 양성할 따름이니(養性), 알맞고 바르면서(中正) 정성스러우면 성인이다. … 자기에게서 구하지 않고 밖에서 구하거나, 널리 듣고 잘 기억하는 것과 정교한 문장과 화려한 말로 최상을 삼으며, 말만 화려

----

13. 『논어』 6:2의 朱子註.
14. 『중용』 11장. "博學之 審問之 愼思之 明辨之 篤行之."

하게 꾸미는 사람들 치고 (학문의) 도에 이르는 자가 거의 없다. 오늘날의 학문과 안자가 좋아한 학문은 다르다.[15]

안자가 좋아한 학문은 '성인에 이르는 길(방법)'로서, 그 길은 나의 밖에 있는 상대적인 것이 아니라 자기(己) 안에 갖추어져 있는데, 곧 자신의 마음을 바로 잡고(正心) 그 타고난 본성을 잘 양성(養性)하는 것이다. 정이천의 해석은 공자의 "군자는 자기에게서 구하고, 소인은 남에게서 구한다."[16]는 언명에 근거한다. '남에게서 구하는 소인'이란 가치 준거를 상대적인 타인에게 두면서 타인을 의식하여 불안해하고,[17] 무상·가변적인 이익(利)의 추구에 골몰하는 세인을 말한다.[18] 이와 달리 성인에 도달하는 것을 목표로 하는 군자는 자기 정립을 통해 인간완성의 길을 가는 사람이다. 공자의 다음의 한탄은 이와 연관된다.

옛날의 배우는 사람은 자기를 정립하였지만(爲己), 오늘날 배우는 사람은 다른 사람을 위한다(爲人).[19]

이런 맥락에서 공자는 안연이 '인'에 대해 청문했을 때, "인을 실천

---

15. 『二程全書』 『伊川文集』 卷43, 「顔子所好何學論」.
16. 『논어』 15:20. "君子求諸己 小人求諸人."
17. 『논어』 7:36. "子曰 君子 坦蕩蕩 小人 長戚戚."
18. 『논어』 4:16. "子曰 君子喩於義 小人喩於利."
19. 『논어』 14:25. "古之學者 爲己 今之學者 爲人."

함은 자기로 말미암는 것(由己)이지, 남으로부터 말미암는 것(由人)이겠는가?"[20]라고 반문하였다. 이렇게 공자가 좋아한 학문은 자기에게서 구하고(求諸己), 자기로 말미암아(由) '자기를 정립·실현하는 학문(爲己之學)'이다. 이러한 자기정립은 가장 온전한 인간, 즉 성인에 이르는 길이자 방법(至於聖人之道)이며, 그 완성을 지향한다.

그런데 학문에는 단계가 있다. 자공이 "가난하면서 아첨하지 않고 부유하면서도 교만하지 않으면, 어떻습니까?"라고 질문했을 때, 공자는 "괜찮으나, 가난하면서도 즐거워하고, 부유하면서도 예를 좋아하는 것만 못하다"고 말했다. 이와 마찬가지로 학문에는 절차탁마의 숙련과정이 있음을 깨우쳤듯이,[21] 학문의 과정은 우선 도를 구하고(求道) 배움을 좋아하는(好學) 단계에 도달하고, 오랜 구도와 호학을 통해 마침내 도를 체득하여(得道) 즐거워하며(樂道) 편안히 행하는(安而行之) 성숙의 단계로 나아가야 한다. 그래서 공자는 사람을 평가할 때에 "그가 선을 행하는지 혹은 악을 행하는 지를 살피고, 어떤 까닭에서 그 행위를 하는 지를 살피고, 그런 다음 진정으로 그 일을 하는 것을 편안해 하고 즐거워하는 지를 살펴보아야 한다."[22]고 말했다. "(도를) 아는 자는 좋아하는 자만 못하고, 좋아하는 자는 즐기는 자만 못

---

20. 『논어』 12:1. "顏淵 問仁 子曰…爲仁 由己 而由人乎."

21. 『논어』 1:15. "子貢曰 貧而無諂 富而無驕 何如 子曰 可也 未若貧而樂 富而好禮者也 子貢曰 詩云 如切如磋 如琢如磨 其斯之謂與."

22. 『논어』 2:10. "子曰 視其所以 觀其所由 察其所安 人焉廋哉 人焉廋哉. 朱子註. 以, 爲也. … 由, 從也. 事雖爲善, 而意之所從來者, 有未善焉, 則亦不得爲君子矣… 安, 所樂也."

하며"[23] "지혜로운 사람은 인仁을 이롭게 여기지만, 어진 사람은 인을 자신의 거처이자 운명이라고 간주하여 편안히 여긴다."[24] 이런 이유에서 성리학의 개조로 인정받는 주돈이(周敦頤, 1017~1073)는 "매번 안연과 공자가 즐거워한 것을 찾아보고 무엇을 즐겼는지를 알아보라"고 가르쳤다고 전해진다.[25] 이에 대해 진래陳來는 다음과 같이 평가한다.

> 호원이 태학을 주재할 때, 한번은 '안연이 좋아한 것은 어떤 학문인가'라는 제목으로 학생들에게 시험을 치게 한 일이 있었다. 옛날에 출제자의 시험 제목은 그 사람의 사상적 특징을 대표한다. 호원이 정한 이 제목은 여전히 "공자와 안연의 즐거움을 찾는다(尋孔顏樂處)는 주돈이의 말에 미치지 못한다.[26]

진래의 이런 평가는 공자가 자신 및 안회의 즐거움에 대해 다음과 같이 언급한 것에 근거를 둔 것으로 정당하다고 생각된다.

> 어질구나, 안회여! 한 대그릇의 밥과 한 표주박의 물을 마시며 누추한 방에서 기거하는 것을, 사람들은 그 근심을 견디지 못하지만 안회는 그 즐거움을 고치지 않았으니, 어질구나, 안회여![27]

---

23. 『논어』 6:18. "子曰 知之者 不如好之者 好之者 不如樂之者."
24. 『논어』 4:2. "子曰 不仁者 不可以久處約 不可以長處樂 仁者 安仁 知者 利仁."
25. 『二程全書』 『程氏遺書』 卷2상. "昔受學於周茂叔 每令尋顏子仲尼樂處 所樂何事."
26. 진래(안재호 역), 『송명성리학』, 예문서원, 1997, 71쪽.
27. 『논어』 6:9. "子曰 賢哉 回也 一簞食 一瓢飲 在陋巷 人不堪其憂 回也 不改其樂 賢哉

거친 밥을 먹고 물 마시고, 팔을 굽혀 베고 누웠어도 즐거움이 그 가운데 있으니, 의롭지 않고 부귀함은 나에게 뜬 구름과 같다.[28]

실로 공자는 "그 사람됨이 (학문을 좋아하여) 발분하여 밥 먹는 것을 잊고, 늙어가는 것도 알지 못한"[29] 인물이었다. 공자의 유명한 자신의 일생에 대한 언명은 바로 이러한 성인의 길을 제시해주는 전형이라고 하겠다.

나는 열다섯에 학문에 뜻을 두었고(志于學), 서른에 뜻을 세웠고(而立), 마흔에 미혹되지 않았고(不惑), 쉰에 천명을 알았고(知天命), 예순에 귀가 순해졌으며(耳順), 일흔에 마음이 하고자 하는 바를 좇아도 법도를 넘지 않았다.[30]

공자의 이립·불혹·지천명·이순, 그리고 안회가 좋아한 학문인 '노여움을 옮기지 않음(不遷怒)'과 '잘못을 되풀이하지 않음(不貳過)' 등은 "성인에 이르는 학문의 과정"을 나타낸다. 그것은 곧 『중용』의 "혹 이롭게 여겨 행하고, 노력하여 행하고, … 선을 선택하여 굳게 잡는"[31]

回也."

28. 『논어』7:15. "子曰 飯疏食飲水 曲肱而枕之 樂亦在其中矣 不義而富且貴 於我如浮雲."

29. 『논어』7:18. "子曰 女奚不曰 其爲人也 發憤忘食 樂以忘憂 不知老之將至云爾."

30. 『논어』2:04. "子曰 吾十有五而志于學 三十而立 四十而不惑 五十而知天命 六十而耳順 七十而從心所慾不踰矩."

31. 『중용』20:9~18장. "或生而知之 或學而知之 或困而知之 及其知之 一也 或安而行之

'성실하고자 노력하는 자(誠之者, 思誠者)'의 일이다. 그러나 학문의 길은 성지자誠之者의 단계에서 완성되지 않는다. 그것은 맹자의 다음과 같은 구별이 잘 말하고 있다.

> 본받을 만한 사람을 선인善人이라고 하고, 선을 자기에게 갖추고 있는 사람을 신인信人이라 하고, 선에 충실한 사람을 미인美人이라 하고, 선에 충실하여 빛나는 사람을 대인大人이라 하고, 대인이면서 변화(化)된 사람을 성인(大而化之之謂聖)이라고 하고, 성인이면서 알아볼 수 없는 경지에 도달한 사람(聖而不可知之之)을 신인神人이라 한다.[32]

학문을 통한 자기정립의 이상적 목표인 성인 혹은 신인은 변화되어 (化) 그 경지를 일반인들이 잘 알아 볼 수 없지만(不可知之), 『중용』에서 말하듯이 "편안히 행하고, … 힘쓰지 않아도 알맞고, 생각하지 않아도 터득하고, 넉넉히 도에 적중하는" 경지이다.[33] 이것이 바로 공자가 일흔에 도달한 "마음이 하고자 하는 바를 쫓아도 법도를 넘지 않는 존재와 당위가 일치하는 경지"로서 학문의 완성을 지시한다. 『논어』에 제시된 자기정립(爲己)은 가장 온전한 인간으로 자기완성을 이룩한 성인을 지향한다. 이 완성의 단계는 '학문에 뜻을 두고(志于學), 뜻을

或利而行之 或勉强而行之 …誠之者 擇善而固執之者也."

32. 『맹자』 7하:25. "何謂善 何謂信 曰可欲之謂善 有諸己之謂信 充實之謂美 充實而有光輝之謂大 大而化之之謂聖 聖而不可知之之謂神."

33. 『중용』 20:9~18. "或生而知之 …或安而行之… 誠者 天之道也 誠之者 人之道也 誠者 不勉而中 不思而得 從容中道 聖人也."

세우고(而立)’, ‘학문을 좋아하면서(好學), 천명을 인식하고(知天命)’, ‘선을 선택하여 굳게 잡으려 하고(擇善而固執之) 잘못을 되풀이하지 않고(不貳過)’ ‘사사로운 자기를 극복하려고 노력하고(克己之功)’ ‘화를 옮기지 않는(不遷怒)’ 것과 같은 긍정적인 노력을 지극히 한 이후에, 성숙을 거쳐 정신의 일대 변화(化)를 통해 실현된다. 이는 “사사로운 의지·기필하는 마음·인습에 사로잡힌 고집·사사로운 자아가 자연스럽게 없어진”[34] 연후에 자연적인 마음이 우주적 표준(법도)과 일치하여, 인仁을 욕구하면 곧 인이 도달하는,[35] 가함도 불가함도 없는 완전한 성인(聖之時者)[36]을 지시한다.

----

34. 『논어』 9:4. “子絕四 毋意 毋必 毋固 毋我.”
35. 『논어』 7:29. “子曰 仁遠乎哉 我欲仁 斯仁至矣.”
36. 『논어』 18:8. “我則異於是 無可無不可.”

2. 자기실현의 방법

　앞에서 공자의 자기정립의 이념을 살펴보았다. 이렇게 정립된 자아는 무엇을 어떻게 실현하는 지를 논구해 보자. 공자에 따르면, 자기정립을 이루지 못하는 소인은 세상사에는 밝지만 천명天命을 인식하지 못하며,[1] 천명의 본성을 자각하지 못하기 때문에 인의를 실천하지 못한다.[2]

　　공자께서 말씀하셨다. "군자는 세 가지 두려워하는 것이 있다. 천명을
　　두려워하고, 대인을 두려워하고, 성인의 말씀을 두려워한다. 소인은
　　천명을 알지 못하여 두려워하지 않는다. 그래서 대인에게 버릇없이 굴
　　고, 성인의 말씀을 업신여긴다."[3]

　군자 · 소인을 나누는 관건은 '천명'이다. 성인(大而化之之謂聖)이 천명의 이상적 구현자로서 천명의 기록자라고 한다면, 대인(充實而有光輝之謂大)이란 천명의 현실적 구현자로서 실제적 전달자이다. 그런데 천명

1.『논어』16:8 및 14:24 "君子上達 小人下達." 16:8. "小人不知天命."
2.『논어』17:23. "小人有勇而無義.", 14:7. "未有小人而仁者." 4:16. "子曰 君子 喩於矣
　小人 喩於利."
3.『논어』16:8. "孔子曰 君子 有三畏 畏天命 畏大人 畏聖人之言 小人不知天命而不畏也
　狎大人 侮聖人之言."

이란 형이상자라고 할 수 있다. 따라서 자기정립을 이루는 군자가 되기 위해서는 하학(人事의 탐구)만이 아니라, 반드시 위로 통달(上達)해야 한다. 공자는 인간을 도덕과 인식의 차이에 따라 상지·중지·하우 등으로 대별하고,[4] "오직 중지 이상만 형이상의 천명을 말할 수 있다"고 했다.[5] 그리고 형이하자 곧 일상에서 실현되는 인사의 이치에 대한 공부는 천명의 통달로 나아갈 때, 비로소 진정한 인식이 이루진다고 했다.[6] 형이상적 원리에 대한 인식(上達)이 이루어질 때, 비로소 의혹이 없어지고 천명을 알 수 있다. 그런데 공자는 "(하늘의) 명(運命+使命)을 알지 못하면 군자가 될 수 없다"[7]고 단언한다. 그렇다면 공자에 쉰에 인식했다는 천명天命이란 무엇인가? 이에 대한 단서는 유가의 종지를 가장 잘 드러내고 있다는 『중용』 수장이 설명해 준다.

> 하늘의 명을 성性이라고 하고, 본성에 따르는 것을 도道라고 하고, 도를 닦는 것을 교教라고 한다.[8]

천명이란 모든 존재가 하늘로부터 품부 받고 태어난 본성의 덕(德=得)을 의미한다. 이 본성에 따라 가는 삶이 바로 우리 인간의 길(人道)

----

4. 『논어』 17:03. "子曰 唯上知與下愚 不移." 『논어』 16:9. "孔子曰 生而知之者 上也 學而知之者 次也 困而學之 又其次也 困而不學 民斯爲下矣."
5. 『논어』 6:19. "子曰 中人以上 可以語上也 中人以下 不可以語上也."
6. 『논어』 14:37. "子曰 莫我知也夫 子貢曰 何爲其莫知子也 子曰 不怨天 不尤人 下學而上達 知我者 其天乎."
7. 『논어』 20:3. "子曰 不知命 無以爲君子也."
8. 『중용』 1장. "天命之謂性 率性之謂道 脩道之謂教."

이며, 이 길을 먼저 깨달은 사람(先覺者)이 그 길을 닦아 뒤의 아직 미처 깨닫지 못한 사람들이 따라 오도록 시설해 놓은 것이 바로 성인의 가르침(敎)인 예악형정禮樂刑政이다. 그렇다면 천명으로 인간에게 주어져 있는 것으로, 인간이 실현해야할 본성이란 무엇인가? 그것은 한 글자로 표현하면 바로 '인仁'이라고 할 수 있다. 그래서 공자는 "인간으로서 인仁하지 못하면 예를 잘 실천한들 무슨 소용이 있으며, 인간으로 인하지 못하면 악을 잘 한들 무슨 소용이 있겠는가?"[9]라고 반문하고 있다. 나아가 "군자는 인을 떠나서 어디에서 이름을 이루겠는가?"라고 말하면서, "군자는 밥 먹는 사이, 급하고 구차한 때, 그리고 심지어 넘어지고 엎어지는 때에도 인을 어기지 않는다."[10]고 말한다. 게다가 그는 다음과 같이 말하여, 인이 인간의 보편적인 덕임을 분명히 하고 있다.

> 인간의 허물은 각자 그 부류에 따라 다른데, 허물을 보면 그가 인한지를 알 수 있다.[11]
>
> 오직 인자만이 능히 사람을 좋아할 수 있고, 능히 사람을 싫어할 수 있다. 진실로 인에 뜻을 두면 악이 있을 없다.[12]
>
> 뜻있는 선비와 인한 사람은 몸을 희생해서라도 인을 이룬다.[13]

----

9. 『논어』 3:3. "子曰 人而不仁 如禮何 人而不仁 如樂何."
10. 『논어』 4:5. "君子 去仁 惡乎成名 君子 無終食之間 違仁 造次 必於是 顚沛 必於是."
11. 『논어』 4:7. "子曰 人之過也 各於其黨 觀過 斯知仁矣."
12. 『논어』 4:3-4. "子曰 惟仁者 能好人 能惡人 子曰 苟志於仁矣 無惡也."
13. 『논어』 15:8. "子曰 志士仁人 無求生而害人 有殺身而成仁."

인자는 반드시 용기가 있지만, 용자라고 해서 반드시 인한 것은 아니다.[14]

공자는 주로 '인仁'을 말했지만, 맹자는 '인의仁義'를 항상 연용하고, 마침내 인의예지의 사덕 개념을 정립하였다. 『논어』에는 사덕 개념이 분명하게 정립되어 있지 않지만, 인에는 의·예·지의 개념이 어느 정도 함의되어 있다.

먼저 인과 의義 개념과 연관하여 말한다면, 공자는 "군자는 의에 밝고 소인은 이에 밝다"고 했을 뿐만 아니라, "군자가 천하의 일을 도모함에 있어 오로지 해야만 하는 것도, 하지 말아야 하는 것도 없고, 오직 의만을 따를 뿐이다."[15]고 말하여, 인한 사람의 행위는 반드시 의로운 행위를 수행한다고 말했다.

인과 예의 개념과 연관하여 말하기를, 인을 행하는 근본인 효(제)를 실천함에 있어서도 "살았을 때에는 섬기기를 예로써 하고, 돌아가셨을 때에는 섬기기를 예로써 하고, 제사 지내기를 예로써 한다."[16]고 말하여, 인의 실천은 "주체적 자각이 문물제도 속에 드러나 있는 역사적 진리인 예의 회복에 있다"고 분명히 했다.

안연이 인에 대해 묻자, 공자께서 말씀하셨다. "삿된 자기를 이기고 예

----

14. 『논어』 14:5. "子曰 仁者 必有勇 勇者 不必有仁."
15. 『논어』 4:10. "子曰 君子之於天下也 無適也 無莫也 義之與比."
16. 『논어』 2:5. "孟懿子 問孝 子曰 無違 樊遲御 子告之曰 孟孫 問孝於我 我對曰 無違 樊遲曰 何謂也 子曰 生事之以禮 死葬之以禮 祭之以禮."

에로 되돌아가는 것이 인을 실천하는 것이니, 하루하루 삿된 자기를 이기고 예에로 되돌아가면 천하가 인으로 돌아갈 것이니, 인을 실천함은 자기로 말미암는 것이지 남으로부터 말미암는 것이겠는가?" 안연이 그 조목을 청하여 묻자, 공자께서 말씀하셨다. "예가 아니면 보지도, 듣지도, 말하지도, 행하지도 말라."[17]

마지막으로 인과 지(知, 智)의 관계를 말한다면, 먼저 인간의 본성인 인을 실천하기 위해서는 천명에 대한 인식(知天命)을 선결요건으로 요구한다는 것이다. 형이상자, 천명, 그리고 천명으로 만물에 주어진 본성에 대한 선행적인 인식 없이는 인의 실천은 있을 수 없다. 나아가 공자는 인간의 단계를 논할 때 아래와 같이 말한다.

나면서 아는 자(生而知之)는 최상이고, 배워서 하는(學而知之) 자는 다음이고, 막혔으나 배우는(困而學之) 자는 또 그 다음이고, 막혔으면서도 배우지 않는 자는 민으로 하우가 된다.[18]

여기서 '지知'가 사람의 단계를 구분하는 필수요건이라는 것을 분명히 알 수 있다. 그런데 자기정립으로 말미암아 실현되는 인(爲仁由己)은 인간의 본성으로서 인간됨의 의미이기 때문에, 인간이 인간으로

17.『논어』12:1. "顔淵 問仁 子曰 克己復禮爲仁 一日克己復禮 天下歸仁焉 爲仁 由己而由人乎 顔淵曰 請問其目 子曰 非禮勿視 非禮勿聽 非禮勿言 非禮勿動."
18.『논어』16:9. "孔子曰 生而知之者 上也 學而知之者 次也 困而學之 又其次也 困而不學 民斯爲下矣."

살아가는 한 평생토록 실현해야 할 책무이다. 그래서 공자의 제자인 증자는 다음과 같이 말했다.

> 선비는 뜻이 넓고 강인하지 않을 수 없다. 그 임무가 무겁고, 길이 멀기 때문이다. 인으로 자기의 임무로 삼았으니, 역시 무겁지 아니한가? 죽은 뒤에야 그치니, 또한 멀지 아니한가?[19]

이렇듯 인은 천명으로 주어진 인간의 본성으로 인간됨의 의미를 구성하기 때문에 인간의 자기실현은 인의 실천을 말하는데, 이는 인간이 인간으로 살아있는 한 평생토록, 아무리 다급하고 구차할 때에도 반드시 구현되어야 하는 것이다. 나아가 이러한 인에는 의·예·지가 동반한다. 게다가 공자는 인의 실천을 사랑(愛)이라고 하는 감정과 연관시켰다.

> 인이란 다른 사람을 사랑하는 것이며, 지혜란 다른 사람을 아는 것이다.[20]

후대 주자는 이것에 근거를 두고 인을 "우리 마음의 덕(心之德)이자 사랑이라고 하는 감정을 드러나게 하는 이치(愛之理)"라고 주석했다.[21]

---

19. 『논어』 8:7. "曾子曰 士不可以不弘毅 任重而道遠 仁以爲己任 不亦重乎 死而後已 不亦遠乎."
20. 『논어』 12:22. "樊遲問仁 子曰 愛人 問知 子曰 知人."
21. 『朱熹集』, 卷67, 「仁說」 참조.

영국의 동양학자 웨일리A. Waley의 지적대로,[22] 공자는 인의 실현에는 끊임없는 자기절제와 용기가 필요하다고 말하며, 재능이 특출한 것으로 알려진 그 누구에게도 인하다는 평가를 하지 않았다.[23] 공자가 유일하게 호학한다고 인정한 제자인 "안회만이 계절이 한 번 바뀔 때까지 오랜 기간 그 마음이 인을 어기지 않았지만, 그 나머지 제자들은 하루에 한 번 혹은 한 달에 한 번 겨우 인에 도달할 따름이다."[24]고 한탄하고, 인의 실현은 지난한 과제임을 암시했다.[25] 그러나 공자가 인의 실현에 반드시 비관적으로 일관한 것은 아니었다.

> 인은 멀리 있는가? (그렇지 않다. 인의 나의 본성이기 때문에) 나는 인을 의욕하면 인이 (나에게) 이른다.[26]

그런데 『논어』에 제시된 다양한 인에 대한 공자의 언급과 실천 방법은 '충서忠恕'를 벗어나지 않는다. '충서'가 제시된 구절은 다음과 같다.

> 공자께서 말씀하시길, "삼아, 나의 도는 하나로써 관통하느니라." 증자가 대답했다. "예, 그렇습니다." 공자께서 나가시니 문인들이 물어

----

22. A. Waley(trans), The Analects of Confucius, Vintage, 1938, pp. 27-28. Waley 는 『논어』에서 인(仁)은 단지 2번(12:22, 17:21)만 긍정적이며 온화한 개념으로 언급되고 있다고 말한다.
23. 『논어』 5:4, 5:7, 5:18 참조.
24. 『논어』 6:5. "子曰 回也 其心 三月不違仁 其餘則日月至焉而已."
25. 『논어』 1:3, 4:6, 5:4, 5:7, 5:18. 6:20, 7:33, 9:28, 12:3, 14:2 등 참조.
26. 『논어』 7:29. "仁遠乎哉 我欲仁 斯仁 至矣."

말하기를, "무슨 말씀입니까?" 증자가 말하였다. "선생님의 도는 충서일 따름이다."[27]

먼저 '충忠'(中+心; 마음을 중에 두고, 자아의 중심정립)의 개념을 살펴보자. 유가의 궁극 근원은 하늘(天: 一+大)이며, 그 하늘은 한마디로 '중中'이다. 그래서 『중용』에서는 "중中이란 천하의 큰 근본이다"[28]고 말하였다. 나아가 유가의 도통의 근원인 '중中'으로서 하늘이 성왕인 요순에게 전해준 도, 역시 중中이라고 할 수 있다.[29] 여기서 말하는 중中에 대해서는 다음과 같은 지적이 함축하는 바가 크다.

도통으로서 공문심법의 비결은 '일一' 자에 지나지 않는다. 그러나 '일一'이라는 자획만 그어서는 동정動靜의 무단無端함과 음양의 무시無始함을 나타낼 수 없다. '일一'자의 획을 둥글리거나 꺾으면 원圓과 방方이 되는데, 이것이 바로 규구規矩(=法度)이다. '일一' 자의 획을 횡으로 하거나 세로로 세우면 준準과 승繩이 된다. '중中' 자는 규구에 일자를 꿰어놓은 것(串一於規矩)이다. 파자破者의 방법으로 '중中'자를 보면, 'ㄴ'과 'ㄱ'은 규구가 되고 '十'은 준승이 되어, 이렇게 '중中'자는 규구와 준승

---

27. 『논어』 14:15. "子曰 參乎 吾道 一以貫之 曾子曰 唯 子出 門人 問曰何謂也 曾子曰 夫子之道 忠恕而已矣."

28. 『중용』 1장. "中也者 天下之大本也 和也者 天下之達道也 致中和 天地位焉 萬物育焉."

29. 『논어』 20:1. "堯曰 咨爾舜 天之曆數 在爾躬 允執厥中 四海困窮 天祿永終 舜亦以命禹 (湯)曰… 周有大賚 …『書經』「大禹謨」帝曰 來禹 … 天之曆數 在爾躬 … 人心惟危 道心惟微 惟精惟一 允執厥中 …四海困窮 天祿永終."

이 조합하여 이루어진 것이다. 따라서 심법의 기준인 것이며, 유가의 중용방법은 이러한 정일精一의 실천방법을 쓰는 것이며, 양단을 절충하는 것이 아니다. 다시 말하면, 일자를 응용하여 종횡 수직으로 쓰면 '중卅'자가 되고, 그 '중卅'이란 글자는 규구준승이 되는 것이다. 이러한 규구준승이 생기면, 만상이 바르게 표현된다.[30]

문자적 의미에서 '중卅'이란 "광야에서 사람들을 불러 모으는 표지로서의 깃발" 혹은 '저울의 추(錘, 權)'로 표준 혹은 균형 상태를 나타낸다. 정자는 "치우치지 않는 것이 중卅이며, … 천하의 바른 길이다." 라고 주석하였으며, 주자는 "치우치지 않고(不偏), 기울지도 않으며(不倚), 지나치거나 모자람이 없음을 명명한 것"[31]이라 했다. 이는 곧 최상最上과 최적最適의 조화와 균형을 이룬 상태를 말한다.[32] 예컨대 천하의 큰 근본(天下之大本)이 되는 궁극자인 하늘의 마음인 중卅(표준)으로 자신의 마음을 삼고, 치우치거나 기울지 않고(不偏不倚), 지나침과 모자람이 없이(無過不及), 최고의 표준으로 최상의 조화와 최적의 균형을 이루도록 마음을 잡고 자신을 온전히 실현하는 것이 바로 충忠이다.[33] 이러한 '충'을 외적 타자에게 미루어서 타자 또한 주체로서 인정하면서, 상대와 관계에서 최고의 표준으로 최적의 균형과 최상의 조화를

----

30. 서경요 · 김유권, 『조선조 유학자의 중용읽기』, 문사철, 2009, 17쪽.
31. 『中庸章句』「序」中者 不偏不倚無過不及之名 庸平常也 子程子曰 不偏之謂中 不易之謂庸 中者天下之正道 庸者天下之定理.
32. 이원목, 「중용사상의 형이하학적 논리구조」, 『유교사상연구』 25, 2006, 165-6쪽 참조.
33. 『논어』 4:15에 대한 朱子註. "盡己之謂忠."

이루는 것이 바로 서恕(如心)이다.[34] 자타는 상관개념이라는 점에서 '서恕'는 자기정립의 '충'이 없다면 불가능하며, 자기정립의 '충忠'은 상관적인 '서恕'가 없다면 현실에서는 전혀 무의미한 유아론적인 주체의 관념에 지나지 않는다.

대저 인자는 자기가 정립하고자 하면 남을 정립시켜 주고, 자기가 통달하고자 하면 남을 통달시켜 주는데, 능히 가까운 데에서 비유를 취하면 인을 실천하는 방법이라고 할 수 있다.[35]

중궁이 인을 묻자, 공자께서 말씀하시길, "문을 나섰을 대에는 큰 손님을 뵙는 듯이 하며, 백성을 부리기를 큰 제사 받들듯이 하고, 자기가 하고자 하지 않는 것을 남에게 베풀지 말아야 한다."[36]

자공이 묻기를, "종신토록 행해야 할 한 마디의 말이 있습니까?" 공자께서 대답하시기를, "서恕일 것이다. 자기가 욕망하지 않는 것을 남에게 베풀지 말아야 한다."[37]

----

34. 『논어』 4:15에 대한 朱子註. "推己及人之謂恕."
35. 『논어』 6:28. "夫仁者 己欲立而立人 己欲達而達人 能近取譬 可謂仁之方也已."
36. 『논어』 12:2. "仲弓問仁 子曰 出門如見大賓 使民如承大祭 己所不欲 勿施於人 在邦無怨 在家無怨."
37. 『논어』 15:23. "子貢問曰 有一言而可以終身行之者乎 子曰 其恕乎 己所不欲 勿施於人."

공자의 이러한 '상호인정의 원리'로서 '서恕'는 인간 원자론의 입장에서 '개인 실체론'을 견지하는 근대 자유주의와 대비된다. '자유'를 생명과 재산과 더불어 기본삼권이라고 주장하는 자유주의에서는 인격을 권리(소유권)로 파악하고, 인간관계를 권리의 거래로 간주한다. 자유주의적 자유는 '소유권'을 행사하는 자유로서 결국 타인의 방해나 강제로 부터의 자유라는 성격을 지닌다. 따라서 자유주의적 상호인정은 소극적·우연적이며, 나아가 완결된 개인의 거래와 계약에 의해 성립되는 2차적인 것이다. 그러나 공자가 말하는 상호인정의 '서恕'의 원리는 인간이란 존재 자체가 그 본성상 사회적·관계적이라는 것을 전제한다는 점에서 적극적·필연적이다. 나아가 유가는 인간이란 인한 본성을 지니고 있고, '서恕'는 인한 본성의 작용이라는 점에서 타인에 대한 사랑(愛) 혹은 '차마 하지 못하는 마음'으로 발출되는 따뜻한 동정심이다.

여기서 '서恕'의 원리, 곧 유가의 황금률은 '동등 고려equal considera-tion'와 '역전환성reversibility'을 함축한다. 동등고려와 역전환성은 곧 보편화 가능성과 그 행위자가 목적적 존재임을 나타낸다. 따라서 서恕의 원리는 칸트 정언명법의 제1원리 즉 '보편법칙의 정식'인 "그대의 행위의 준칙이 그대의 의지에 의해서 보편적인 자연법칙이 되는 것처럼 행위하라!"는 언명, 그리고 목적 자체의 정식 즉 "그대의 인격 및 모든 타인의 인격에서 인간성을 언제나 동시에 목적으로 대우하지, 결코 단순히 수단으로서 사용하지 않도록 행위하라!"고 하는 공평성의 원리 또한 함축한다. 보편화가 가능하다는 것은 엄밀한 학적인 윤리학이 성립될 수 있다는 것을 말하고, 도덕 행위의 주체가 목적적 존재라는 것은 도덕성의 근거가 자기 안에 있다는 것으로 도덕의 근거 정립을 가능하게 해준다.

3. 맺는말

　인간에 있어 '지혜사랑'으로서 철학이란 "완전한 정신을 향한 불안전한 정신의 자기초월적 귀향 편력"이라고 정의하고, 공자의 성인으로 향한 자기정립의 이념과 방법을 상술하였다. 철학은 존재에 대한 '경이감' 혹은 자기존재에 대한 우환의식에서 시작했다. 유가에서 그것은 바로 우리 모두는 이 세상에 동류의 인간으로 태어났는데 "순임금은 어떻게 하여 성인이고, 나는 왜 일반인인가?"[1]라는 자기 존재에 자각과 책임감을 말한다. 공자가 열다섯에 뜻을 두었던 학문이란 바로 이러한 불안(우환) 의식에 의해 '소인'으로부터 회향하여 성인을 지향한 것이었다. 나아가 공자가 '뜻을 세움(而立)'과 '미혹되지 않음(不惑)' 또한 성인으로 향해 뜻을 세우고, 형이하적인 인사의 문제에 더 이상 미혹되지 않고, 철학적인 형이상의 천명으로 전환을 뜻한다. 안회가 좋아한 학문인 '불천노不遷怒 · 불이과不貳過', 그리고 『중용』에서 말한 '노력하여 행하고, … 선을 선택하여 굳게 잡아 성실하고자 노력하는 자(誠之者, 思誠)'의 일들은 모두가 자기완성을 위한 철학적 태도전환을 뜻한다.

　이러한 태도 전환 이후에 공자는 마침내 형이상자에 달통함(上達)함으로써 절대적인 궁극자로서 진선미의 근원인 하늘과 그 명령(天命), 그리고 천명으로 우리가 품부 받은 본성(天命之謂性)을 인식하고(知天

1.『맹자』3상:1. *"顔淵曰 舜何人也 予何人也."*

命), 변화를 통해 귀가 순해지고(耳順) 마침내 "마음이 하고자 하는 바를 좇아도 법도와 일치하는" 단계에로 비약·변화하여 온전한 자기완성을 하였다. 이는 '극기복례克己復禮'와 같은 노력을 지극히 한 이후에 오랜 성숙의 과정을 거친 정신의 일대 변혁으로 "사사로운 의지·기필하는 마음·인습에 사로잡힌 고집·사사로운 자아가 자연스럽게 없어져(毋意 毋必 毋固 毋我), 가함과 불가함도 없이(無可無不可) 인을 욕구하면 곧바로 인이 도달하는 성인의 자연스런 삶 자체라고 하겠다.

공자의 자기실현은 곧 인간의 본성을 형성하는 인의 실천이라고 할 수 있는데, 인의 실천은 기본적으로 다른 사람을 적극 사랑하는(愛人) 것이다. 이는 또한 동등고려와 역전환성(보편성)의 원리로서 "내가 성인으로 향한 의지를 정립하고자 하면, 타자 또한 성인에 대한 의지를 정립하도록 도와주고(己欲立而立人), 내가 형이상자에 통달하고자 하면 타자 또한 그렇게 통달할 수 있도록 도와주는(己欲達而達人)" 방식, 즉 '충서忠恕'에 의해 실현되는 것이다. 이는 바로 유가에서 내성과 표리 관계를 이루는 외왕(仁政, 德治)의 이념으로서 『맹자』 및 『대학』에서 민본정치(保民, 安民, 敎民) 및 친민으로 구체화되었다.

2부 ——

대학

2부 「대학」에서는 먼저(5장) 이 책의 주제가 되는 '덕_德' 개념의 형성과 전개 및 논쟁(선천성 대 후천성)에 대해 살폈다. 공자 이전의 덕 개념은 찬명을 받는 근거이자 선정의 조건이며, 후대의 자손들이 천명을 유지하고 선대의 유업을 계승하는 바탕이었다. 하지만 공자로부터 주로 도덕 · 덕성 · 품덕 · 덕행 등과 같이 품위 있고 아름다운 행위일반과 그 행위를 가능하게 하는 내면상태를 의미한다. 또한 덕이란 타고난 고유본성(本性)을 의미하기도 하지만, 그 재능을 후천적 노력(修養)을 통해 올바르게 발휘하여(得) 마땅함을 얻을 때, 비로소 그것을 '덕'이라고 한다는 점에 대해서도 살폈다. 그리고 「6장: 『대학』 큰 배움의 이념과 방법을 제시하다」에서는 '대학大學'이란 무엇이며, 삼강령−팔조목은 어떻게 해석해야 하는지를 주자와 다산의 해석에 입각하여 구조적 · 유기적으로 해명했다.

『대학』이란 어떤 책인가?[1]

　『대학』은 옛날 태학太學에서 사람들을 가르치던 방법이다. 대개 하늘이 생민을 내릴 때부터 이미 인의예지의 성性을 부여하지 않음이 없다. 그러나 그 기질의 품부됨이 혹 가지런하지 못할 수가 있기 때문에, 모두가 그 성이 있다는 것을 알아 온전하게 할 수는 없다.

　총명·예지하여 그 성性을 다 발현할 수 있는 자가 그 사이에서 나오면, 하늘은 반드시 그에게 명하여 억조의 군주·스승으로 삼아 다스리고 가르치게 하여 그 성을 회복할 수 있도록 한다. 이것은 복희·신농·황제·요·순이 하늘을 계승하여 표준을 세운 근거이고, 사도司徒의 직과 전악典樂의 관을 설치한 유래이다.

　삼대(하·은·주)가 융성할 때에 그 법도가 점차 갖추어졌고, 그런 뒤에 왕궁·국도에서 여항에 이르기까지 학교가 있지 않은 곳이 없었다. 사람이 태어나 8세가 되면 왕공에서 아래로 서인의 자제에 이르기까지 모두 소학에 들어가서, 물 뿌리고 쓸고, 호응하고 상대하며, 나아가고 물러가는 절도와 예·악·사·어·서·수의 문식을 가르쳤다. 그들이 15세에 이르면 천자의 원자·중자로부터 공·경·대부·원사의 적자와 뭇 백성의 준재에 이르기까지 모두 태학에 들어가게

---

1. 『대학』을 『예기』에서 분리하여 사서四書의 하나로 정립한 주자의 『대학장구』「서」로 역사상 최고의 명문 중의 하나로 꼽힌다.

하여 이치를 궁구하고 마음을 바로잡으며(窮理·正心) 자신을 수양하고 남을 다스리는(修己治人) 도리로써 가르쳤다. 이것이 또한 학교 교육이 크고 작은 절차로 나누어진 까닭이다.

대저 학교의 설치가 그 광대함이 이와 같고, 교육 방법은 그 차례·절목의 상세함이 또 이와 같으며, 그 교육한 것 또한 모두 인군이 몸소 행하고 마음에 얻은 결과에 근본하고, 일반 백성들이 날마다 사용하는 떳떳한 윤리의 바깥에서 구하려고 하지 않았다. 이런 까닭으로 당시의 사람들은 배우지 않은 경우가 없었고, 배운 자들은 그 성분性分의 본래 지닌 것과 직분의 마땅히 해야 할 것을 알아서 각각 노력하여 그 힘을 다 발휘하지 않음이 없었다. 이것이 옛날 융성할 때에 다스림이 위에서 융성하고, 풍속이 아래에서 아름다워 후세에서 능히 미칠 수 있는 것이 아닌 까닭이다.

주나라가 쇠퇴함에 이르자, 현성의 군주가 일어나지 않고 학교의 정사가 수리되지 못하여 교화가 쇠퇴하자 풍속이 무너졌다. 이때에는 공자와 같은 성인이 계셨어도 군주와 스승의 지위를 얻을 수 없어, 그 정교를 행할 수 없었다. 이에 홀로 선왕의 법을 취하여, 외워 전해서 후세에 알려주셨다. 『예기』의 「곡례」·「소의」·「내칙」과 『관자』의 「제자직」 같은 여러 편들은 본래 소학의 지류와 말류이다. 이 편은 소학의 성공에 근거하여 대학의 밝은 법을 드러내었으니, 밖으로는 그 규모의 큼을 극진히 함이 있고, 안으로는 그 항목의 상세함을 다 하였다.

3,000의 문도가 대개 공자의 말씀을 듣지 않은 이가 없었지만, 증씨의 전함만이 홀로 그 종지를 얻었고, 이에 「전傳」의 뜻을 지어 그 뜻

을 드러내었다. 맹자가 죽음에 이르러서 그 전함이 민멸되고, 그 책이 비록 보존되었지만 아는 이가 드물었다. 이로부터 속유들이 기록하여 외고 글을 짓는 학습이 그 공들임이 소학보다 곱절이 되었지만 쓸 데가 없고, 이단들의 허무적멸의 가르침은 그 고원함이 대학보다 지나치지만 실질이 없었다.

기타 권모술수로서 일체의 공명을 이루는 학설들과 저 여러 학파들의 뭇 기예의 부류들이 세상을 미혹하고 백성들을 속이고, 인의를 틀어막는 자들 또한 어지럽게 그 사이에서 섞여 나와 그 군자들에게는 불행하게도 대도의 요체를 듣지 못하게 하고, 소인들에게는 불행하게도 지극한 다스림의 혜택을 입지 못하도록 하였다. 어두워 눈이 가려지고 막혀서 반복하여 고질이 되어, 오계五季의 쇠퇴함에 이르러서는 무너지고 혼란함이 극에 도달했다.

하늘의 운수는 순환하니, 갔다가 돌아오지 않음이 없다. 송나라의 덕이 융성하여 다스림과 교화가 아름답고 밝았다. 이에 하남河南 정씨程氏 두 선생님께서 나와 맹자의 전함과 접맥됨이 있었다. 실로 처음으로 이 편을 높이고 믿어서 표장하시고, 이미 그 간편의 순서를 정해 그 취지를 드러내니, 그런 뒤에 옛날 태학에서 사람을 가르치던 법도와 성인의 경經, 그리고 현인의 전傳의 뜻이 찬란하게 다시 세상에 드러났다.

나(朱熹)는 불행히 불민하지만, 또한 다행히 사숙하여 그것을 전해 들음에 참여하였다. 그 책을 살피니, 여전히 자못 잃어버린 것이 많았다. 이 때문에 나의 고루함을 잊고 뽑아 모으며, 간간이 또한 나의 의견을 저의기 부기하여 빠트려지고 생략된 부분을 보완하여 후세의 군자를 기다리니, 참람하고 주제넘어 그 죄를 도피할 수 없음을 지극히 잘 안다. 그러나 국가의 백성을 교화하고 풍속을 이루려는 뜻과 배우는 사람들이 자신을 닦고 남을 다스리는 방법에 있어서는 필시 작은 도움이 없지는 않을 것이다.

5장

『대학』의
덕德과 마음

주자는 "사서四書란 본성회복을 근본지귀로 하는 이학체계인데,『대학』은 오로지 덕을 말하였다"고 했으며, 다산 정약용 또한 "『대학』이란 책은 덕행을 위주로 했다"고 주석했다.

『설문』에서는 '덕德'이란 "승升(上昇=登)을 의미하며, 척彳에서 유래하여 덕悳으로 소리 난다(從彳悳聲)."고 했다. 그리고 '덕悳'에 대해서는 "밖으로 다른 사람에게서 얻고, 안으로 자기 자신에게서 얻는 것이다 (外得於人 內得於己也). 직直과 심心에서 유래했다(從直從心)."[1]고 했다. 그리고 「안」을 내어, "덕悳이란 사람의 도덕·예조藝操·품행品行을 의미한다. 사람의 선한 본성에 스스로 노력하는 수양을 더하여, 아름답고 좋은 도덕적 성취를 나타난다. 도덕적인 인재가 능히 타인에게 은혜를 베풀고 사상에 영향을 미칠 수 있음을 말한다. 회의자인데 마음(心)으로써 내심의 정직한 뜻을 직접 보여주는 것(直示)이며, 직直이 성부가 된다."고 했다.

그런데 옛 문헌에서 살펴보면, '덕'자는 일반적으로 '득得'으로 해석되었다. 이때 '얻음(得)'이 선천적인 고유 본성인가, 아니면 후천적인 공력(수양)에 의해 체득되는 것인가 하는 점에 대한 논쟁이 있다. 『신자감』에서는 "자기에게 충족되어 있어 외부의 채움을 기다릴 필요가

---

1. 『설문해자』「悳」, "外得於人 內得於己也 從直從心." 956面.

없는 것을 덕이라 말한다(足乎己 無待於外之謂德)."[2]고 규정하여, 덕을 사람과 사물이 본래 지니고 태어난 본성 혹은 고유한 성능·재능·잠재력으로 정의했다. 요컨대 누에의 덕은 실을 뽑는 것이고 벼의 덕은 쌀과 같은 결실을 맺는 것이듯이, "덕이란 하늘(자연)로부터 얻어 지니고 태어난 고유한 것이다."

그런데 비록 타고난 고유본성(재능)이 있지만, 그것을 후천적 노력(수양)을 통해 올바르게 발휘하여(行) 마땅함을 얻을 때, 비로소 그것을 '덕德'이라고 한다는 주장이 있다. 『예기』의 다음 언명들은 그것을 잘 말해준다.

통(聖=通)하여 정립하고 경건함으로 받드는 것을 일러 예禮라 하고, 예를 어른과 어린이가 체득한 것을 덕이라 하니, 덕이란 몸에 터득한 것(得於身)이다. 그러므로 말하길, 옛날의 도예를 배우려고 한 자는 장차 몸에 터득하려고 했으니, 이런 까닭에 성인이 힘써 권장했다.[3]

무릇 음音이란 인심에서 생겨났고, 악樂이란 윤리에 통하는 것이다. 이런 까닭에 소리(聲)는 알아도 음을 알지 못하는 자가 있으니, 금수가 그것이다. 음을 알아도 악을 알지 못하는 자가 있으니, 일반 백성이 그것이다. 오직 군자만이 능히 악을 알 수 있다. 그러므로 소리를 살펴 음

----

2. 『新字鑑』, 共道館, 1944 참조.
3. 『禮記』「鄕飮酒」 "聖立而將之以敬曰禮, 禮以體長幼曰德. 德也者, 得於身也. 故曰, "古之學術道者, 將以得身也, 是故聖人務焉.""

을 알고, 음을 살펴 악을 알고, 악을 살펴 정치를 알면 다스림의 도가 갖추어진다. 이런 까닭에 소리를 알지 못하는 자와는 더불어 음을 말할 수 없고, 음을 알지 못하는 자와는 더불어 악을 말할 수 없고, 악을 알면 거의 예에 가깝다. 예악을 모두 얻었으면(禮樂皆得) 덕이 있다고 한다. 덕이란 얻음(得)이다.[4]

덕에는 선천적 · 생득적인 재능(공능) 혹은 본성이라는 의미와 그 재능과 본성을 후천적인 노력(공부, 수양)을 통해 실천함으로 (몸에) 터득되는 것(行有所得)이라는 의미가 양립하고 있다.

덕의 원형으로 간주되는 갑골문에서 덕은 우선 천자의 순행 · 순시 · 은혜 · 전렵 · 정벌 등 국가의 중요한 정치적 · 군사적 · 경제적 행위일반을 의미했다. 서주西周 초기에 이 글자에 '심心' 부가 더해짐에 따라 그 의미가 확장 · 명료화되었다.[5] 덕은 천명을 받는 근거이자 선정의 조건이며, 후대의 자손들이 천명을 유지하고 선대의 유업을 계승하는 바탕이 된다. 덕은 천 · 인 관계를 매개하는 것으로 오직 덕을 지닌 유덕자만이 천명을 받아 정당하게 인군의 지위(천자)에 오를 수 있으며, 인군은 오직 덕에 의해 선정을 펼칠 때에 비로소 명실상

---

4. 『禮記』「樂記」. "凡音者, 生於人心者也. 樂者, 通倫理者也. 是故知聲而不知音者, 禽獸是也. 知音而不知樂者, 衆庶是也. 唯君子爲能知樂. 是故審聲以知音, 審音以知樂, 審樂以知政, 而治道備矣. 是故不知聲者不可與言音, 不知音者, 不可與言樂, 知樂則幾於禮矣. 禮樂皆得, 謂之有德. 德者, 得也."「鄕飮酒」

5. 張繼軍, 『先秦道德生活研究』 人民出版社, 2011, 73~74面. 김형중, 「『논어』의 '德' 개념 고찰」, 『중국학논총』32, 2011, 295-7쪽 참조.

부한 천자로 인정받으며 천명을 유지해 나갈 수 있다.

『논어』 전제 약 498장 가운데 '덕'자는 약 31장에 걸쳐 40회 내외로 등장한다. 덕은 주로 도덕 · 덕성 · 품덕 · 덕행 등과 같이 행위일반과 그 행위를 가능하게 하는 내면상태를 의미한다. 『논어』에서 공자는 여전히 덕을 치도의 이념과 연관시켰지만, 주로 도 개념과 함께 이상적 인격을 지향하는 군자와 연관 · 정립되고 있다. 즉 공자는 도와 마찬가지로 덕 개념 또한 (이상적인 인격을 지향하는) 군자와 상호 내속관계로 파악하여, (올바른) 덕을 지향하는 인간만을 군자라고 하며, 군자만이 (올바른) 덕을 지향 · 실천한다고 말한다.[6] 이상적인 인격을 지향하는 군자는 덕을 지향한다면, 소인은 다른 것을 지향한다. 『논어』에서 공자는 군자의 지향하는 덕과 소인이 욕망하는 토土 · 색色 · 역力 · 재財를 대비시켰다.

"군자는 덕을 생각하지만, 소인은 땅을 생각한다."

"나는 아직도 색色을 좋아하는 것만큼 덕을 좋아하는 사람을 보지 못했다."

"천리마는 그 힘을 칭송하는 것이 아니라, 그 덕을 칭송한다."[7]

『논어』의 덕에 대해 주자는 이기심성론으로 해석하지만, 다산은 행

----

6. 물론 『논어』에 小人之德(12:19) 혹은 小人學道(17:4) 등과 같은 표현이 나오지만, 이 때의 小人은 도덕이 아니라, 신분적인 개념으로 쓰였다.

7. 『논어』 4:11. "子曰 君子懷德 小人懷土 君子懷刑 小人懷惠." 9:18. "子曰 吾未見好德如好色者也." 14:35. "子曰 驥不稱其力 稱其德也."

위의 결과(孝悌)를 해석한다. 즉 주자는 덕을 우리 마음이 얻어 지니고 태어난 생득적인 것으로 해석하지만, 다산은 사람과 사람의 관계(즉 인륜)에서 요구되는 도리를 극진히 다할 때에 후천적으로 실현되는 것이라고 주석했다. 『대학』에서 '덕'은 가장 중요한 삼강령에서 근본이 된다(明明德). 그런데 여기서는 우선 심·성·정·지의와 연관된 글자만 살펴보자.

『대학』에서 '심心' 자는 13회, '성性' 자는 1회(是謂拂人之性, 災必逮夫身: 성향), '정情'과 '지志' 자는 각 1회(전4: 「聽訟, 吾猶人也, 必也使無訟乎!」 無情者 不得盡其辭, 大畏民志. 此謂知本: 情=實情, 民志=공적 지향성), 그리고 '의意' 자는 6회 출현했다. 『대학』에서 1번 나온 '성性' 자는 인간과 금수를 구분 짓는 (인성 혹은 심성의) 성품 혹은 본성을 의미하는 것이 아니라, (백성들의 일반적 혹은 자연적) 성향 혹은 기호를 의미한다. 그리고 '정情' 또한 (본성의 발현으로서 감정感情 혹은 정욕情欲이 아니라) 『논어』와 마찬가지로 실정實情을 의미했으며, 지志는 『논어』처럼 큰 비중을 차지하지 않는다. 이렇게 『대학』에서 중요하게 사용된 '심心'과 '의意' 자는 대부분 '수신修身'을 위해 먼저 갖추어야 할 조목인 성의誠意·정심正心으로만 출현한다. 따라서 이 양자를 함께 살펴보도록 하겠다.

경1. 欲修其身者, 先正其心; 欲正其心者, 先誠其意 … 意誠而后心正, 心正而后身修.[8]

---

8. 정正은 一(한 일)+止(머무를 지)의 회의자로 절대적 표준인 하늘(一)에 나아가 합일하여 머무르는 것이 '바르다'는 뜻이다. 다른 한편 성곽(口)에 정벌하러 가는(止) 모양

그 자신을 닦으려고(修身) 하는 사람은 먼저 그 마음을 바로잡으며(正其心), 그 마음을 바로잡으려고 하는 사람은 먼저 그 의지를 성실히 했다(誠其意) … 의지가 성실해진 뒤에 마음이 바르게 되고, 마음이 바르게 된 뒤에 자신이 닦인다.

주자: 마음(心)이란 몸(身)의 주인이다. 성誠은 성실함이고, 의意란 마음이 발현한 것이다(心之所發也). 그 마음이 발현한 것을 성실히 하여, 반드시 스스로 만족(自慊)하고 스스로 속임(自欺)이 없게 하려는 것이다. 의意가 이미 성실해지면 마음이 바로잡힐 수 있다.

다산: 『중용』에서 "성誠이란 사물의 시작이자 마침이다"고 했는데, 시작이란 자신을 이루는 것이고, 마침이란 남을 이루는 것이다. 그렇다면 자기를 닦음(修身)은 원래 성의誠意를 으뜸가는 공부로 여긴다.

전6. 所謂誠其意者, 毋自欺也, 如惡惡臭, 如好好色, 此之謂自謙, 故君子必愼其獨也. …富潤屋, 德潤身, 心廣體胖, 故君子必誠其意.[9]

- -

으로 정벌은 정당하기에 '정의' 혹은 바르다는 뜻이 나왔다고 한다.
성誠은 言(말씀 언)+成(이룰 성)의 형성자로 정성, 성실, 진실, 확실함을 의미한다. 말(言)을 실현하려면(成) 지극 정성(誠)을 다해야 하며, 믿음이 담겨야 한다는 의미를 담았다.

9. 악惡은 心+亞로 이루어져 있다. 亞는 무덤의 시실을 안치하던 묘실墓室을 그린 것(왕의 무덤을 관리하던 관직으로 '버금'이라는 뜻이 나왔다)으로 시신에 대한 두려움이나 거리낌 등으로부터 '흉측하다' '싫어하다'의 뜻이 나왔다. 그래서 亞+心=惡은 싫어하는 마음, 나아가 선악善惡에서 '나쁘다'는 뜻이 생겼다. 증오憎惡 혹은 수

이른바 그 의意를 성실히 한다는 것은 스스로 속이지 말라는 것이니, 나쁜 냄새를 싫어하듯이 하며, 좋은 색을 좋아하는 것과 같이 하는 것, 이것을 일러서 스스로 만족함이라고 한다. 그러므로 군자는 반드시 그 홀로를 삼가는 것이다. … 부富는 집을 윤택하게 하지만, 덕은 자신을 윤택하게 하기 때문에 마음이 넓어지고 몸이 편안하나니, 그러므로 군자는 반드시 그 의意를 성실히 한다.

주자: 그 의를 성실히 한다는 것은 자신을 닦음의 시초이다. 스스로 속인다(自欺)는 것은 선을 행하고 악을 없애야 함을 알면서도 마음이 발동하는 것이 아직 성실하지 못함이 있는 것이다. 독獨이란 남이 알지 못하는 곳으로 자기 혼자 아는 곳의 장소이다. …부유하면 집안을 윤택하게 할 수 있고, 덕스러우면 몸(자신)을 윤택하게 할 수 있다. 그러므로 마음이 부끄러워할 것이 없으면 넓고 커지며 너그럽고 평탄해져

오惡에서는 '오'라고 읽는다. 이에 비해, 선善이란 『설문해자』에서는 " 길吉한 것이다. 두 개의 언(言言)자과 양羊이 합쳐진 것으로 의義 및 미美와 뜻이 같다."고 말하고 있다. 즉 선善에서 두 개의 언(言言)자는 말을 뜻에게 서약하고 서로 논쟁한다는 의미이고, 양羊은 죄인을 심판할 때 쓰던 양으로 서로 논쟁하는 두 사람 사이에서 각각의 주장에 대해 시비곡직是非曲直을 신神을 대신하여 심판하는 것으로부터 길상吉祥함과 훌륭함을 의미했다. 어쨌든 선이란 길상한 것으로 의롭고(義) 아름다운 것(美)이라는 의미를 함께 지니다. 그리고 여기서 양羊은 양의 머리를 쓴 절대자(羊人爲美)를 상징한다고 할 수 있다. 착하다, 선행善行, 좋은 일, 선하다, 훌륭하다, 좋아하다, 능력 있다 등의 의미로 쓰인다.
신愼은 心(마음 심)+眞(참 진)의 형성자로 진실 된(眞) 마음(心)으로 신중하고 사가야 함을 말한다.
독獨은 犬(개 견)+蜀(나라이름 촉)의 형성자로 개(犬)는 무리지어 살지 않고 혼자 살기 때문에, 홀로, 단독, 고립 등의 뜻이 나왔다.

서 몸이 항상 펴지고 편안하니, 덕이 몸을 윤택하게 하는 것이 그러하다. 대개 선이 마음속에 채워져서 몸밖에 나타나는 것이 이와 같으니, 이것을 말하여 끝맺은 것이다.

다산: 의란 마음 가운에 숨겨진 의념이다(意者 中心之隱念也). 스스로 속인다(自欺)는 인성은 본래 선한데, 선하지 않다는 것을 알면서도 하는 것, 그것이 바로 스스로 속인다는 것이다. 실심實心으로 악을 버리고 선을 행하면 그것이 곧 악을 버리고 선을 행하는 것이 되기 때문에 몸을 윤택하게 하는 덕을 얻어 지니게 된다. 만일 마음이 공적空寂한 곳으로 치닫게 되면, 덕이 있을 연유가 없게 된다. 일을 행한 이후에 덕의 명칭이 성립된다. 마음이 너그럽고 평탄한 것이 이미 마음을 바로 잡음(正心)이며, 몸의 기운이 펴지고 편안한 것이 이미 자신을 닦음(修身)이다. 성誠이란 것은 의意·심心·신身, 세 글자를 포괄한다.

전7. *所謂修身在正其心者: 身有所忿懥, 則不得其正; 有所恐懼, 則不得其正; 有所好樂, 則不得其正; 有所憂患, 則不得其正. 心不在焉, 視而不見, 聽而不聞, 食而不知其味. 此謂修身在正其心七.*

이른바 '몸을 닦음(修身)은 그 마음을 바르게 하는 데에 있다'고 하는 것은 몸(마음)에 분하거나 노여워하는 바가 있으면 그 바름을 얻지 못하고, 두려워하는 것이 있으면 그 바름을 얻지 못하고, 좋아하거나 즐기는 바가 있으면 그 바름을 얻지 못하고, 근심하거나 걱정하는 바가 있으면 그 바름을 얻지 못하는 것이다. 마음이 있지 아니하면 보아도 보지 못하며, 들어도 듣지 못하며, 먹어도 그 맛을 알지 못하는 것이다.

주자: 정자程子가 말하길, "신유身有의 '신身'은 마땅히 '심心'으로 써야 한다. 대개 이 네 가지는 모두 마음의 작용으로 사람에게 없을 수 없다. 그러나 하나라도 두고서 능히 살피지 못한다면 욕심이 발동하고 정욕이 지나쳐서 그 마음 작용이 행하는 것이 간혹 그 바름을 잃지 않을 수 없는 것이다."고 했다. 마음을 보존하지 못함이 있으면 그 몸을 단속할 수 없다. 이 때문에 군자는 반드시 마음을 살펴 경건함으로 바르게 해야 한다.

다산: 몸과 마음은 오묘하게 합해져 있어 나누어 말할 수 없다. 마음을 바르게 하는 것은 곧 몸을 바르게 하는 것이니, 거기에는 두 층의 공부가 없다. …몸에 분한 바가 있으면 그 올바름을 얻을 수 없다는 것은 의리가 명백하고 여러 경서들과도 합치하는데 무엇 때문을 (心자로) 고치겠는가? 분한 바가 있으면 말투가 억세어지고 일처리가 전도되어 어그러져 몸이 그 바름을 얻지 못한다. …몸이 바름을 잃으면 집안을 가지런하게 할 수 없고, 나라를 다스릴 수도 없다. 그러므로 경계해야 할 점은 그의 몸에 있는 것이다. 원래 몸과 마음은 오묘하게 하나로 합하여 있으니, 둘로 나눌 수 없다. 특히 '신身' 자를 써서 몸과 마음을 하나로 합친 쇠못처럼 만든 것인데, 이제 이 못을 뽑아 버리면 『대학』에서는 수신修身이란 없어질 것이다. 마음에는 두 가지 병이 있는데, 하나는 마음이 있음에서 생기는 병이며, 하나는 마음이 없음에서 생기는 병이다. 마음이 있음에서 생기는 병은 인심人心이 주인이

되는 것이다. 마음이 없음에서 생기는 병은 도심이 주인이 되지 못하는 것이다. 두 가지는 다른 것 같으니, 그 병을 얻게 되는 근원은 실제로 같다.

6장

『대학』,
큰 배움의 이념과
방법을 제시하다!

『대학』은 본래 수隋·당唐시대 과거시험의 필수교재였던 『예기』 제 42편으로, 다른 편들에 비해 특별한 주목을 받지는 못했다. 그런데 송대宋代에 『서경』「홍범洪範」과 함께 치도의 근본으로 제왕의 포덕방법을 서술하는 책으로 존중되고, 마침내 사마광(司馬光, 1019~1083)에 의해 『예기』에서 분리·독립하여 단행본으로 편집「大學廣義」되고, 이후 정호(程顥, 1032~1085)와 정이(程頤, 1033~1107) 형제에 의해 『논어』 및 『맹자』와 더불어 유교의 주요 경전으로 정립되었다. 그런데 이 두 형제는 『대학』에 편제상 착간과 오자가 있다고 생각하고 각자가 개정을 시도했고,[1] 특히 「격물치지格物致知」의 의미를 밝히려고 노력했다.[2] 이러한 이정자의 업적을 계승·발전시켜 『대학』을 체계화하고, 사서의 하나로 정립한 인물은 바로 성리학의 집대성자인 남송의 주자(朱子, 1130~1200)였다.

주자는 이미 39세(1168)의 『정씨유서程氏遺書』를 편집하면서, "이 책을 읽는 사람은 경을 위주로(主敬) 근본을 세우고, 이치를 궁구(窮理)하여 앎을 진척시켜 나가면, 근본이 정립되어 앎이 더욱 밝아지고, 앎이

---

1. 『二程全書』「經說」卷5에 각각 정호와 정이의 「改正大學」이 실려 있다. 김진석, 「大學明道改本」, 「大學伊川改本」, 『대산대학강의』, 한길사, 2000, 275-285쪽 참조.
2. 『二程全書』「遺書」卷11 참조.

정밀해지면 근본이 더욱 견고진다."[3]고 했다. 이 당시 이미 『대학』해석의 기본 틀을 마련했던 주자는 45세(1174)에 현재 형태로 장을 나눈 『대학장구』를 구성했지만, 계속해서 수정을 가하다가 60세(1189)에 이르러 비로소 그 「서문」를 썼다. 그 후에도 주자는 계속하여 보완작업을 하다가, 마지막으로 「성의장」에 첨필을 가하고 3일 뒤에 운명했다. 그는 다음과 같이 말했다.

나는 이 문자를 보아 투철하게 통하여 전현들이 미처 보지 못한 것을 보았다. 사마온공이 『통감』을 짓고 평생의 정력을 모두 이 책에 모았다고 하였는데, 나 또한 『대학』에 있어 그렇게 하였다. 모름지기 먼저 이 『대학』을 읽은 연후에, 비로소 다른 책을 읽을 수 있다.[4]

오직 『대학』만이 … 앞뒤가 서로 연결되고 체통을 갖추어져 있으므로 …『논어』와 『맹자』는 한 가지 일에 한 가지 도리만을 말했을 따름이다. …『대학』은 이 모두를 통합해서 설명했고…『대학』은 학문의 강목이 되며.. 학문의 처음과 끝을 통틀어서 말했다.[5]

---

3. 『二程全書』 「目錄」 "讀是書者 誠能主敬以立其本 窮理以進其知 使本立而知益明 知精而本益固."
4. 『대학장구』 「讀大學法」 "又曰 某一生 只看得這文字透 見得前賢所未到處 溫公 作通鑑 言平生精力盡在此書 某於大學 亦然 先須通此 方可讀他書."
5. 『대학장구』 「讀大學法」 "惟大學 … 前後相因 體統都具 …語孟中 只一項事是一箇道理 ……若大學却只統說 …大學 是爲學綱目 …大學 是通言學之初終."

요컨대 주자는 '명명덕—신민—지어지선'으로 나아가는 대학(인)의 길에서 유학의 진면목을 발견하고 그 이념의 실천을 통해 이상사회를 구현하려고 했다. 여기서는 『대학』의 삼강령 · 팔조목을 중심으로 유교적 자기계발과 사회개혁의 이념, 그리고 그 실현방법을 논구한다.

1. 대학大學이란?

    『대학』이란 『소학』의 상위개념으로 인간의 기본 도리와 역할을 수행할 수 있는 소양을 익힌 이후, 이치를 탐구하고 정신을 계발하여 궁극적으로 공동체를 다스리기 위해 선발된 소수의 인재들을 훈육하기 위한 학문(大人之學)이다. 여기서 관건은 대인과 소인의 차이이다. 그런데 대인(군자)이란 천명의 본성을 인식하여 자기완성을 추구하면서, 의리義理를 판단기준으로 하여 행동하는 실천적 지성인이다.[1] 그렇다면 『대학』이란 일반인들의 보통교육의 이념과 방법을 기술해 놓은 『소학』을 온전히 익혀 실천할 수 있는 기본적인 소양을 함양한 다음, 천명의 인간 본성(=德)을 자각하고 이상적인 공동체 건설을 위해 헌신·실천하는 대인이 걸어가야 할 길과 이념, 그리고 그 방법론을 기록해 놓은 책이라 할 수 있다. 주자는 『대학장구』「서문」에서 다음과 같이 이를 간명하게 밝혀주고 있다.

    『대학』이란 책은 옛날 태학에서 사람을 가르쳤던 도리와 방법을 기술한 것이다. … 사람이 태어나 여덟 살이 되면 왕과 제후의 자제에서부터 서민들의 자제에 이르기까지 모두 소학에 들어가게 하여 물 뿌리고 마당 쓸고, 호응하고 대답하고, 나아가고 물러가는 절도와 예절, 그리

---

1. 『논어』 20:3. "不知命 無以爲君子也."

고 음악, 활쏘기, 말타기, 글쓰기, 수학의 문장으로 가르쳤다. 열다섯 살이 되면 천자의 맏아들과 여러 아들로부터 공, 경, 대부, 원사의 적자 및 백성들 가운데 뛰어난 인재를 모두 태학에 들어가게 하여 '이치를 탐구하고 마음을 바로 잡으며(窮理正心)', '자기를 닦고 다른 사람을 다스리는(修己治人)' 도리로 가르쳤다. 이것이 또한 학교의 가르침에 크고 작은 절차가 나누어진 까닭이다.[2]

주자는 여기서 몇 가지 중요한 지적을 하고 있다. 먼저 『대학』이란 옛날 최고의 고등교육기관인 태학에서 사람들을 가르쳤던 교재라는 것이다. 태학에 입학하기에 앞서 인간이라면 누구나 가르침을 받고 배워야 하는 교육, 말하자면 오늘날의 보통 의무교육과 같은 '소학'이 있었다. 소학에서는 사람이 사람다운 생활을 영위할 수 있도록 해 주는 기본 소양을 가르쳤다. 기본 소양 교육을 익힌 다음, 국가의 지도자가 될 준재들을 태학에 입학시켜 '궁리정심'과 '수기치인의 도리'를 가르쳤다. 그렇다면 큰 배움을 하는 사람, 즉 대학인이 배워야할 것은 이치를 탐구하고 마음을 바로 잡는 자기 수양을 통해 다른 사람을 다스리는 도리라고 할 수 있다. 예컨대 '작은 배움(小學)'과 '큰 배움(大學)'이 있다. 여기서 '작음(小)'이란 물 뿌려 소제하는 하는 일에서부터 사람이 사람으로 살아가기 위한 기본적인 소양을 말한다. 그리고 '큼

---

2. 朱子, 『대학장구』 「序」. "大學之書 古之大學 所以敎人之法也… 人生八歲 則自王公以下 至於庶人之子弟 皆入小學 而敎之以灑掃應對進退之節 禮樂射御書數之文 及其十有五年 則自天子之元子衆子 以至公卿大夫元士之嫡子 與凡民之俊秀 皆入大學 而敎之以窮理正心修己治人之道 此又學校之敎 大小之節 所以分也."

(大)'이란 일상에서 행하는 단순한 실천적인 행위만이 아니라, 거기서 한 걸음 더 나아가 그렇게 해야만 하는 이치를 탐구하고 마음을 닦아 자신을 완성하여 남을 다스려서 이상적인 공동체를 건설하는 도리를 말한다.

그렇다면 '배움(學)'이란 무엇인가? 무릇 자각적 계발을 뜻하는 '배움'은 '자발적인 물음'을 전제로 한다. 그래서 서양 학문의 시작인 고대 그리스에서부터 참된 인식은 세계의 신비에 대한 놀라움(驚異)에서 출발하며, "인간은 본성상 이 놀라운 세계에 대해 알고자 욕망한다."[3]고 말했었다. 동양에서 '학'에 '문(問)'을 붙여, '학문' 혹은 '문학'[4]이라 표기한 것 역시 바로 이런 사정에서 유래했다. 그래서 어느 누구보다 '배우기를 좋아한다(好學)'고 자부했던 공자는 『논어』에서 배움의 필수 불가결성을 역설했다.[5] '배움'이란 자기에게 결여된 것을 찾고, 자신에게 은폐된 세계를 조명하는 활동, 즉 반성적 사고이자 '물음(問)'이다. 사회-역사적 존재인 인간은 항상 과거 전통이 역사적 공간 속에 드러나 있는 사회 제도에 물을 수밖에 없다. 문물-제도와의 대화 속에서 찾고자 하는 것은 주체적 자각이 드러나 있는 역사적 진리인 예禮일 수밖에 없다. 그래서 공자는 "널리 글을 배우고, 예로서 자신을

---

3. Plato, Theaitetos, 150d2~5. Aristotle, Metaphysics, 980a.
4. 『중용』 27장. "故君子 尊德性而道問學 致廣大而盡精微 極高明而道中庸 溫故而知新 敦厚以崇禮."
5. 『논어』 17:8. "好仁不好學 其蔽也 愚. 好知不好學 其蔽也 蕩. 好信不好學 其蔽也 賊. 好直不好學 其蔽也 絞. 好勇不好學 其蔽也 亂. 好綱不好學 其蔽也 狂."

단속하라"[6]고 말했다.

　반성적 사고 능력이 없는 존재에게는 '배움'이나 '물음'은 무의미하다. 오직 자기의 존재 안에 미완성이나 부족을 인식할 때에만 이를 충족시켜 완성하려는 의욕이 일어난다. 자각이 없는 사람에게는 '과거'의 개념이 없으며, 자기부정과 자기초극이 불가능한 존재에게는 '미래'나 '이상'도 무의미하다. 그렇다면 인간은 무엇 때문에 자기존재의 결핍을 의식하는 것일까? 적어도 시간적－역사적－사회적 존재인 인간은 수직적으로 역사적 과거와 수평적으로 공간적 사회적 관습에 착안할 때, 상대적 존재인 자기 자신의 결핍을 의식하지 않을 수 없다. 원리적으로 고립된 인간에게는 가르침이나 배움이 어떠한 의미도 지니지 못한다.[7] 인간이란 상호 배우면서 가르치고, 가르치면서 배우는 존재이다. 이런 이유에서『대학』에서는 '배움'과 '가르침'을 분리될 수 없으며, 따라서 '수기修己'와 '치인治人'은 상관개념으로 취급되어야 한다고 주장한다. 진정한 큰 배움은 자신에서 출발하여 사회생활을 통해서 실습되고, 문화전통에 의해 공증되는 창조적 주체의 사회적 역사적 활동이다. 그렇기에 "옛 것을 찾아서 풀어 엮어 내고 새로이 올 것을 알아야 비로소 스승이 될 수 있다"[8]고 하겠다. 이러한 활동은 결코 완성되거나 고착될 수 없는 영구적인 인류의 과제이다. 그렇기에 누구보다도 배우기를 좋아한다고 자부했던 공자마저도 "묵

---

6. 『논어』 6:25. "博學於文 約之以禮."
7. 신오현, 「유가철학의 교학이념」『철학의 철학』, 문학과지성, 1987, 382-3쪽.
8. 『논어』 2:11. "子曰 溫故而知新 可以爲師矣."

묵히 마음에 새기고, 배우기를 싫어하지 않고 가르치기를 권태로워하지 않음이 어찌 나에게 있겠는가?"[9]라고 말했다. 이러한 학문은 다음과 같은 의미를 지닌다.

널리 배우고, 깊이 묻고, 신중히 생각하고, 밝게 분별하며, 돈독하게 행한다.[10]

이렇게 학學은 우선 학문學問의 약자이며, 나아가 박학博學 · 심문審問 · 신사愼思 · 명변明辨 · 독행篤行을 총괄하는 말이다. 여기서 고전적 '배움'의 의미, 즉 지행합일 혹은 지덕일체의 이념을 발견할 수 있다. 이제 우리는 고전적 대학의 이념을 확보하였다. 즉 '큰 것(大)'이란 (단순한 모방적 행위를 넘어서) 궁리정심 · 수기치인의 도리이자 방법이며, '배움'이란 이러한 이치와 도리를 "널리 배우고, 깊게 묻고, 신중하게 생각하고, 밝게 분별하고, 나아가 돈독하게 실천하는 활동의 총체"를 의미한다. 그렇다면 왜 '널리, 깊이, 신중히, 밝게' 배우고 묻고 생각하고 분별하여 행동해야 하는가? 그것은 곧 학문의 생명인 보편적 타당성과 객관적 실증성을 확보하기 위한 것이라고 할 수 있다.

유교의 『대학』의 이념은 유사한 시기에 출현했던 그리스의 대학의 발생과 이념과 상당히 흥미로운 대비를 이룬다. 서양에서 최초 대학(아카데미)의 창립자는 플라톤(Platon, BC 427 ~ BC 347)이다. 플라톤이 제

---

9. 『논어』 7:2. "子曰 黙而識之 學而不厭 誨人不倦 何有於我哉."
10. 『중용』 11장. "博學之 審問之 愼思之 明辨之 篤行之."

시한 학문의 순서를 보면, 우선 18세 까지 체육과 문예(시가)교육을 받고, 이후 병역을 필한 수호자계급에게는 산술, 평면기하학, 입체기하학, 천문학, 화성학 등의 예비교육을 통해 영혼을 고양시키고, 이후 지천명(知天命, 50세)에 이르면 비로소 최종 학문인 변증법(철학, 보편학)을 배우는 것으로 구성되었다.[11] 플라톤이 말하는 최종 학문인 변증법이 바로 유교의 '대학'에 해당한다고 할 수 있다.

서구 최초의 대학인 플라톤의 아카데미는 논리적인 지성적 전문 교육에만 중점을 두고 인간의 형성과 인간의 지도는 뒷전으로 물러나게 한 현대의 대학들과는 다르게, 순전히 가르침과 연구만을 일삼는 기관은 아니었다. 아카데미는 공동체의 구성원을 계도하고 이끌어나갈 지도자 양성에 전념하였으며, 인간 삶을 위한 새로운 자극은 항상 이 아카데미에서 시작되었다. 다시 말하면 당시 보편학으로서 철학은 학자들의 서재에 처박혀 현실생활과 동떨어진 것이 아니라, 항상 적극적으로 현실을 형성해 나가는 것이었다. 철학은 항상 정치적인 문제에 깊게 관여했으며, 대학은 폭정과 독재를 행사하는 자들에 반대하는 사람들의 거점이었다. '이데아론'을 전개했다고 순수 관념론자로 치부해 버리는 플라톤 또한 순수 이론적인 인물은 아니었다. 그는 철학적 국가 이념을 실현하기 위해 불굴의 노력을 기울인 철인이었다.[12] 이제『대학』의 이념과 방법을 구체적으로 살펴보자.

---

11. Politeia, 522c-531c.
12. 요하네스 휠쉬베르거(강성위 옮김),『서양철학사』상, 이문출판사, 1983, 117쪽 참조.

2. 삼강령三綱領

유교의 원리에 따르면, 인간은 도덕의 근원으로 진실무망(誠=眞實無妄)한 하늘(天)로 부터 인간의 덕을 부여받고, 그 덕을 실현함으로써 인간의 길을 가도록 명령(운명·사명)을 부여받고 태어난 가능성의 존재이다. 즉 인간이란 사물처럼 고정된 어떤 무엇(자체동일성)이 아니라, 자신에게 부여된 명령을 항상 자각하고 자율적으로 실현해 나가는 사명을 지닌 '과정의 존재' 혹은 '사이의 존재'이다(자기동일성). 완전한 도덕 그 자체인 하늘에게는 자기 교양이나 정치활동이 불필요하며, 자기반성의 의식적 사유능력을 결여하거나 미미한 동물에게는 수기치인이란 처음부터 거의 불가능하다.

비록 '나면서부터 아는 자'는 아닐지라도, 배움에 전혀 관심이 없지도 않는 중간 존재로서의 인간만이 정치적 활동과 공동체를 관리할 능력과 의무를 지닌다. 공자는 호학자로서 "군자(위정자)가 해야할 일은 경敬[1]으로 자신을 닦고, 궁극적으로 다른 사람과 백성을 평안

----

1. '경敬'은 갑골문에서는 苟(진실로 구)로 썼으나, 금문에는 손에 몽둥이를 든 모습인 攵(칠 복)자가 더해져 오늘날의 모습이 되었다. '구苟'는 머리에 양羊이 그려진 꿇어앉은 사람을 그렸는데, 절대자(양) 앞에 꿇어앉아 '진실하고 경건한 마음'으로 빌거나 복종하는 모습을 나타낸다. 『주역』「곤괘·문언」에서는 "군자는 경건함으로써 안을 바르게 한다."(君子敬以直內)라고 하였다. 성리학에서는 경을 '마음을 한 곳에 집중하면서 산란하게 하지 않는 것(主一無適)'·'항상 깨어있음(常惺惺)'으로 풀이했다. 마음을 경건하게 유지하는 것(居敬)은 이치를 궁구하는 것(窮理)과 함께 성리학적 공부론의 양 날

하게 다스리는 것이다."[2]고 했다. 또한 군자의 자기완성은 "극기복례를 통해 천하를 인仁으로 되돌아가게 하는"[3] 정치활동이라고 하였다. 『대학』은 공자의 이러한 수기치인의 이념을 계승하여, 대학의 길은 "밝은 덕을 밝히고, 백성과 친하여 새롭게 하고, 지극한 선에 머무르는 데에 있다."(경1장)고 명시했다.

명명덕明明德

첫 번째 강령인 '명명덕明明德(근본이 되는 밝은 덕明德을 밝히는 것으로 시작한다)'의 의미부터 살펴보자.

유가의 종지에 따르면, 인간의 덕이란 '천명의 성'[4]으로 우리가 하늘로부터 부여받고 태어난 것이다. 이 덕은 보편자로서 우주 전체인 하늘(天: 一+大)에서 유래하기 때문에, 개인적 특수성을 초월한다. 그리고 '밝은 덕(明德)'이란 하늘로 부터 부여받은 인간의 덕이 가장 온전한 동시에 그 자체 선하다는 것을 함축한다. 하늘이 우주 전체의 자연(대우주)이라면, 인간은 하늘의 덕(天德·天性·天理)을 가장 온전하게 구비하고 태어난 이른바 '소우주小宇宙'이다. 즉 인간이란 수직적으로

개가 된다.

2. 『논어』14:43. 子路問君子. 子曰："修己以敬. 曰："如斯而已乎?" 曰："修己以安人. 曰："如斯而已乎?" 曰："修己以安百姓. 修己以安百姓, 堯·舜其猶病諸!"

3. 『논어』12:1. "一日克己復禮 天下歸仁焉."

4. 『중용』首章. "天命之謂性."

하늘과 땅 및 수평적으로 다른 인간들 사이에서 항상 고유본성으로 부여받은 덕을 실현함으로써 천지가 만물을 화육하는 과정에 능동적으로 참여하는 사명을 부여받고 태어난 존재(三才)라고 하겠다. '명명덕明明德'의 '명明'은 바로 이러한 인간의 운명과 사명을 함께 말해 준다. 인간이란 천명으로 부여받은 '명덕'을 세상에 밝게 드러낼 운명을 지니고 이 땅 위에 태어난 '사명'의 존재라 하겠다. 여기서 총체적인 현실과 인간의 관계에 대한 『대학』의 입장을 정리할 수 있다.

인간과 총체적 현실의 관계와 연관하여, 우선 쾌락주의·불교·스토아주의 등이 주장한 "세계와 인간 현실의 총체 그 자체는 개선될 수 없다."는 입장이 있다. 비교적 소극적인 이 입장에 따르면, 개선될 수 있는 것은 오직 우리의 정신(마음)뿐이며, 따라서 구도求道 즉 개인적인 지혜 혹은 해탈·정신혁명을 통해 인간의 문제를 나름으로 해결할 수 있다. 존재하는 어떤 무엇의 본성(덕)을 바꿀 수는 없지만, 존재 혹은 상황에 대한 우리의 생각과 태도를 개선·변혁함으로써 인간의 근본문제를 어느 정도 해소시킬 수 있다는 것이다.

다른 한편으로 인간이 주체적으로 현실에 능동적인 작용을 부가하여, 현실을 변혁·개선하여 인간의 자유와 해방을 쟁취할 수 있다고 입장이 있다. 여기서는 어떠한 객관적인 상황에도 관여하지 않으면서 우리의 사유만 변혁시킨다는 앞의 입장과는 구별되게, 기술과 정치를 통하여 객관적인 상황·현실을 변혁하는 것이 철학의 목적이라고 주장한다. 즉 철학의 사명은 "단순히 세계를 해석하는 것이 아니라, 변혁시키는 것"이라고 어떤 철학자가 말했듯이, 정신 현상은 사회적 현실의 반영이며, 따라서 인간해방을 위한 현실에의 참여, 곧 실천을 통한 사회개혁을 이룩함으로서 인간 해방과 역사의 완성을 이루는 것이 가장 중요한 문제라고 말한다.[5]

큰 배움의 길로 나아가는 근본이자 시작으로 '명명덕'을 제1강령으로 제시한 『대학』은 한편으로는 소극적인 비개입을, 다른 한편으로는 근본원리에 입각한 교화와 정치를 통한 변혁(新民 →止於至善)을 주장한다는 점에서 저 두 가지 입장의 종합(결합)이다. 왜 그런가? 우선 『대학』은 현실 자체, 더 정확히 말하면 존재의 궁극 덕성(이치, 본성: 有物有則)은 변화시킬 수 없으며, 또한 그럴 필요도 없다고 말한다. 예컨대 천하 만물은 하늘로부터 고유한 덕성을 부여받고 태어났으며, 그 덕성 자체는 완전하고 선하기 때문에 우리가 비록 그 사실을 인식하지 못한다고 할지라도 '타락'하지 않으며, 인식한다고 하더라도 다른 어떤 것으로 개선될 수 있는 것이 아니다. 『대학』에서 우리 인간의 궁극 덕성을 '명덕明德'이라고 말한 것은 바로 이런 뜻이다. 마치 태양이 구름에 가려 비록 보이지 않는다고 하더라도 그 자체 빛나고 있듯이, 인간의 궁극 덕성 또한 비록 신체적 욕망에 의해 가려질 수 있지만, 그 자체는 완전하고 선하다는 것이다. 이 점에서 『대학』은 "세계와 인간 현실의 총체 그 자체는 근본적으로 개선될 수 없다."는 소극적인 자세를 제시했다. 그런데 『대학』은 단순히 이러한 소극적인 입장만 견지한 것이 아니다.

『대학』은 비록 사물의 궁극적 덕성(본성, 이치)은 변화시킬 수 없지만, 사물의 덕성에 대한 우리의 잘못된 인식(지각, 태도 등)은 교정될 수 있으며, 나아가 이러한 태도변화를 통해 고통과 질곡으로 가득한 현실

---

5. 장–프랑스아 르벨 외(이용철 역), 『승려와 철학자』, 이끌리오, 2004, 144~5쪽 참조.

또한 변혁할 수 있다고 주장한다. 실로 존재 자체에는 거짓이 없고, 허위(僞=人+爲) 혹은 거짓은 인간의 잘못된 의식·인식·판단·행위에 기인한다. 이러한 허위의식을 지닌 소외된 인간의 행동과 관습이 온갖 질곡으로 가득한 현실의 사회를 만들었다. 나아가 그 역으로 소외와 질곡으로 점철된 사회 또한 소외된 인간을 양산하는 악순환이 인간 사회의 역사를 점철해 왔다고 하겠다.

『대학』의 삼강령은 '밝은 덕을 밝히는', 즉 인간 자신의 덕성에 대한 올바른 인식에서 시작하여 그 덕성의 실현을 통해 '백성을 돌보고 새롭게(親民·新民)' 하여 사회를 혁신하고(나와 너의 해탈과 해방), 마침내 우리가 함께 정의로운 지선의 이상사회를 건설하는 것(止於至善)을 목표로 한다. 대학인의 길은 단순히 궁극 덕성의 개선 불가능성을 보고 좌절하여 소극적으로 세계와의 관계를 끊고 은둔하는 것이 아니라, 오히려 그 궁극 덕성이 완전하고 선하다는 것을 인식하고, 그것을 단서로 하여 왜곡되어 고통과 질곡으로 점철된 현실을 헤치고 나아가 최상의 이상사회를 구현하는 데로 나아가는 것에 있다. 그렇다면 그 단서란 무엇이며, 그것을 어떻게 펼쳐 나가는 것일까?

우리 각각의 존재는 그 안에 완전히 선한 덕성과 그것을 이해하고 실현할 잠재적 가능성을 지니고 태어났다(明德). 그런데 인간의 덕성은 본래 완전히 선하다고 할지라도, 현실적으로 볼 때 그것은 단지 잠재적 가능성에 불과하며, 그 덕성을 은폐하고 그 실현을 가로막는 일시적인 장막이 있다. 장막이란 덕성을 자각하지 못하는 우리 인간의 무지와 미망, 혹은 신체적 욕망에서 비롯되는 탐욕을 말한다. 그런데 마치 구름을 걷어내면 밝은 태양이 드러나 비추듯이, 우리의 무지 혹은 미망의 장막 또한 벗겨지면 완전하고 선한 밝은 덕이 훤하게 드러나 현실화될 수 있다.

큰 배움의 길로 들어선 자는 단순히 자신만의 덕성의 자각과 실현을 통해 고통과 질곡으로부터 벗어나려고 하는 것이 아니라, 타인 또한 이 고통과 질곡에서 벗어나 자기실현을 할 수 있도록 돕기 위하여 먼저 자신을 변혁시키는 길에 들어선다(自利-利他). 『대학』은 인간의 본성을 하늘로부터 부여받은 보편 덕으로 규정하고, 이 보편 덕의 실현 정도에 따라 공동체의 이상이 함께 구현된다고 말한다. 인간은 부여받은 본래의 덕을 실현하기 위해 인간의 길을 가는 정도에 따라 인간의 도덕적 우열이 가려진다. 나아가 사회적 존재로서 인간이 하늘로부터 부여 받은 덕은 결국 개인의 특수성을 넘어서는 보편적인 공동선에 합치하는 정도를 의미하기 때문에, 덕을 실현하는 인간은 곧 공동체에 관여하는 정치적 존재일 수밖에 없다. 따라서 가장 정치적인 인간, 즉 최고의 통치자는 최고 덕성을 구유·구현하는 성인일 수밖에 없다. 그래서 성인만이 최고의 통치자의 자격을 갖고 "예의를 논하고, 법도를 만들고, 문자를 상고한다."[6]고 하는 내성외왕 혹은 정교일치의 이념이 정당성을 얻는다. 인간을 인(仁=人+二)으로 대표되는 보편 덕을 지닌 정치적 존재로 파악할 때 공동체를 떠난 인간은 상상할 수 없으며, 보편 덕을 떠나서는 정치를 논할 수 없다. 따라서 공동체(가정-국가-천하)는 개인의 확장이며, 개인은 공동체의 축소이다. 바로 이점에서 명명덕은 '친민'과 표리관계를 이룬다.

----

6. 『중용』 28장. "非天子 不議禮 不制度 不考文."

친민親民

큰 배움으로 나아가는 둘째 관문에 대해 원문 그대로 '친민親民'으로 볼 것인가, 아니면 '신민新民'으로 고쳐야 하는가? 하는 논란이 있다. 주자는 "친親은 마땅히 신新으로 써야한다"는 정자의 말을 인용하면서 "신新이란 옛것을 고치는 것을 말하는데, 이미 그 명덕을 밝힌 것에서 또한 마땅히 미루어 남에게 나아가, 그 사람에게도 또한 옛날에 물든 더러움을 제거하는 것을 말한다."[7]고 주석했다. 주자의 이 주장은 이 구절(親民)을 부연한 「전2장」(苟日新 日日新 又日新 … 作新民 … 周雖舊邦 其命維新)이 모두 '신新'이라는 점에서 상당한 설득력을 지닌다.

그러나 원문의 개정을 주장한 주자의 이 입장은 무엇보다도 먼저 ① 본문이 '친민親民'으로 되어 있다는 점, 그리고 ② 백성을 자율적 주체가 아니라 새롭게 변혁되어야 할 종속적 대상으로 간주한다는 점에서,[8] 후대 양명陽明을 위시한 여러 학자들로부터 비판을 받았다.[9] 또한 원문 그대로 '친민親民'으로 보는 것이 "백성을 단순히 종속적인 혁신의 대상이 아니라, 나름의 자각 능력이 지닌 주체적 존재로 파악

----

7. 『대학장구』 經1章에 대한 朱子註. "程子曰 親 當作新 … 新者 革其舊之謂也 言旣自明 其明德 又當推以及人 使之亦有以去其舊染之汚也."
8. 『논어』 8:9에 "백성은 따르게 할 수는 있어도 알게 할 수는 없다."(子曰 民可使由之 不可使知之) 혹은 16:9에 "나면서부터 아는 자는 상지上知이고, 배워서 아는 자는 그 다음이며, 막혔으나 배우는 자는 또 그 다음이며, 막혔으면서도 배우지 않으면 민民으로서 하우下愚가 된다."는 구절이 분명히 있기에 주자의 이 해석이 반드시 약점인 것은 아니다.
9. 박완식 편저, 「대학해설」 『대학 · 대학혹문 · 대학강어』, 이론과실천, 1993, 15쪽 참조.

할 수 있는 가능성이 열린다."는 점은 현대 민주주의적인 맥락에서서 긍정적인 의미를 지닌다. 그런데 신新과 친親 자의 구성과 본래 의미를 상고한다면, 두 주장의 거리가 그렇게 먼 것만은 아니다.

먼저 '친親'은 '목木+립立+견見'으로 구성되어 있는데, 이는 '묘목을 심어 놓고 자립하도록 돌본다.'는 의미이다. 따라서 '친민親民'이란 '미몽의 백성들이 그 덕을 자각·자립(立)하도록 지켜 돌보아준다(見)'는 의미이다. 유교가 중시한 다섯 가지 인간관계에서 요구되는 질서(五倫)의 첫째 항목이 '부자유친父子有親(부모가 자식을 자립할 때까지 지켜 돌보아 주고, 자식이 노쇠한 부모를 지켜 돌보아 주는 것)'으로 표현되었듯이, '친민'이란 먼저 명덕을 자각·실현하여 군자의 덕을 이룬 인군(民之父母)이 백성을 자식처럼 여기면서 백성들을 훈육·교화하는 것이 바로 친민親民이다.

다음으로 '신민新民'으로 해석해보자. '신新'은 '목木+립立+근斤(도끼)'으로 구성되어, '묘목(木)을 심어 어느 정도 성장하여 자립(立)하면, 도끼(斤)로 벌목·제작制作하여[10] 새로운 다른 무엇으로 변화시키는 것'을 뜻한다. 따라서 이렇게 성장·자립·벌목·제작의 과정을 거쳐 '새로운 무엇'으로 변화시키는 것은 다소 인위적·강제적(斤)이라고 할 수 있다. 그런데 이 구절은 『중용』의 다음 구절과 연관하여 해석해야 한다.

----

10. 제제制는 刀(탈 도)과 末(끝 말)로 구성되어 칼로 나무의 끝가지를 정리하는 모습을 그렸다. 옷감이나 재목을 치수에 맞게 재거나 자르는 일에서, 제정·규정·제지하다는 뜻이다.

공자께서 말씀하셨다. "도는 사람에게서 멀지 않으니, 사람이 도를 행한다고 하면서 사람을 멀리하면 도를 행할 수 없다. 『시』에서 이르길, '도끼 자루를 채벌함이여, 도끼 자루를 채벌함이여! 그 법칙이 멀지 않다.'고 하였으니, 도끼 자루를 잡고 도끼 자루를 채벌하면서 비스듬히 보고 오히려 멀다고 여긴다. 그러므로 군자는 사람의 덕으로써 사람을 다스리다가 고치면 그치는 것이다."[11]

다스림의 수단을 상징하는 '도끼'란 다름 아닌 백성들 자신에게 타고난 본성의 덕이 있다는 것을 환기시키고, 그 본성의 덕을 회복·자립하여 본래의 자신으로 새롭게 다시 태어나도록 다스리는 예악형정을 의미한다. 그렇다면 '신민'이란 "백성들이 자신이 지니고 태어난 본성의 덕을 자각·자립하여 새로운 인간으로 거듭 태어나도록, 군자가 자신의 덕으로 '임시적으로' 다스리는 것"을 의미한다.

그렇다면 '신민'이냐 '친민'이냐 하는 논쟁은 다음과 같이 정리된다. 단순히 '친민'으로만 해석한다면, 백성을 같은 덕을 지닌 동류의 인간으로 간주하여 지켜 돌보아 준다(見)는 의미는 있지만, 예악형정으로 새롭게 되도록 다스린다(斤)는 점을 간과하는 단점이 있다. 그리고 '신민'으로만 해석한다면, 백성을 인위적·강제적으로 다스린다는 점만 강조하고, 백성들이 지닌 도덕적 자율·자립성을 도외시하는 측면이 있다. 따라서 '친親'과 '신新'의 종합인 "목木+립立+견見+근斤"으로 해

---

11. 『중용』 13장. "子曰 道不遠人 人之爲道而遠人 詩云 伐柯伐柯 其則不遠 執柯以伐柯 睨而視之 猶以爲遠 故君子 以人治人 改而止."

석하여 '친·신민'으로 보면, "먼저 명덕을 밝혀 덕을 이룬 군자가 아직 본성의 덕을 자각하지 못한 백성들에게 그 덕을 자각·자립하여 새로운 사람으로 거듭나도록, 자신의 본성의 덕을 발휘하여 지켜 돌보아 주면서 새롭게 태어나도록 하는 일련의 교화적·정치적 활동이다."이다.[12]

지어지선 止於至善

이렇게 내가 얻어 지니고 태어난 명덕을 세상에 밝게 드러내어 실현하고, 타자 또한 자신의 명덕을 자각·자립하여 온전히 실현하여 군자가 되면, 인류는 함께 지선의 공동체에 도달하여 옮겨가지 않게 된다(止於至善). "지극한 선에 도달하여 옮겨가지 않는" 단계는 마치 "꾀꼬리가 마땅히 머물러야 할 곳인 멧부리에 머무르는" 것과 같이, 인간이 자신의 본성대로 마땅히 있어야 할 본래의 거처에 머무르는 것이다.

『대학』에서는 "문왕이 임금으로서는 인정을 시행하고, 신하로서는 공경하고, 자식으로서는 효도하고, 아비로서는 자애롭고, 나라 사람과 사귐에서는 신뢰를 얻음에 머물러 그 모범이 되었다."고 말했다.[13]

---

12. 김석진, 『대산대학강의』, 한길사, 2006, 73쪽 참조.
13. 『대학』 傳3장. "詩云 穆穆文王 於緝熙敬止 爲人君 止於仁 爲人臣 止於敬 爲人子 止於孝 爲人父 止於慈 與國人交 止於信."

모든 인간이 처한 지위와 장소에 따라 마땅히 해야 할 도리를 온전히 다하는, 이른바 정명이 온전히 구현된 사회가 지선의 공동체이다. 그것은 바로 현실과 이상, 존재와 당위가 완전히 일치하는 인간적인 사회(사회의 인간화), 인간다운 인간이 모여 사는 사회(인간의 사회화)를 말한다. 여기에서는 더 이상 욕망의 충돌이나 생존 경쟁이 없으며, 따라서 욕망 충돌을 판가름할 법의 집행도 필요로 하지 않다.

그렇기에 공자는 "비록 송사를 들음은 남과 다를 것은 없다고 할지라고, 반드시 송사가 없도록 할 것이다"[14]고 말했다. 이 공동체의 주체(君子)들은 법제나 금령 혹은 형벌에 의해 다스려 지는 것이 아니라, 예를 자각하고 자율적·자발적으로 실천한다.[15] 그래서 강제와 훈육으로 시행되는 정치(政=正+攵: 바르게 되도록 침, 治=水+台: 수양시켜 크게 되도록 함)의 세계를 정치 밖으로 추방하고자 하는, 말하자면 "정치의 목적은 더 이상 정치가 필요 없는 공동체를 지향한다(君子 以人治人 改而止)"는 정치미학의 차원으로 승화되는 정치이념을 제시하고 있는 것이 바로 『대학』의 '삼강령'이다.

---

14. 『대학』 傳4장. "子曰 聽訟 吾猶人也 必也使無訟乎."
15. 『논어』 2:3. "子曰 道之以政 齊之以刑 民免而無恥 道之以德 齊之以禮 有恥且格."

3. 팔조목八條目

『대학』의 삼강령 가운데 '명명덕明明德'은 큰 배움의 길을 가는 자가 자기의 덕성을 닦고 배양하는 '수기修己'를, 그리고 친·신민이란 백성과 친하여 새롭게 하는 것은 치인治人을 의미한다. 이렇게 자신의 밝은 덕을 밝게 드러내어 '수기'를 이루고, 이를 미루어서 타인 또한 지켜 돌보아 새롭게 함으로써, 인간의 온전한 자기완성 즉 최선의 이상적 공동체를 이루는 것(止於至善)이 대학인의 길이었다. 대인이란 바로 자각·자율·자발적으로 이러한 큰 배움의 길을 가는 자이다. 명명덕의 '수신'뿐만 아니라, 친·신민으로 표현된 치인의 이념 또한 본래 지니고 태어난 명덕의 자각과 자율, 그리고 자발적 교화를 강조했다. 그래서 공자는 "덕으로써 정치를 하는 것은, 비유하자면 북극성이 제자리에 있으면 여러 별들이 그 북극성을 향해 선회하는 것과 같다."[1]고 했다. 『대학』은 이상적 공동체에 이르는 길을 본말·종시론에 입각하여, 그 선후를 다음과 같이 제시했다.[2]

옛날에 밝은 덕을 천하에 드러내 밝히고자 한 사람은 먼저 그 나라를 다스렸고, 그 나라를 다스리고자 한 사람은 먼저 그 집을 가지런히 하였고,

---

1. 『논어』2:1. "子曰 爲政以德 譬如北辰 居其所 而衆星 共之."
2. 『대학』경1장. "物有本末 事有終始 知所先後 則近道矣."

그 집을 가지런히 하고자 한 사람은 먼저 그 몸을 닦았고, 그 몸을 닦고자 한 사람은 먼저 그 마음을 바로 잡았고, 그 마음을 바로 잡고자 한 사람은 먼저 그 의미를 성실히 하였고, 그 의지를 성실히 하고자 한 사람은 먼저 그 앎을 이루었으니, 앎을 이루는 것은 사물에 나아감에 있다.[3]

이는 통상 격물格物・치지致知・성의誠意・정심正心・수신修身・제가齊家・치국治國・평천하平天下의 '팔조목'으로 지칭되어 왔다. 이 팔조목은 몸을 닦음, 즉 수기를 중심으로 양분된다.[4]

본말관계인 물(자신-가정-국가-천하)의 입장에서 보자면(物有本末), 자신이 근본이 되고, 가-국-천하는 말단이 된다. 따라서 자신을 닦는 수기(本)가 제가・치국・평천하(末)의 근본이 되기 때문에, 먼저 수기를 이룬 이후에 그 말단이 되는 제가-치국-평천하의 순서로 단계적으로 나아가야 한다(本先末後).

그런데 사태를 처리함에는 먼저 할 것과 나중에 할 것이 있다(事有終始). 수기를 이루려면 먼저 그 몸(身)의 주관자인 마음(心)을 바로 잡는 일에서 착수해야 한다. 그래서 "그 몸을 닦고자 한 사람은 먼저 그 마음을 바로 잡았다."라고 말하였다. 나아가 마음의 방향을 설정하는 것(正心)은 의지(意)이다. 따라서 의지를 성실하게 하지 않으면, 마음을 바르게 할 수 없다.

----

3. 『대학』경1장. "古之欲明明德於天下者 先治其國 欲治其國者 先齊其家 欲齊其家者 先修其身 欲修其身者 先正其心 欲正其心者 先誠其意 欲誠其意者 先致其知 致知 在格物."
4. 『대학』경1장. "自天子 以至於庶人 壹是皆以修身爲本."

나아가 인간의 행동·처신에 결정적인 역할을 담당하는 마음과 그 의지는 결국 사물의 이치, 즉 천리天理를 궁구하는 격물치지에 의존하지 않을 수 없다. 물론 양명학파가 주장하듯이 마음이 바르고 의지가 성실하지 않고는 천리를 추구하는 격물치지가 제대로 수행될 수 없는 것은 분명하다고 할지라도, 마음을 바로 잡고 의지를 성실하게 갖는 것은 지적 활동과 분리될 수 없다. 마치 플라톤의 '이데아Idea'의 이데아로서 선의 이데아(태양: 존재의 근거이자 인식의 가능근거)가 인간의 자기 이해와 세계 이해의 목표이자 그 원동력이며, 세계cosmos를 질서 짓는 조명인 동시에 세계의 구성·창조·변혁의 원동력이듯이, 유가의 천리天理 또한 자연을 자연으로 나타나게 하는 빛(조명)인 동시에 자연이 자연으로 화생하는 원천이다.[5] 따라서 인간완성을 지향하는 큰 배움의 길은 천리를 올바로 파악하고, 천명(=德性)을 실천하여 천지의 화육을 돕는 일이다. 그런데 천리를 인식하는 '격물치지'의 뜻을

---

5. 신오현, 「인간의 이념성과 역사성」, 『자아의 철학』, 문학과 지성, 1985, 48쪽. 플라톤의 이데아의 이데아로서 '태양의 비유'가 전형적으로 제시된 구절은 다음과 같다. "태양은 보이는 것에 '보임의 힘'을 제공해줄 뿐만 아니라 또한 그것들에 생성과 성장 그리고 영양을 제공해준다. … 그러므로 인식되는 것들의 '인식됨'이 가능하게 되는 것도 '좋음'으로 인해서일 뿐 아니라, 그것들이 존재하게 되고, 그 본질을 갖게 되는 것도 그것에 의해서요. '좋음'은 단순한 존재가 아니라 지위와 힘에 있어서 존재를 초월하여 있는 것이다." Politeia, 509b. 박종현 역주, 『국가』, 서광사, 1997. 438~9쪽. 즉 플라톤은 태양을 ① "가지적 세계에서는 빛과 주인을 주고, 예지적 세계에서는 그 자신이 스스로 주인이 되어 우리가 진리와 통찰을 가지도록 도와주고", ② "인식과 진리의 기원"이며, ③ 선의 이데아로서 "모든 면에서 가장 좋은 자"로서 "무질서를 질서지우며, ⑤ "만물 중의 일물이 아니라, 장엄함과 힘에 있어서 일체 존재자를 넘어선다(초월)"고 기술하고 있는데, 이는 궁극자를 지시하는 유교의 天 개념과 흥미로운 비교가 된다. Politeia, 511b, 517c, 508e 및 Timaios 30a. 참조.

펼쳐놓은 부분이 지금은 망실되어 없다고 주장하면서, 주자는 다음과 같이 보충하였다.

이른바 앎을 완성하는 것은 사물에 나아가는 데에 달려있다고 하는 것은, 나의 앎을 완성하려면 사물에 나아가 그 이치를 궁구하는 데에 있음을 말한다. 신령스런 우리 마음은 앎이 있지 않음이 없고, 천하의 사물들은 이치를 지니고 있다. 그런데 오직 이치에서 아직 궁구하지 못한 것이 있기에, 그 앎이 완성되지 못함이 있다. 이런 까닭에 『대학』은 배우는 사람에게 반드시 천하의 사물에 즉하여 이미 알고 있는 이치를 바탕으로 더욱 궁구하여 그 극치에 도달하도록 가르쳤다. 만일 힘쓰기를 오래하여 어느 날 아침 활연히 관통하게 된다면, 뭇 사물의 표리·정조가 (내 마음에) 이르지 아니함이 없을 것이며, 내 마음의 온전한 전체와 큰 작용이 밝아지지 않음이 없을 것이다. 이것을 일러 사물이 (내 마음에) 도달했다고 말하고, (사물에 대한 나의) 앎이 지극해졌다고 말한다.[6]

여기서 주자는 우선 '신령스런 우리 마음은 앎(知)이 있지 않음이 없다'고 단정함으로써 소크라테스–플라톤이 제기했던 이른바 '인식상

----

6. 『대학장구』「格物補亡章」 "所謂致知在格物者 言欲致吾之知 在卽物而窮其理也 蓋人心之靈 莫不有知 而天下之物 莫不有理 惟於理有未窮 故其知有不盡也 是以大學始敎 必使學者 卽凡天下之物 莫不因其已知之理而益窮之 以求至乎其極 至於用力之久而一旦豁然貫通焉 則衆物之表裏精粗 無不到 而吾心之全體大用 無不明矣 此謂物格 此謂知之至也."

기설'을 제시하고 있다. 그것은 메논이 질문했을 때 소크라테스의 대답에 나타난다. 메논은 이렇게 질문했다.

"그러나 당신이 그것이 무엇인지를 전혀 알지 못할 때, 당신은 그것을 어떻게 찾으려 하는가? 도대체 당신이 알지 못하는 어떤 것을 당신의 탐색 대상으로 설정하는가? 다시 말하여, 설사 당신이 그것에 곧바로 마주친다 하더라도 당신이 발견한 것이 바로 당신이 알지 못했던 것이라는 것을 당신은 어떻게 알려 하는가?"[7]

이에 소크라테스는 '우리가 아직 알지 못하는 것이 무엇인가를 앎' 즉 '무지의 지(無知之知)'라는 패러독스를 지시한 후, "모색하고 학습하는 것은 전적으로 상기anamesis에 의한 것"이라고 대답한 바 있다. 주자의 「격물치지론」은 바로 이러한 맥락에서 이해되어야 한다. 우리는 존재(대상)가 무엇인지를 이미 어느 정도 알고 있을 때에, 비로소 그것에 대한 문제를 제기할 수 있다. 알고 있지 않다면, 물음 자체도 불가능하다. 이러한 논리적 순환성은 형식 논리학의 측면에서 보면 역리라고 하겠지만, 이 순환성은 우리 인간의 모든 인식 활동의 본질적인 한계일 뿐만 아니라, 인간의 모든 탐구 활동에 원동력과 의미를 부여한다는 점에서 오히려 그 긍정적인 측면이 인정되어야 할 것이다.

학문의 최고 이상은 물론 실재를 실재하는 대로 파악하는, 순수하고 완전하게 명료한 인식의 성취이다. 그런데 '진리 대응설'의 난제

----

7. Plato, Meno, 80d.

에서 제시되었듯이, 추정된 대상 인식에서 대상 자체에로 직접 나아갈 길은 없다. 현상학자들이 말하고 있듯이, 인식의 대상은 그 언제나 인식하는 의식의 상관자일 뿐이며, 따라서 인식 관계로부터 독립적인 실재성(이른바 '물자체')은 인간의 인식에 의해서는 확보될 수 없다. 즉 실재 자체는 인간에게 파악되는 행위자체를 통하여 이미 인식 주관에 의해 매개·투영·굴절된 것으로, 말하자면 '주관적 실재'일 뿐이며 결코 원초적 실재 그 자체일 수 없다. 따라서 '존재론'은 동시 근원적으로 '인식론'이며, 바로 여기에 인간 인식의 가능성과 한계성이 동시에 노정된다.

이런 상황에서 주자가 선택한 길은 "존재의 실재성 혹은 실재성의 충실도는 그 실재를 인식하는 우리 마음의 명료성에 대비된다."는 이른바 '존재-인식의 점진적 대비성'이다. 다시 말하면 주자는 인식과 존재의 근원적 통일로서 '신령한 마음'을 설정하고, 그 마음은 앎을 지니고 있는데, 이 앎을 풀어 밝힘으로써 존재 자체(理)의 실재성과 존재인식의 타당성 문제를 동시에 해결하려고 했다. 그런데 주자의 「격물치지론」은 소박한 실재론(객관주의)의 양상을 지니고 있는 것으로 판단되어 "마음 밖에는 어떠한 사물도 없다(心外無物)"고 주장한 양명 등의 비판의 표적이 되었다. 양명은 말했다.

선배 학자들은 격물을 '천하의 물을 궁구하는 것'으로 해석했는데, 천하의 물을 어떻게 다 궁구할 수 있단 말인가? 또 풀한 포기·나무 한 그루에도 모두 이치가 있다고 했는데, 지금 어떻게 그것들을 모두 궁구할 수 있단 말인가? 설사 풀과 나무를 궁구하였다고 해도, 어떻게 돌이켜 나의 의지를 성실히 할 수 있단 말인가? 나는 '격格'을 '바로잡다(正)'는 뜻으로 해석하고, 물物을 사事로 해석한다.[8]

무릇 정심正心 · 성의誠意 · 치지致知 · 격물格物은 모두 수신의 방법이고, 그 가운데 격물은 그 공부의 실제 내용이다. 그러므로 격물은 그 '심心의 물物'을 바로 잡는 것이고(格=正), 그 '의意의 물物'을 바로 잡는 것이며, 그 '지知의 물物'을 바로 잡는 것이다. 정심正心은 그 '물物의 마음'을 바르게 하는 것이고, 성의는 그 '물物의 의意'를 성실하게 하는 것이며, 치지는 그 '물物의 지知'를 다하는 것이다. 여기에 어찌 안과 밖, 이것과 저것의 구분이 있겠는가?[9]

격물-치지와 성의-정심 간의 선후가 있을 수 없으며, 이 조목들은 명분은 다르지만 실상은 하나의 일(一事)이라는 것이다. 수신은 인간의 본래 마음과 본성을 회복하는 과정이고, 마음 밖에는 어떠한 사물도 없기 때문에(心外無物), 마음을 떠난 격물-치지는 진정한 의미의 큰 배움과 전혀 관계가 없다는 것이다.

양명의 이 비판은 표면적인 타당성은 갖지만, 결코 주자 철학의 핵심을 논파한 것은 아니다. 주자가 비록 우리 마음이 "사물에 나아가 그 이치를 탐구한다(卽物而窮其理)는 표현을 사용하여 마치 마음과 사물

----

8. 『傳習錄』下 ; 『陽明全書』 권3, 84쪽, 진래(전병욱 역), 『양명철학』, 예문서원, 2003, 262쪽에서 재인용.
9. 『陽明全書』 권2, 66쪽, 진래(전병욱 역), 위의 책, 249쪽에서 재인용.

이 분리되는 두 가지(二物)인 것처럼 표현하고 있지만, 여기서 마음과 사물은 결코 두 개의 사물이 아니다. 왜냐하면 '마음의 허령함(心之靈)' 그 자체가 앎(知)이며, '마음의 앎(心之知)'은 바로 '사물의 이치(物之理)'에 대한 앎(知)이기 때문에, 마음·사물과 앎·이치는 두 개의 사물(二物)이 아니라 하나의 일(一事)이다. 즉 주자는 마음의 앎이 이루어지는 과정이 곧 사물의 이치가 밝혀지는 과정이라고 하는 '존재—인식의 점진적 대비성'을 주장했다. 이러한 주자의 주장은 곧 다음과 같은 방식으로 표현되는 선禪 불교의 '절대적 유심론'의 반명제로서 유가 「격물치지론」의 적실성·실증성을 확보하려는 시도로, 곧 허무적멸한 불도佛道에 대해 실학實學으로서의 유교의 정립을 위한 시도였다.

> 모든 법이 모두 자신의 마음에 있으니 어찌 자신의 마음을 따라서 진여의 본성을 단박에 드러내지 않는가? 『보살계경』에서 나의 본래 근원인 자선이 맑고 깨끗하다고 하였거늘, 마음을 알아 본성을 보면 자연히 불도를 성취하여 즉시 활연豁然하여 본 마음을 도로 증득한다.[10]

그런데 인식의 타당성에 대한 자기명증적 소명疏明을 요구하는 주자의 이 격물치지론은 하나의 사고실험용 모형이론에 불과하다. 주자의 '존재—인식의 점진적 대비성'에 입각하여 주—객의 관계가 완전히

---

10. 慧能(퇴옹 성철 역주), 『돈황본단경』, 장경각, 21쪽. "一切萬法 盡在自身心中 何不從於自心 頓現眞如本性 菩薩戒經云 我本源自性 淸淨 識心見性 自成佛道 卽時豁然 還得本心."

합일—해소되는 절대적인 차원의 '활연관통豁然貫通'의 이 방법은 '우리의 현실적 인식활동은 이러한 방식으로 수행되어야 한다'는 실천적 주장이라기보다는 '만약 우리의 인식이 그 이념에 맞게 충실히 수행된다면, 그 상황은 이렇다'고 하는 '이상적 상황 구성'이라 할 수 있다. 사회—역사적 존재로서 우리의 인식 상황은 부단한 자기해명·비판·교정을 통해 인류의 인식 이념(사유와 존재의 완전한 일치)에 부단히 접근해 나가는 '사회—역사적 존재관계' 그 이상이 될 수는 없기 때문이다.

어쨌든 '팔조목'을 통해 『대학』은 사물의 이치를 탐구하는 것과 마음의 자질(性, 明德)을 함양하는 것이 일치하는 차원에서 자신을 수양하여 제가·치국·평천하를 이루는, 말하자면 인간 완성의 정도에 비례하여 이상적인 가정·국가·천하의 완성도 성취된다고 주장했다. 즉 대학의 도정인 격물·치지·성의·정심·수신·제가·치국·평천하는 수기치인의 방법이며, 수기치인은 대학의 실천·실현이다. 수기치인의 방법으로 실현되는 대학은 성인이 되기 위한 학문 즉 성학聖學이지, 상대적인 수단의 세계에 관여하는 한갓 기술과학이 아니다. 이상적 공동체를 형성하고자 하는 대학은 어떤 특정의 존재자나 수단 세계에 봉사하는 전문 지식이 아니라, 모든 전문 지식과 수단의 세계가 인간의 목적에 봉사하도록 수단의 세계에 가치 질서를 부여하고 수단에 종사하는 사람들로 하여금 그 모든 전문직이 하나의 조화롭고 통일적인 인간 공동체에 가장 적절하게 봉사할 수 있도록 통치하는 가장 높고 가장 포괄적인 지혜의 학문이자 목적의 이론이다.

어떠한 특정 수단에도 봉사하지 않기에 부분적으로는 아무런 쓰임이 없는 학문(無用之學)이면서도, 모든 수단들이 하나의 목적을 향해

제 구실을 다하도록 크게 쓰이는(無用之大用) 학문이 바로 진정한 대학이다. 그렇다면 이러한 대학의 길을 가는 사람은 그 길을 가기 위해서는 어떠한 덕목을 지녀야 하는 것일까?『대학』과 표리 관계를 형성하는『중용』에서 공자는 오달도五達道를 제시하고, 나아가 그것을 실행하는 삼달덕三達德을 규정함으로써 대학인이 가야 할 길과 지녀야 할 덕을 명시했다.

> 천하에서 통달된 도는 다섯인데, 그것을 행하는 것은 셋이다. 말하기를, 임금과 신하 사이, 부모와 자식 사이, 남편과 부인 사이, 형과 동생 사이, 벗들 간의 사귐이니, 이 다섯 가지는 천하의 통달한 도이다. 그리고 지혜(智), 어짊(仁), 용기(勇), 이 세 가지는 천하의 통달된 덕이다.[11]

지혜·어짊·용기를 알면 수신을 할 수 있는 바탕, 즉 격물·치지·성의·정심을 이룰 수 있는 근거를 갖추게 된다. 또한 그 역으로 격물·치지·성의·정심을 이루면, '수신'을 할 수 조건이 갖춘 것이 된다. 수신한다면 치인의 까닭을 알게 되어, 제가·치국·평천하를 할 가능성이 열린다. 그런데 인간은 하늘과 동물의 중간적 존재, 혹은 가능성의 존재로서 인간은 결코 지혜·어짊·용기 그 자체에 도달할 수는 없고, 항상 이 덕에 근접하도록 끊임없이 노력하는 자라는 한계를 지니지만, 바로 거기에 인간의 진정한 의미가 있다고 하겠다. 공

---

11. 『중용』 20장. "天下之達道五 所以行之者三 曰君臣也 父子也 夫婦也 昆弟也 朋友之交也 五者 天下之達道也 智仁勇 三者 天下之達德也."

자는 다음과 같이 말한다.

> 배우기를 좋아하면 지혜에 가깝고, 힘써 행하면 어짊에 가깝고, 부끄
> 러움을 알면 용기에 가깝다. 이 세 가지를 알면 몸을 닦을 바를 알게
> 되며, 몸을 닦을 바를 알면 사람을 다스릴 바를 알게 되고, 사람을 다
> 스릴 바를 알게 되면 천하 국가를 다스릴 바를 알게 된다.[12]

그렇다면 천하 국가는 구체적으로 어떻게 다스리는 것일까? 앞서
근본은 먼저 할 것이고 말단은 뒤에 이루어지는 것(本先末後)이라고 했
듯이, '치천하국가治天下國家'하는 데에는 그 선행 조건으로 '제가'가 필
요하다. 그래서 나라를 다스리는 것은 반드시 먼저 그 집안을 가지런
히 해야 한다고 말했다. 본선말후의 논리에서 본다면, 그 집안을 교
화시키지 못하면서도 타인을 가르칠 수 있는 사람은 없기 때문이다.
따라서 집안에서 행해지는 "효도는 임금을 섬기는 방법(조건)이며,
형에게 공손함은 어른을 섬기는 방법(조건)이며, 자식에게 자애로움
은 여러 사람들을 부리는 방법(조건)이 된다."[13]

따라서 가정과 국가 간에는 "한 집안이 인하면 한 나라가 인을 일
으키며, … 한 사람이 탐려하면 한 나라가 난을 일으키는"[14] 관계가

----

12. 『중용』 20장. "(子曰) 好學 近乎知 力行 近乎仁 知恥 近乎勇 知斯三者 則知所以修身
　　知所以修身 則知所以治人 知所以治人 則知所以治天下國家矣."
13. 『대학』 9장. "所謂治國 必先齊其家者 其家 不可教而能教人者無之 故 君子 不出家而
　　成教於國 孝者 所以事君也 弟者 所以事長也 慈者 所以使衆也."
14. 『대학』 9장. "一家仁 一國興仁 … 一人貪戾 一國作亂."

성립한다. 국가와 천하의 관계 또한 마찬가지다. 바로 이 점에서『대학』은 수기修己를 이룬 군자들이 '제가-치국-평천하'하는 모든 방법의 근저에는 '혈구지도絜矩之道'가 놓여 있다고 말한다.

　이른바 '평천하는 그 나라를 잘 다스리는 데에 달려 있다'고 하는 것은 윗사람이 늙은이를 늙은이로 모시니 백성들이 효를 흥기하고, 윗사람이 어른을 어른으로 대우하니 백성들이 공손함을 일으키고, 윗사람이 고아를 구휼하니 백성들이 배반하지 않는다. 그러므로 군자는 '혈구의 도'가 있다.[15]

　인을 실천하는 가장 중요한 방법인 '혈구지도'는 "자기가 하고자 하지 않는 바를 남에게 구하지 않고" "자기가 서고자 하면 남도 세워주고, 자기가 통달하고자 하면 남도 통달하게 해주는" '추기급인推己及人'의 '서恕'이다.[16] 그래서『대학』에서 혈구지도를 다음과 같이 설명해주고 있다.

　윗사람에게서 싫어한 것으로 아랫사람을 부리지 말고, 아랫사람에게서 싫어한 것으로 윗사람을 섬기지 말고, 앞 사람에게서 싫어한 것으

---

15. 『대학』 10장. "所謂平天下在治其國者 上老老而民興孝 上長長而民興弟 上恤孤而民
　　不倍 是以君子有絜矩之道也."
16. 『대학』 9장. "堯舜帥天下以仁而民從之 桀紂帥天下以暴而民從之 其所令 反其所好 而
　　民不從 是故 君子有諸己而後求諸人 無諸己而後非諸人 所藏乎身 不恕 而能喩諸人者
　　未之有也."

188

로 뒷사람에게 먼저 하라고 하지 말고, 뒷사람에게 싫어한 것으로 앞
사람을 따르게 하지 말고, 오른쪽 사람에게서 싫어한 것으로 왼쪽사람
과 교제하지 말고, 위쪽 사람에게서 싫어한 것으로 오른쪽 사람과 교
제하지 말 것이니, 이것을 일러 혈구의 도라고 한다.[17]

이러한 혈구의 도는 ① 칸트의 정언명법의 제1원리인 보편화가 가
능한 준칙에 따라 행위 하는 것이며, ② 동등고려의 공평성의 원리를
함축한다. 나아가 ③ 타인의 행복(이익)을 나의 행복으로 간주하여 상
호 행복을 최대한 증진시키는 공리주의의 원리와도 상통하는 중대한
정치이념(平天下之要道)이다.[18] 혈구지도에 근거한 대학의 정치이념은
'인간이란 일차적 · 근본적으로 주각적 · 자율적인 자유의 존재이며,
이차적 · 현실적으로 동등하게 고려되어야 하는 평등한 존재'라고 하
는 주체주의와 인본주의를 표방한다. 실로 사물의 이치를 탐구하는
것과 마음의 자질을 함양하는 것이 일치하는 차원에서 수신 · 제가 ·
치국 · 평천하를 성취하고자 했던 대학의 이념과 그 방법론은 인간의
사회화와 사회의 인간화를 동시 근원적인 것으로 간주 · 수행하고자
했던 것이라 하겠다.

---

17. 『대학』 10장. "所惡於上 毋以使下 所惡於下 毋以事上 所惡於前 毋以先後 所惡於後
毋以從前 所惡於右 毋以交於左 所惡於左 毋以交於右 此之謂絜矩之道也."
18. 이에 대한 상세한 논의로는 다음을 참조하라. 문병도, 「유교와 민주주의」, 『동양철학
연구』 43, 326–333쪽.

3부

중용

3부에서는 『중용』은 공자의 언명을 단초로 하여 인간 본성의 근원을 논하고, 이 본성에 근거하여 인간이 마땅히 가야할 길(道)을 제시함으로써 유교 윤리를 정립했다는 점에 대해 살폈다. 우선 이 책에는 '성誠' 자가 11회 출현(신身·정情·악惡·지知은 단 1번도 나오지 않는다)한다는 점에 주목하여, 그 분장과 용례를 제시하면서 철학적 의미를 해설했다. 또한 『중용』이 유교 문헌 가운데 최초로 마음을 본성과 감정(본체와 그 작용)으로 논했다는 점에 대해서도 살폈다(7장). 그리고 '8장: 『중용』, 유교 윤리를 정립하다!'에서는 유교의 종지가 되는 수장首章을 중심으로 도덕의 형이상학(天命之謂性)과 도덕행위의 준칙(率性之謂道) 정립을 논하면서, 여기에서 나타난 유교 윤리·인간관의 특징을 논했다.

『중용』이란 어떤 책인가?[1]

　『중용』은 자사子思 선생께서 도학이 그 전함을 잃을까 우려하여 지었다. 대개 상고로부터 성신聖神이 하늘을 계승하여 표준을 정립하니, 도통의 전함에 유래가 있게 되었다. 그것은 『서경』에 보이는데, '진실로 그 중을 잡으라(允執厥中)'는 요임금이 순임금에게 전수한 것이고, '인심은 오직 위태하고 도심은 오직 은미하니, 오직 정성스럽고 한결같이 하여, 진실로 그 중을 잡으라(人心惟危 道心惟微 惟精惟一 允執厥中者)'는 순임금이 우임금에게 전수한 것이다. 요임금의 한 마디 말은 지극하여 다하였지만, 순임금이 다시 세 마디 말로 더한 것은 곧 저 요임금의 한 마디 말을 밝힌 것이니 반드시 이와 같이 한 이후에 거의 가까워졌다.

　대개 일찍이 논하면, 마음의 허령·지각은 하나일 뿐이지만, 인심·도심의 차이가 있는 것은 마음이 혹 형기의 사사로움에서 발생하며, 혹 성명의 바름에 근원하여 지각한 것이 다르기 때문이다. 그런 까닭에 혹 (인심은) 위태롭고 불안하고, 혹 (도심은) 미묘하여 드러나기가 어렵다.

　그러나 사람이 이 형기를 지니지 않음이 없기 때문에 비록 상지上智

---

1. 『중용』을 『예기』의 한 장에서 분리시켜 사서의 하나로 정립한 주자의 『중용장구』「서」이다.

라도 인심이 없을 수 없고, 또한 이 성性을 지니지 않음이 없기 때문에 비록 하우下愚라도 도심이 없을 수 없다. 인심·도심 두 가지는 한 치 사이에 섞여 있어 다스리는 방법을 알지 못하면 위태로운 것은 더욱 위태로워지고, 은미한 것은 더욱 은미해져 천리의 공의로움이 마침내 저 인욕의 사사로움을 이기지 못한다.

정성스러움(精)은 저 두 가지 사이를 잘 관찰하여 섞이지 않게 하는 것이고, 한결같음(一)은 그 본심의 바름을 지켜 떠나지 않게 하는 것이니, 여기에 종사하여 조금도 간단 없이 반드시 도심으로 하여금 항상 한 몸의 주재가 되고, 인심이 매양 도심의 명령을 들으면 위태로운 것이 안정되고 은미한 것이 드러나서, 움직일 때나 고요할 때 말하거나 행동하는 것이 자연히 지나치거나 모자라는 차이가 없게 된다.

무릇 요·순·우임금은 천하의 큰 성인으로 천하로써 서로 전한 것은 천하의 큰일이니, 천하의 큰 성인으로 천하의 큰 일을 행하되 그 전수하고 전수받을 즈음에 정녕 가르치고 경계한 것이 이와 같은 것에 불과하니, 천하의 이치가 어찌 이보다 더함이 있겠는가?

이로부터 성인과 성인이 서로 계승하니, 성탕·문·무가 인군이 되고, 고요·이윤·주공·소공이 신하가 되어 이미 모두 이것으로써 저 도통의 전함을 접하고, 우리 부자(공자) 같은 분은 비록 천자의 지위는 얻지 못했지만, 지나간 성인을 계승하고 후학들을 열었으니, 그 공이 도리어 요·순임금보다 나았다.

그러나 이때를 당해서 보고 아는 자는 오직 안연과 증자의 전함만이 그 근본(宗)을 얻고, 증자가 재전함에 이르러 다시 공자의 손자 자사를 얻으니, 가신 성인은 멀어지고 이단이 흥기했다. 자사가 오래됨에 더욱더 그 참됨을 잃을까 두려워하여, 이에 요순이 서로 전한 뜻을 미루어 근본으로 하고, 평소에 들었던 아버지와 스승의 말씀을 바탕으로, 다시 서로 연역하여 이 글(『중용』)을 지어 만들어서 뒤의 학자에게 가르쳐 주었다. 대개 그 우려한 것이 깊었기에, 그 말씀이 절실하다. 그 염려한 것이 원대하였기에 그 말씀이 상세하다. 『중용』에서 말한 천명天命과 솔성率性은 곧 도심을 일컫는 것이고, 여기서 말한 택선고집擇善固執(선을 선택하여 굳게 잡음)은 정精·일一를 일컫는 것이고, 여기서 말한 군자시중君子時中은 그 집중執中을 일컫는 것이다.

세월이 뒤로 천여 년이 지났지만, 그 말이 다르지 않고 마치 부절처럼 합치한다. 옛 성인의 서적 가운데 강유綱維를 들어 말하고 심오한 뜻을 밝혀 준 것을 일일이 선별해 보니, 이와 같이 명백하고 전부를 갖춘 것은 일찍이 없었다.

이로부터 또 다시 전하여 맹자를 얻어, 이『중용』을 미루어 밝혀 앞의 성인의 도통을 계승할 수 있었지만, 맹자가 죽음에 이르러 마침내 그 전함을 잃었다. 우리 도가 의탁한 곳은 언어·문자 사이를 넘지 못하고, 이단의 학설이 날로 새롭고 달로 성대해져 노자와 불가의 무리들이 나타나자 이치에 더욱 가까웠지만 참됨을 크게 어지럽히는 데에 이르렀다.

그렇지만 오히려 다행히도 이『중용』이 민멸되지 않았기에, 정부자程夫子 형제가 나와서 상고한 것이 있어 저 천년 동안을 전하지 못한 단서를 잇고, 근거한 바가 있어 저 두 사이비학파(노·불)를 배척했다. 대개 자사의 공이 이에 크지만, 정부자가 없었다면 또한 그 말에 근거하여 그 마음을 얻지 못했을 것이다.

애석하도다! 정부자가 설명한 것이 전하지 못하고, 무릇 석씨가 모아 기록한 것이 겨우 그 문인의 기록 중에서 나왔으니, 이로써 비록 대의는 밝혀졌지만 은미한 말은 분석되지 못했다. 그 문인들이 스스로 말한 것에 이르러서는 자못 자세함을 다하고 밝혀진 것은 많았지만, 그 스승의 설명을 거스르고, 노·불에 빠진 자도 있었다.

나(朱熹)는 어린 시절부터 일찍이 『중용』을 읽고 배우면서 저의기 의심하여, 거듭 침잠한 것이 대개 여러 해가 되니, 어느 아침에 황홀하게 그 요령을 터득한 것이 있는 듯했다. 그런 뒤에 이에 감히 여러 학설을 모아 절충하여 처음 「장구」한 편을 편정·저술하여 뒤의 군자를 기다리고, 뜻이 같은 한두 사람으로 하여금 다시 석씨의 글을 취해서 번잡·어지러운 것을 산정하여 「집략」이라고 명명하고, 또한 일찍 논변·취사했던 뜻을 기록하여 별도로 「혹문或問」을 만들고 그 뒤에 부록했다. 그런 뒤에 이 책의 뜻이 단락으로 나눠지고 구절이 풀리고, 맥락이 관통하여 자세·간략한 것이 서로 근거하여, 큰 것과 세미한 것이 모두 거론되어, 무릇 여러 설명의 동이·득실이 막힘없이 두루 통하여 각각 그 취지를 극진히 했다. 비록 도통의 전함을 감히 함부로 논의할 수 없지만, 초학의 선비가 간혹 취함이 있다면, 또한 먼 길을 가고 높이 오르는 데 일조한다고 할 수 있으리라!

7장

『중용』에서
마음

『중용』은 인간 본성의 근원을 논하고, 이 본성에 근거하여 인간이 마땅히 가야 할 길(人道)을 제시함으로써 유교 윤리를 정립했다. 그래서 이 책에는 '성性' 자는 11회 출현하지만, 심心·정情·의意·지志는 단 한 번도 나오지 않는다. 비록 '정情' 자는 직접 나타나지 않았지만, "희로애락喜怒哀樂의 미발未發·이발已發"을 논했다는 점에서, 유교 문헌 가운데 최초로 마음을 본성과 감정, 즉 본체와 그 작용으로 나누어 제시했다. 먼저 '성性' 자가 출현한 용례를 살펴보자.

1. 天命之謂性, 率性之謂道, 修道之謂教 [1]

- -

1. "명命은 『설문』에 "'구口+령令'의 형성자로 입을 열어 호령하는 모습으로 시킨다(使)는 뜻이다. 명命과 령令은 모두 상하와 위계를 전제로 명령과 복종을 함축하기 때문에 '거역할 수 없다는 뜻을 지닌다."고 했다. 명命이란 우선 요수·사생·도의 흥폐를 결정하는 운명으로, 외재적·객관적 제약과 한계라는 뜻(命定之命)이다. 그런데 명命에는 외재적으로 정해진 운명 이외에, 내재적·주체적·자율적인 성명性命(인성人性·천명天命)의 명命이 있다(德命義, 使命). 즉 성명의 명 또한 주체에게 주어졌다는 점에서는 명이지만, 주체가 자각·자율적으로 실현해야 하는 도덕명령이라는 점에서 그 성격을 완전히 달리한다. 즉 어찌할 수 없는 것으로 주어진 운명은 인간에게 주어진 객관적인 제약·한계를 의미하지만, 자각·자율로 실천해야 할 사명으로 주어진 천명은 인간의 가능성과 자유의 실현을 의미한다.

솔率은 중간은 실타래 모양이고, 양쪽으로 점이 여럿 찍힌 모습으로 동아줄을 그린 모습이었다. 동아줄은 배를 묶거나 거대한 물체를 끄는 데 사용된다는 점에 먼저 솔선率先의 뜻이 쓰였다. 경솔輕率의 의미로도 쓰였다. 동아줄이 이끈다는 점에서 지도자나 우루머리(將帥)의 뜻이 나왔다. 지도자는 모범 혹은 대중의 표본이 되어야 한다

하늘의 명령을 성이라 하고, 성에 따르는 것을 도라 하고, 도를 닦는 것을 교라 한다.

주자: 명命은 명령命令과 같다. 성은 곧 이치이다(性卽理). 하늘이 음양 · 오행으로 만물을 조화 · 생성함에 기질로써 형체를 이루고 이치 또한 부여했으니, 명령과 같다. 이에 사람 · 사물이 태어남에 각각 부여받은 이치를 얻은 것에 근거하여 건순健順 · 오상五常의 덕으로 삼았으니, 이른바 성性이다. 솔率은 따르다(循)이다. 도道는 길(路)과 같다. 사람 · 사물이 각각 그 성의 자연을 따르면, 매일 쓰는 사물들 사이에서 각각 마땅히 행해야 할 길이 없을 수 없으니, 곧 이른바 도이다. 수修는 품절品節이다. 성과 도는 비록 같지만, 기질의 품부됨이 혹 다른 까닭에 지나치거나 모자람의 차이가 없을 수 없다. 그러므로 성인이

는 점에서 표준이 뜻이, 표준에 의해 계산한다는 점에서 비율比率 · 환율換率의 율로 쓰인다. 비율 · 제한의 의미일 때는 율로 읽고, 우두머리나 장수로 쓰일 때는 수로 읽는다.

수修는 彡(터럭 삼)+攸(바 유)의 형성자로 목욕재계한(攸) 후 치장하여 화려하게(彡) 꾸민다는 뜻이다. 유攸는 攴(칠 복)+人(사람 인)+水(물 수)의 회의자로 손에 솔처럼 생긴 나무막대를 쥐고(攴) 사람 등(人)을 물(水)로 씻다가 원뜻이다. 이후 '(~하는) 바'라는 문법소로 쓰이자, 삼彡자가 더해져 수修가 되었다.

교敎는 爻(신성시 하는 건물, 실이나 새끼가 교차하는 결승문자, 본받다)+攵(칠복)+子로 구성되어, ① 자식(子)에게 결승문자를 매질하며 가르치는 것, ② 신성시하는 건물에서 자식을 매질하며 가르치는 것, ③ 자식에게 (성현을) 본받으라고 매질하며 가르치는 것에서 나왔다. 혹은 孝 + 攵로 써서 같은 뜻을 나타내기도 하는데, 이는 가르침의 최고 내용이 효도라는 것을 나타낸다.

위謂는 言(말씀 언)+胃(밥통 위)의 형성자로 말(言)로 알리는 뜻이다. 이후 평론하다, 호칭, '(무엇)이라고 여기다'는 뜻이 나왔다.

사람 · 사물이 마땅히 행해야 할 것에 근거하여 품절하여 천하에 규범으로 삼았으니, 곧 교敎라 한다.

다산: '성性' 자의 본의에 의거하면 말하면, 성이란 마음이 기호하는 것이다(性者 心之所嗜好也)이다. 천명의 성 또한 기호로써 말할 수 있다. 대개 사람이 배태되어 이미 형성되면, 하늘이 영명 · 무형의 본체(靈明無形之體)를 부여한다. 그 됨됨이는 선을 좋아하고 악을 미워하고, 덕을 좋아하고 오욕을 부끄러워하니, 이것을 일러 성이라 하고, 이것을 일러 성선性善이라 한다. 성이 이미 이와 같은 까닭에 거스르거나 휘어잡아 쓸 수 없고, 단지 모름지기 솔선하여 따르며 그 하는 바를 청명할 뿐이다. 나면서 죽을 때까지 이것을 따라 가기 때문에, 도라 한다. 단도로는 버려두고 관리하지 않으면, 어디로 가는지 향방이 없다. 반드시 이정표를 알려주는 관리(亭堠之官)를 두고 다스리고 · 수선하고 · 열어주고 · 인도하여 행려로 하여금 그 향방이 헷갈리지 않도록 한 이후에, 바야흐로 그 가는 곳에 도달할 수 있게 해 준다. 성인이 중인들을 유도하는 그 일도 서로 유사하니, 이를 일러 교敎라 한다. 교敎란 도로를 수리 · 다스리는 것이다.

21-1. 自誠明, 謂之性; 明誠, 謂之教. 誠則明矣, 明則誠矣.[2]

----

2. 자自는 코(鼻)의 상형인데, 코는 얼굴에서 개인의 차이를 가장 심하게 나타내는 부위이기 때문에 자기 · 자신의 뜻이 나왔다. 자유 · 자연이란 뜻이 파생되었다.
   명明은 日(날 일)+月(달 월)로 구성된 회의자로 햇빛과 달빛의 밝음을 형상화하였다. 밝다, 비추다, 밝게 비추는 빛 · 태양 · 분명 · 이해하다의 뜻이다.
   성誠은 言(말씀 언)+成(이룰 성)의 형성자로 정성, 성실, 진실, 확실함을 의미한다. 말

정성스러움(眞實無妄)으로 말미암아 밝은 것(明)을 일러 성性이라 하고, 밝아지게 됨(明)으로 말미암아 정성스러워지는 것을 일러 교教라 한다. 정성스러우면(誠) 밝고, 밝아지면 정성스러워진다.

주자: 덕이 성실하지 않음이 없어(德無不實) 밝음이 비추지 않음이 없는 것(明無不照)은 성인의 덕으로 본성 그대로 지니고 있는 자이니, 천도이다. 먼저 선에 밝은 이후에 그 선을 성실히 실천하는 것은 현인의 학이니 교教로 말미암아 들어온 자이니, 인도이다. 성실하면 밝지 않음이 없고, 밝으면 성실함에 도달할 수 있다.

다산: 성性 자는 마땅히 '요순성지(堯舜性之: 요순은 본성을 그대로 행한 분이다)'의 성性이니, 이른바 태어나면서 알아 편안히 행한 것(生知而安行)이다. 교教란 가르침을 받은 후에 아는 자이니, 이른바 배워서 알고(學知), 경험해서 알고(困知), 이로워서 행하고(利行), 힘써 노력하여 행하는 것(勉行)'과 같은 유가 그것이다. 나면서 알고(生知), 배워서 아는 것은 것(學知)은 그 성인·현인이 됨에 이르러서는 실제로 차등이 없기 때문에, 정성스러우면(誠) 밝고, 밝아지면 정성스러워진다고 말했다.

22-1. 唯天下至誠, 為能盡其性; 能盡其性, 則能盡人之性; 能盡人之性, 則能盡物之性; 能盡物之性, 則可以贊天地之

(旨)을 실현하려면(成) 지극 정성(誠)을 다해야 하며, 믿음이 담겨야 한다는 의미를 담았다.

化育; 可以贊天地之化育, 則可以與天地參矣.[3]

오직 천하에 지극히 성실한 분이라야 그 성性을 다할 수 있다. 그 성性을 다하면 다른 사람의 성性을 다할 수 있고, 다른 사람의 성性을 다하면 만물의 성性을 다할 수 있고, 만물의 성을 다하면 천지의 화육을 도울 수 있고, 천지의 화육을 도우면 천지와 함께 삼재가 될 수 있다.

주자: '그 성을 다한다(盡其性)'는 덕이 성실하지 않음이 없는 까닭에, 인욕의 사사로움이 없어 내 안에 있는 천명을 살피고 말미암아 크고 작고·정밀하고 거친 모든 것에도 털끝만큼도 다하지 않음이 없는 것이다. 다른 사람과 만물의 성 또한 나의 성이지만, 단지 부여받은 형기가 달라서 차이가 있을 뿐이다. '능히 다한다(能盡之)'는 것은 앎이 밝지 않음이 없고, 처함이 마땅하지 않음이 없는 것을 말한다.

다산: '그 성을 다한다(盡其性)'는 자신을 닦아 지선至善에 도달하는 것이다. '다른 사람의 성을 다한다(盡人性)'는 남을 다스려 지선에 도달하게 하는 것이다. '만물의 성을 다한다(盡物性)'는 하늘과 땅의 초목·금수가 모두 편안한 것(咸若)이다. 인물성동이설(人物性同異之說)로 덧붙인다

- -

3. 지至는 『설문』에서는 "새가 땅에 내려앉는 모습으로, 아래쪽 가로획(一)은 땅이다."고 했다. 화살(矢)과 가로 획(一)으로 구성되어, 화살(矢)이 날아와 땅(一)에 꽂힌 모습이라고도 한다. 이르다가 원뜻이며, 어떤 목표에 도달했다는 의미에서 끝이나 지극至極, 그리고 최고最高라는 의미가 생겼다. 그러자 원래 의미는 刀(칼 도)가 더해져 到(이를 도), 혹은 강제하다는 의미가 있는 攵(칠 복)가 더해져 致(이를 치)자가 만들어졌다.
진盡은 聿(붓 율)+皿(그릇 명)의 회의자로 붓(聿)으로 그릇 속의 남아 있는 것을 깨끗하게 소제하는 모습으로 끝까지·모든·완벽·극단에 이르다는 뜻이다.

면, 광막 · 허활하여 어디에서 착수해야 할지를 알지 못하는 것이 된다. 산림천택山林川澤의 정사를 닦아 초목 · 금수로 하여금 알맞게 생육하게 하여, 동식물처럼 생명을 지니는 것들로 하여금 각각 그 생육의 성을 다하게 하면 만물이 각각 그 본분을 다한 것이지만, 그 공은 나에게 있는 것이다. 아마도 이것을 말하여 천지의 화육을 돕는다고 했으니, 또한 마땅하지 않은가? 성인의 성을 다하는 공부는 이것에 불과하다.

26. 誠者非自成己而已也, 所以成物也. 成己, 仁也; 成物, 知也. 性之德也, 合外內之道也, 故時措之宜也.[4]

성실함이란 자신을 이룰 뿐만 아니라, 다른 모든 물(萬物 혹은 家 · 國 · 天下)을 이루는 근본이다. 자기를 이룸은 인仁이고, 물을 이루어 주는 것은 지智이니, 성의 덕으로 안 · 밖을 합일하는 도이다. 그러므로 때에 알맞게 조처하는 것이다.

- -

4. 성成은 戌(다섯째 천간 무)+丁(넷째 천간 정)의 형성자로 무기(戌)로써 성을 단단하게(丁) 지킨다는 뜻을 그려, 성을 튼튼하게 지킬 때 비로소 목적이 이루어진다는 의미에서 이루어지다 · 성취成就 · 완성 · 성숙되다, 성인成人 등의 뜻이 나왔다.

물物은 牛(소 우)+勿(말 물)의 형성자로 소(牛)를 이용한 쟁기질(勿) 하는 모습에서 '여러 색의 소'라는 말에서 '만물은 색깔을 지닌다.'는 뜻이 나와 만물을 뜻하게 되었다. 혹은 물勿이란 나쁜 물건을 불제祓除하여 부정不淨을 씻다는 뜻이며, 부정을 제거한 산 제물인 소의 뜻에서 물건이라는 뜻이 나왔다고 한다.

지知자는 시矢(화살) + 구口로 구성된 회의자로 많은 것을 알아서 화살처럼 빠르게 입을 통해 표현한다는 뜻이다. 이와 비교되는 것이 지智자이다. 지智자는 일日이 뜻이 되고, 지知가 성부聲部를 구성된 형성자로 진정한 지혜를 뜻한다. 지혜란 개별적인 앎에서 출발하여 그 앎들을 관통하는 원리들을 발견하여 훤하게 밝아져(日 - 豁然貫通) 자신의 것으로 체득된 상태를 말한다.

조措는 手(손 수)+昔(옛 석)의 형성자로 어떤 정해진 자리에 놓다(手)는 뜻이며, 이로부터 다스리다 · 시행하다 · (법령 등을) 제정하다 · 조치措置하다의 뜻도 나왔다.

주자: 성실함(誠)은 비록 자기를 이루는 것이지만, 이미 자기를 이룸이 있으면 자연히 남에게 미쳐 또한 남에게서도 행해지게 된다. 인이란 본체의 보존됨이고, 지란 작용의 발현이니, 모두 우리들의 성의 본래 있는 것으로 안팎의 구분이 없다. 이미 자기에게 체득되었으면 일에서 나타나니, 때에 따라 조처함이 모두 그 마땅함을 얻는 것이다.

다산: 성誠과 성成은 육서의 해성諧聲이다. 자기를 이루는 것(成己)과 물을 이루는 것(成物)은, 성실하지 않으면 불가능하기(非誠不能)에 글자가 성成을 따랐다. 자기를 이룸(成己)과 만물을 이룸(成物)은 모두 '성의誠意' 가운데에 있다. 성실하지 않으면(不誠) 의지를 성실하게(誠意) 할 수 없고, 성실하지 않으면 마음을 바르게(正心)할 수 없고, 성실하지 않으면 자신을 닦을(修身) 수 없고, 성실하지 않으면 집안을 가지런히 하거나(齊家), 나라를 다스리거나(治國), 천하를 평화롭게(平天下)하는 것이 없으니, 이를 일러 '성실하지 않으면 어떤 것도 없다(不誠無物)'고 한다. 안(內)이란 자기이며, 밖(外)이란 물物이다. 의意·심心·신身은 안이 되고, 국가·천하는 밖이 된다. 시조時措란 어느 때이든지 작용이 베풀어지지 않음이 없는 것이다. 의지를 성실히 할 때에도 성실히 함을 쓰고(誠意時用誠), 마음을 바로 잡을 때에도 성실함을 쓰고(正心時用誠), 집안을 가지런히 하고(齊家), 나라를 다스리고(治國), 천하를 평화롭게(平天下) 할 때에도 성실함을 써서, 때에 따라 성실함을 써서 어디에 가든지 알맞지 않음이 없는 것, 이것을 일러 시조지의(時措之宜)라 한다. 이 일절은 『대학』·『중용』이 부합하는 곳이다. 이제 물의 종시를 만물의 종시(萬物之終始)라고 한다면 통할 수 있겠는가?

28. (大哉, 聖人之道! ⋯ 故) 君子尊德性而道問學.[5]

군자는 덕성德性을 존숭하고, 학문에 말미암는다.

주자: 존尊이란 공경하고 받들어 유지한다는 뜻이다. 덕성德性이란 우리가 하늘에서 부여받은 바른 이치(吾所受於天之正理)다. 도道는 말미암다(由)이다. 존덕성尊德性은 마음을 보존하여 도체의 큰 것을 지극히 하는 것(所以存心而極乎道體之大也)이다. 도문학道問學은 앎을 이루어서 도체의 세부적인 것까지 다하는 것(所以致知而盡乎道體之細也)이다. 이 두 가지는 덕을 닦고 · 완성하는 큰 단서이다.

다산: 덕이란 나의 곧은 마음을 행하는 것(德者, 行吾之直心也)이니, 행하지 않으면 덕이 없다. 효제충신 · 인의예지, 이런 것들이 덕인데 몸소 행하지 않으면 어찌 덕이 있겠는가? 그러면서 덕성이라고 말한 것은 성이 본래 선을 좋아하여(性本樂善) 느낌에 따라 발현되는 것이 선한

---

5. 군자君子는 유교가 추구하는 이상적 인격의 전형으로, 공자에 의해 결정적인 의미 전환을 겪으면서 정립되었다. 본래 '군君' 자는 '尹(벼슬 윤)'과 'ㅁ(입 구)'자로 구성되어 있다. 그리고 '윤尹'(다스리다, 바로잡다, 벼슬이름)은 '곤ㅣ + 차叉'로 구성되어 있는데, 'ㅣ'은 신성한 지팡이(神杖)로 성직자가 손에 잡는 물건을, '叉'는 손을 나타낸다. 따라서 군君이란 신장을 손에 잡은 성직자로서 의례를 행하거나 정사를 관장하는 사람을 뜻한다. 그래서 군자란 귀족 일반을 지칭하는 용어로 사용되었다. 그런데 공자는 최상의 완성된 인격을 갖춘 성인보다, 일상에서 호학好學을 통해 인仁을 실천하려고 끊임없이 노력하는 사람을 군자라고 하며, 유교가 추구하는 이상적인 인간의 전형으로 정립했다.
존尊은 酋(묵은 술 추)+寸(마디 촌)의 회의자이다. 추酋는 잘 익은 술의 향기가 퍼져 나가는 모습을 표현하여 '좋은 술'을 뜻한다. 갑골문에서 존尊은 양손에 술병을 공손히 받치고 있는 이미지로 높은 분에게 공손히 술을 따르는 모습을 표현하여, '공경하다'라는 뜻이 되었다. 높다, 높이다, 공경하다, 중히 여기다, 따르다, 어른, 술잔(준) 등의 의미이다.

마음이 아님이 없다. 이러한 선한 마음을 확충하면 인의예지를 행할 수 있다. 그러므로 이 성을 명명하여 덕성이라고 말했는데, 이러한 덕성을 받음은 본래 위의 하늘의 명령이다. 하늘의 명령을 받는 자는 감히 존숭하지 않을 수 없으니, 마치 임금의 명령을 받드는 자가 감히 공경하지 않을 수 없는 것과 같다.

'정情'이란 글자는 心(마음 심)+靑(푸를 청)의 형성자로 깨끗하고 순수한(靑) 마음(心)에서 우러나오는 감정을 말한다. 애정愛情·정황情況·상황狀況·실정實情·정욕情欲 등의 뜻이다. 자전에는 ① 뜻(感情, 愛情, 性慾), ② 본성(夫物之不齊 物之情也), ③ 진리(兵之情主速), ④ 소망, ⑤ 사정私情 ⑥ 정황(實情, 實際), ⑦ 자태, ⑧ 흥취, ⑨ 민심 등으로 풀이했다. '칠정七情'이란 희·노·애·구·애·오·욕(喜怒哀懼愛惡欲)으로 표현되는 인간 감정의 총화를 말한다(『예기』 「예운」). 정情은 학습을 통하지 않고도 발현되는데, 절도에 맞느냐(中節) 맞지 않느냐에 따라 선·악으로 나뉜다. 『중용』에서는 단지 "희로애락"으로 표현되었다.

1. 喜怒哀樂之未發, 謂之中; 發而皆中節, 謂之和; 中也者, 天下之大本也; 和也者, 天下之達道也. 致中和, 地位焉, 萬物育焉.[6]

----

6. 희喜는 壴(악기이름 주)+口(입 구)의 회의자로 북(壴)으로, 음악의 즐거움과 입(口)으로 느끼는 맛의 즐거움을 더해 즐겁다는 뜻이다.
노怒는 心(마음 심)+奴(종 노)의 형성자로 노비의 마음속에 분노한 마음을 나타낸다. 노奴는 女(여자 녀)+又(손 수)의 회의자로 여자를 잡아 일을 시키는 모습으로 종, 노

희·노·애·락의 정이 아직 발현하지 않은 것을 중中이라고 하고, 발현하여 모두 절도에 맞는 것을 화和라고 한다. 중이란 천하의 큰 근본이고, 화란 천하에 두루 미치는 도이다. 중·화를 이루면, 천지가 제자리에 있게 되고 만물이 육성된다.

비奴婢, 노력奴役 등의 뜻이다.

락樂은 『설문』에 따르면, 윗부분은 악기樂器(=搖鈴)의 모양을 형상화한 것이고, 아랫부분(木)은 목木자 모양의 악기의 자루(支架)를 형상한 글자이다. 즉 나무 자루가 달린 요령을 손으로 흔드는 모양을 본뜬 글자로, 요령을 흔들면 나는 소리로 신神을 즐겁게 해 준다는 뜻이다. 즐겁다고 할 때는 '락'으로, 음악音樂이라고 할 때는 '악'으로, 그리고 좋아한다고 할 때는 '요'로 발음한다.

절節은 竹(대 죽)+卽(곧 즉)으로 구성된 형성자로서 대나무가 원래 뜻인데, 이로부터 관절關節·골절骨節·근절筋節 등과 같은 말이 나왔다. 대나무는 마디마디 지어진 단계와 등급이 있다는 뜻에서 절도節度·절제節制라는 뜻이 있는데, 예절禮節이란 말은 바로 이것을 말한다.

애愛는 旡(목멜 기)+心(마음 심)+夊(뒤져서 올 치)의 회의자로 머리를 돌려(旡) 남을 생각하는 마음(心)을 실천하는(夊) 것이 사랑임을 그렸다. 은혜를 베풀다, 좋아하다, 흠모하다, 아끼다는 뜻이다.

본本은 나무(木)의 뿌리를 나타낸다. 근본根本, 일의 주체나 대종족, 본적本籍, 국가, 그리고 농업이라는 뜻도 나왔다.

화和는 口(입 구)+禾(벼 화)의 형성자로 원래는 龢(풍류 조화될 화)로 여러 개의 피리(龠)에서 나는 소리가 어울려 합치는 모습을 형상화했으나, 약龠이 구口로 줄어 오늘날의 화和로 되었다. 조화롭다, 화합하다, 화목하다, 강화를 맺는다는 뜻이다.

치致는 夊(칠 복)+至(이를 지)의 형성자로 회초리로 쳐(夊) 어떤 목적에 이르도록(至) 보내는 것을 말한다. 드리다, 봉헌하다, 알리다, 초치招致하다, 소집하다, 귀환하다의 뜻이다.

위位는 人(사람 인)+立(설 립)의 형성자로 사람(人)이 서 있는(立) 그곳이 자리이자 위치임을 그렸다. 이후 직위職位, 지위地位의 뜻이 나왔다.

육育은 子(아들 자)+月(육달 월)의 회의자로 갑골문에서는 막 출산을 끝낸 어미와 아이를 표현했으며, 소전으로 넘어오면서 자子를 거꾸로 뒤집은 이미지와 육肉(月)의 결합(자궁 속의 아기)으로 형태로 바뀌었다.

주자: 희·노·애·락은 정情이고, 그것이 아직 발현하지 않은 것은 성性이다. 치우치거나 기울어짐이 없기 때문에 중中이라 한다. 발현하여 모두 절도에 맞는 것은 정情의 바름이니, 어그러짐이 없기 때문에 화和라 한다. 큰 근본이란 천명의 본성이고, 천하의 이치가 모두 이로 말미암아 나오니 도의 본체이다. 두루 미치는 도란 본성에 따르는 것을 말하니, 천하고금이 함께 말미암는 것으로 도의 작용이다. 이는 성·정의 덕을 말하며, 도를 떠날 수 없는 뜻을 밝힌 것이다. 천지만물은 본래 한 몸이니, 나의 마음이 바르면 천지의 마음 또한 바르다. 나의 기질이 순順하면 천지의 기운 또한 순하기 때문에, 그 효험이 이와 같은 데에 이르게 된다.

다산: 이 절은 신독군자愼獨君子의 존심存心·양성養性의 지극한 공부를 말한 것으로 천하 사람들의 성정을 통론한 것이 아니다. 미발未發이란 희로애락의 미발이지, 마음의 지각·사려(心知思慮)의 미발이 아니다. 이러한 때에 당해서 삼가 조심하여 상제를 밝게 섬기되, 항상 신명이 방 깊숙한 모퉁이(屋漏)에 임재·조명하듯이 계신戒愼·공구恐懼하여, 그 마음이 지극히 공평함을 유지하고 그 마음을 지극히 바름에 처하여 외물이 이름에 대하는 것, 그것이 어찌 천하의 지극한 중(至中)이 아니겠는가? 이러한 때에 당하여 기뻐해야 하는 것을 보면 기뻐하고·노해야 하는 것을 보면 노하고, 마땅히 슬퍼해야 하면 슬퍼하고·마땅히 즐거워해야 하면 즐거워하는 것은 신독의 잠재된 공부가 있기 때문이니, 그러므로 일을 만나면 발현하는 것이 절도에 맞지 않음이 없으니, 이것이 어찌 천하의 지극한 화(至和)가 아니겠는가? 중화中和를 이룬 자는 지성至誠이다. 지성至誠은 천도이다. 지성한 사람은 하늘

과 덕을 합하니, 위로는 하늘을 다스릴 수 있고, 아래로는 땅을 다스릴
수 있다.

주자는 성·정에 대한 본체−작용의 입장에서 희·노·애·락의 미
발(未發: 性)과 이발(已發: 情)을 해석했다. 즉 희·노·애·락의 감정이
아직 발하지 않은 본체로서의 성은 치우치거나 기울지 않기 때문에
중中이라 하고, 그것이 드러나 모두 절도에 맞는 정을 화和라고 한다
는 것이다.

그런데 다산은 여기서의 미발이란 희로애락의 미발이지, 마음의
지각·사려의 미발이 아니라는 점에서, 미발 시에 중에 도달하고, 이
발 시에 화를 이루는 주체는 일반인이 아니라, 신독군자라고 보완해
서 설명했다. 『논어』 및 『대학』에서는 제시되지 않았던 성性의 발현으
로서 정情이라는 용어가 여기 『중용』에서 '희·노·애·락'이라는 용
어로 처음 출현하고 있다. 『중용』은 본래 『예기』의 한 편명이었던 것
을 주자가 독립시켜 사서四書의 하나로 표창한 것이다. 『예기』 「예운」
편에 '칠정七情'이란 용어가 처음 출현했다.

何謂人情, 喜怒哀懼愛惡欲七者, 弗學而能. 何謂人義, 父慈,
子孝, 兄良, 弟弟, 夫義, 婦聽, 長惠, 幼順, 君仁, 臣忠十者, 謂之
人義. 講信修睦, 謂之人利. 爭奪相殺, 謂之人患. 故聖人所以
治人七情, 修十義, 講信修睦, 尚辭讓, 去爭奪, 舍禮何以治之.
무엇을 일러 '사람의 정(人情)'이라 하는가? 희·노·애·구·애·오·
욕으로, 이 일곱 가지는 배우지 않아도 능히 할 수 있는 것이다. 무엇

을 일러 사람의 의로움(人義)이라고 하는가? 어버이는 자애롭고, 자식은 효도하며, 형은 아량이 넓고, 아우는 공경하며, 남편은 의롭고, 아내는 경청하며, 어른은 은혜롭고, 어린이는 순종하며, 임금은 인자하고, 신하는 충성스러운 것, 이 열 가지를 사람의 의로움이라 한다. 신의를 강습하고 화목을 닦는 것을 사람의 이로움이라고 하고, 다투어 빼앗고 서로 죽이는 것을 사람의 환난이라고 한다. 그러므로 성인이 사람의 일곱 감정을 다스리고, 열 가지 의로움을 닦으며, 신의를 강습하고, 화목을 닦고, 사양하는 것을 숭상하며, 다투어 빼앗는 것을 제거하는 방법으로 예禮를 버리고 무엇으로 다스릴 수 있겠는가?

희·노·애·구·애·오·욕의 '칠정七情'은 선천적인 것으로 배우지 않고도 능히 할 수 있는 것(弗學而能)이다. 그런데 칠정은 어떻게 발현되느냐에 따라 그 가치가 다르게 평가된다. 즉 신의를 강습하고 화목을 닦음에 의해 사람의 이로움이 되기도 하고, 혹은 다투어 빼앗고 서로 죽여서 사람의 환난이 되기도 한다. 따라서 사람의 선천적인 일곱 감정은 잘 조절(治)하여 열 가지 의로움을 잘 닦아야 하는데, 그것은 바로 예禮를 통해 이루어져야 한다. 여기서 우리는 후대에 많이 논의된 '칠정七情'의 기원을 확인할 수 있다.

8장

『중용』,
유교 윤리를 정립하다!

『중용』은 서로 다른 시각과 다양한 측면에서 이해·평가될 수 있다. 이 글은 유교의 윤리·도덕이론의 정립과 연관하여,『중용』의 과제와 의의를 제시하는 것을 목표로 한다. 이를 위하여 먼저, 이 책이 『논어』에서 제기된 천명天命과 인간의 덕德, 그리고 인성·인본·인문주의 이념을 발전적으로 계승하여, 유교의 도덕 형이상학을 온전히 정립했다는 점을 제시할 것이다. 다음으로『중용』은『서경』·『논어』에서 논의된 '중中'에 대한 언명을 단초로, '중용'을 도덕행위의 준칙으로 정립하여 학문으로서 유교 윤리학을 정립했다는 것을 기술하고자 한다. 마지막으로『중용』에 나타난 윤리·인간관이 철학사적인 맥락에서 어떤 의미를 지니는지를 살펴보고자 한다.

1. 도덕의 형이상학: 천명지위성天命之謂性

인간(人)이 되기 위해 필수(需)적인 것을 배우고(學), 가르치는(敎) 것을 표방한 유가는 여타 동물과 구별되는 인간의 고유 본성을 중시했다. 유가가 중시한 인간의 고유 본성은 도덕적인 개념이라는 점에서 현실의 인간에 대한 사실기술이 아니라, 당위적인 인간의 이념 혹은 이념적 인간 규정이다. 따라서 유교 혹은 유학이란 "당위적으로 요구되는 이념적 인간이 되도록 필수적인 것을 가르치고, 인간의 이념을 실현하기 위하여 필수적인 것을 배우고 익히는 이념체계"라고 규정할 수 있다. 유교는 그 어느 종파보다도 "인간의 이상 혹은 이상적 인간"의 문제를 제기하고, 완성된 인간으로 인간답게 사는 길인 당위적 차원의 도덕·윤리를 정립하려고 노력하고, 인본·인도·인문주의를 표방했다. 이념으로서 인간 혹은 인간의 이념과 당위적인 인간의 길(도덕, 윤리)을 문제시할 때에 학적으로 '인간의 이념과 인간의 길이 어디에서 유래하였는가?' 하는 그 근거를 묻는 도덕(윤리)의 형이상학으로 진입하게 된다.

'도덕 형이상학의 정립'이란 인간의 도덕 원리 및 행위 규범(人道)을 궁극자인 형이상자에 토대를 두고 연역적으로 구성하여 도덕이론을 정당화하는 것을 말한다. '도덕의 형이상학'이라는 말은 칸트의 어법이지만, 일반적으로 "만물을 지배하는 '신성한 존재 혹은 법칙'이 있고, 이 법칙이 인간의 도덕과 인간관계에 토대를 제공한다."는 주장은 장소와 문화에 따라 양상을 달리하지만, 전근대적 세계관 일반이 공유하고 있던 사유방식이다. 예컨대 플라톤이 '선善의 이데아'로서 태양을 "가시적 세계에는 빛과 주인을 주고, 예지적 세계에는 그 자신이 주인이 되어 우리가 진리를 통찰할 수 있도록 이끌어 주는 인식과 진리의 기원"이며, "모든 면에서 가장 선한 자로서 무질서를 질서 짓고" "단순히 만물 중의 하나의 사물이 아니라, 장엄함과 힘에 있어서 모든 존재자를 초월한다."[1]고 말한 것은 존재론과 윤리학을 통일하는 도덕 형이상학 혹은 존재론적 윤리학의 전형이라 할 수 있다. 유교에서 『중용』이 바로 유교적 도덕(윤리) 형이상학을 온전히 정립한 최초의 저술이라고 할 수 있다.

유교에서 모든 존재의 궁극 근원과 기원은 '천天(一+大)'으로 일체를 포괄하는 하나의 큰 궁극 존재, 혹은 우주 그 자체로서 그 자체 내에 하늘과 땅(二), 그리고 사람(人)까지 전부 포섭하는 개념(天=二+人)이라고 볼 수도 있다. 그런데 '천天' 자는 갑골문에서 머리가 돌출된 사람의 형상을 나타내는 것으로 출발하여 점차 그 의미가 확장되어, "머리를 형상화하는 것이라는 점에서 '높음(高)'의 의미를 지니고, 그 다음에 '넓고 크다(廣大)'는 의미를 지니고, 점차 가치론적인 의미가 첨가되어 존경과 외경의 대상이 되었다."[2] 학자들은 전통문헌에 나타난 천을 다양한 개념(物質天, 自然天, 主宰天, 運命天, 義理天, 造生天, 載行之, 啓示天, 審判天 등)으로 논의하지만, 여기서는 인간 본성(性)과 연관된 도덕

---

1. Politeia 517c, 508e, 509b, Timaios, 30a 등.
2. 최영찬 외, 『동양철학과 문자학』 아카넷, 2003, 196쪽.

의 근원으로서 천 개념을 주로 살피고자 한다. 유교 역사상 천과 인간 본성을 연관시켜 논의하는 단서를 제공한 최초 인물은 공자였으며, 『중용』의 작자는 공자가 제시한 언명을 실마리로 하여, 양자를 곧바로 연결시킴으로써 인성에 대한 형이상학적 토대를 정립했다.

우리의 주장을 정당화하기 위하여, 먼저 공자의 형이상학적 궁극 존재인 천과 인간의 문제에 대한 몇 가지 언명을 살펴보도록 한다.

> 나는 말을 하지 않으려고 한다. … 하늘이 무슨 말을 하던가? 사시가 운행되고 온갖 만물이 생장하는데, 하늘이 무슨 말을 하던가? … 하늘이 나에게 덕을 주셨다. …나를 아는 자가 없을 것이다. … 하늘을 원망하지 않고, 남을 탓하지 않고, 아래로 인사를 배워 위로 하늘과 통했으니, 나를 아는 자는 하늘일 것이다.[3]

위의 구절들을 살펴보면, 공자는 우선 궁극 존재인 하늘을 사시를 운행하고 만물을 생장하게 하는 만물의 근원(根源天)으로 제시함과 동시에, "하늘이 나에게 덕을 주셨다."고 말하여, 하늘을 도덕의 원천(道德天, 義理天)이라고 말했다. 나아가 인간은 만물과 도덕의 근원인 하늘에 통달할 수 있다(上達)고 말하면서, 쉰에 이르러 천명을 인식하였다고 술회했다.[4] 그리고 이러한 천명이 이념적 인간인 군자를 소인과

----

3. 『논어』 17:19. "子曰 予欲無言 …天何言哉 四時行焉 百物生焉 天何言哉." 7:22. "子曰 天生德於予." 14:37. "子曰 莫我知也夫 子貢曰 何爲其莫知子也 子曰 不怨天 不尤人 下學而上達 知我者 其天乎."
4. 『논어』 2:4. "五十而知天命."

구별하는 관건이 된다고 말했다.

> 명을 알지 못하면, 군자가 되지 못한다. …군자는 형이상(天)에 통달하
> 지만, 소인은 형이하에 통달한다. … 군자는 세 가지 두려워하는 것이
> 있는데, 천명을 두려워하고, 대인을 두려워하고, 성인의 말씀을 두려
> 워한다. 소인은 천명을 알지 못하여 두려워하지 않으니, 대인에게 버
> 릇없이 굴고, 성인의 말씀을 업신여긴다.[5]

공자는 인간의 덕이 하늘에서 유래했다는 것과 천명의 인식(知天命)
이 인간의 자기완성과 연관되어 있다는 점을 제시했다. 그렇다면 공
자는 궁극존재와 인간 본성을 어떻게 말하고 있는가? 『논어』에 나타
난 '성性'에 대한 언명은 다음 두 차례에 불과하다.

> 자공이 말했다. "선생님의 문장은 볼 수 있지만, 선생님께서 성과 천도
> 를 말씀하는 것은 알아들을 수 없었다."[6]
> 공자께서 말씀하셨다. "성性은 서로 비슷하나, 습習은 서로 멀다."[7]

공자는 이익과 같은 비도덕적인 개념과 고원한 형이상적 개념에 대
해서는 가급적 언급을 자제하고, 일상에서 몸소 도덕을 실천하는 데

----

5. 『논어』 20:3. "不知命 無以爲君子." 4:24. "君子上達 小人下達." 16:8. "孔子曰 君子
   有三畏 畏天命 畏大人 畏聖人之言 小人不知天命而不畏也 狎大人 侮聖人之言."
6. 『논어』 5:12. "子貢曰 夫子之文章 可得而聞也 夫子之言性與天道 不可得而聞也."
7. 『논어』 17:2. "性相近 習上遠也"

에 노력을 기울였다. 그래서 "공자께서는 이利와 명命, 그리고 인仁에 대해서 드물게 말씀하셨다"[8]고 한다. 여기서 관건은 "성은 서로 비슷하나, 습은 서로 멀다."는 구절이다. 이 구절은 연이은 "오직 상지와 하우만이 옮겨갈 수 없다."[9] 혹은 "나면서 아는 자는 상지이고, 배워서 아는 자는 그 다음이며, 막혔으나 배우는 자는 또 그 다음이며, 막혔으면서도 배우지 않으면 민으로서 하우가 된다."[10] 및 "중인 이상은 형이상을 말할 수 있으나, 중인 이하는 형이상을 말할 수 없다."[11]와 연관하여 후대의 많은 논란을 불러일으켰다.

공자는 현재 문헌상 비교적 후기에 '성性' 개념을 도입하여 인간 본성에 대한 논의의 단서를 제시했으나, 이를 명확히 궁극 존재인 천과 연관시켜 제시하지 않았다. 그러나 단순히 자연적인 생물학적 신체를 지시하는 '생生' 개념을 넘어서, 공자가 성 개념을 도입했다는 것은 철학적으로 중대한 의미를 지니는데, 그것은 바로 인간을 자연적 · 생물학적 차원의 동물을 넘어서, 도덕적 · 인격적 차원의 인간의 자기 정립을 가능하게 하는 원천이 되었다는 것이다. 공자가 제시한 인격 존재, 즉 '인간의 명命을 자각한 군자란 다음 아닌 도덕적 차원의 인간의 이념 혹은 이념적 인간을 말한다고 할 수 있다.

『설문』에서 '성性'이란 "심心 자에 의미 중심으로 두고 생生 자에 따

----

8. 『논어』 9:1. "子罕言利與命與仁."
9. 『논어』 17:3. "唯上知與下愚 不移"
10. 『논어』 16:9. "孔子曰 生而知之者 上也 學而知之者 次也 困而學之 又其此也 困而不學 民斯爲下矣"
11. 『논어』 6:19. "子曰 中人以上 可以語上也 中人以下 不可以語上也"

라 발음하는데, 사람의 양기陽氣로서 성性은 선하다."[12]고 했다. 그런데 '심心'과 '생生'으로 구성된 '성性' 개념이 사유능력이나 도덕적 판단 능력을 의미하는 '심心'과 태어나면서부터 지니는 자연적 욕구 혹은 본능을 의미하는 '생生'의 결합이라는 점에서, 어느 쪽에 비중을 두느냐에 따라 그 의미가 달리 해석될 수 있기 때문에[13] 이른바 '인성론 논쟁'이 제기될 수밖에 없었다.

일반적으로 '성性'이란 용어는 '생生, generation, growth, life' 개념에서 파생되어 BC 4세기경에 중요한 철학적 개념으로 정착하였다. 공자로부터 맹자에 이르기까지, 이 개념의 형성에 중요한 매개가 되었던 인물은 양생학파로 위아주의자인 양주(楊朱, BC 440 ~ BC 359)였다.[14] 공적인 규범과 명예를 가볍게 여기고, 개인적인 생生(命)을 중시한 양생학파는 성性을 ① 사물에 고유한 생물학적 과정으로서, ② 외부로부터 방해가 없고 적절하게 배양되었을 때 사물에서 관찰 가능한 '자연적 사실'로 제시하였다. 이들이 말하는 성性이란 기본적으로 인간과 동물이 공유하는 식·색·안일 등과 같은 생물학적인 본능 혹은 욕구만을 의미한다는 점에서, (금수와 구별되는) 인간의 고유 본성을 간과했다.

---

12. 湯可敬 撰, 『說文解字今釋』, 岳麓書社, 2005, 1439쪽. 「性자부」, 人之陽氣性善也. 從心 生聲.
13. 안영상, 「본연지성 기질지성」 『조선유학의 개념들』, 예문서원, 2003, 171-2쪽 참조.
14. A. C. Graham, 「The Background of the Mencius Theory of Human nature」, Studies in Chinese Philosophy and Literature, The Institute of East Asian Philosophies, 1986 참조.

이와 동시에 당시에는 성性에 아무런 관심을 보이지 않으면서 오로지 이익에 기반한 공리주의적 윤리설(義=利)을 정립한 묵가들이 세력을 형성하고 있었다. 이러한 생물학적 인성론과 공리주의자들의 도전에 직면해서 유교적인 도덕적 인성론을 정립할 필요성이 제기되었다. 이러한 문제의식에서 『중용』의 작자는 공자의 언명을 단서로 해서, 도덕의 근원인 하늘의 명령과 인간 본성을 동일시함으로써 유교적 인성론을 최초로 정립했다. 이런 이유에서 『중용』의 수장은 천명과 성性, 도道, 그리고 교敎의 관계를 명시하는 것으로 출발한다.

천명을 성이라고 하고, 성에 따르는 것을 도라고 하고, 도를 닦는 것을 교라고 한다.[15]

『중용』은 도덕적인 천명과 인성을 직접 연결(하늘이 부여한다는 측면에서는 '명'이고, 인간과 만물이 부여받았다는 측면에서는 '성'이라 한다)함으로써 도덕의 형이상학을 정립한다. 이러한 인성에 대한 도덕 형이상학적인 정초를 하였기 때문에, 유교는 윤리에 대한 독자적인 형이상학을 지닌 완성된 학파로 성장했다. 유가의 종지를 나타내는 이러한 선언 이래, 도덕적인 인간의 '성'개념은 특히 맹자 이래 인간의 정체성 문제를 가장 중요시한 유가 내에서, 그리고 유가와 다른 학파를 변별하는 가장 중요한 기준이 되어 왔다.

그렇다면 왜 이러한 도덕의 형이상학에 의한 인성론의 정립이 학문

----

15. 『중용』 1장. "天命之謂性 率性之謂道 脩道之謂敎."

적 · 학파적으로 요청되는 것일까? 그것은 인간의 문제란 인간이 일상에서 실증적으로 보고 · 듣고 · 느끼고 · 지각하여 분석할 수 있는 실증적인 존재 · 인식 · 언어 등의 현상에 그치지 않고, 당위와 이상의 차원과 관련되어 있기 때문이다. 모든 현상의 근저에는 그 본질이 개입되어 있으며, 인간은 모든 현상의 근거와 기원을 추구하는데, 이 때문에 인간은 형이상학적 존재homo-metaphysicum로 규정하기도 한다. 데카르트의 다음과 같은 말은 형이상학의 학문적 위치와 중요성을 잘 말해주고 있다.

> 이리하여 학문 전체는 한 그루의 나무에 비유할 수 있으니, 그 뿌리는 형이상학(제일학문)이고, 그 둥치는 물리학(자연학)이며, 이 둥치에서 뻗어 나온 가지들은 여타 학문 전체이다.[16]

과학科學[17]이 인간의 감각기관에 의해 측정되는 그 무엇을 실험과 관찰을 통해 계량하여 거기에서 유래하는 일반적인 법칙을 발견하여 인간에게 유용한 어떤 지식을 확보하는 것을 목표로 한다면, 형이상학은 측량하는 잣대의 자기-정당성에 관한 학문이라고 할 수 있다. 형이상학이 있기에 모든 존재는 누구에 의해 왜 거기에 그렇게 있는지, 인식은 어떻게 해서 가능한지, 인간은 왜 그렇게 판단하고 행위

----

16. R. Descartes, The Philosophical Works of Descartes, trans. E. S. Handane & G. R. T. Ross, Cambridge Univ Press, 1979, p. 211.
17. '科'자는 '禾(벼)' + '斗(말)'의 합성어로 '벼를 말로 측량한다'는 뜻이다.

하고 질서를 이루고 살아야 하는가 하는 문제에 대한 해답이 주어질 수 있다. 이런 의미에서 전통사회에서는 형이상학이 정립되어야 비로소 독자적인 학파가 완성되었다고 할 수 있는데, 유교에서는 『중용』이 이러한 과제를 수행하였다.

2. 도덕행위의 준칙: 솔성지위도率性之謂道

　'Meta-physics'라는 단어는 원래 아리스토텔레스의 저서를 분류하는 데에서 유래되었다. 거기서 아리스토텔레스는 후대에 형이상학이라고 일컬어지는 제일학문을 ① 존재자로서 존재자, 존재자 일반, ② 만물의 제일원인과 원리가 되는 신神, 사물의 제일원리에 관한 학으로 정의했다.[1] 중세를 지나면서 'Meta-physics'는 meta(뒤 → 넘어섬, 초월) + physics(자연학)의 합성어로, 자연을 넘어서는 것에 관한 학문, 즉 초월적인 것에 관한 학문을 의미하게 되었다. 동양에서는 이 용어를 『주역』「계사전」의 "형상을 넘어서는 것을 일컬어 도라 하고, 형상을 지니고 있는 것을 일컬어 기器라 한다."[2]는 구절에 착안하여, '형이상학'으로 번역하였다. 요컨대 유교적 형이상학은 바로 도에 관한 학문이며, 도에 따르는 행위가 선하다고 말한다. 그래서 『주역』「계사전」에서는 다음과 같은 말을 덧붙이고 있다.

---

1. "자연에 의해 형성된 것과 구별되는 다른 어떠한 실체들이 존재하지 않는다면, 자연학은 제일학문일 수 있다. 그러나 부동不動의 실체(神)가 존재한다면, 이는 선천적인 것이며, 부동의 실체에 관한 학문은 제일철학일 수 있으며, 그리고 이런 방식으로 그것이 '먼저'라는 사실에서 보편적일 수 있다. 그리고 존재자로서 존재자, 즉 존재자란 무엇이며, 그리고 존재자로서 존재자에 귀속하는 것이 무엇인지를 탐구하는 것이 이 학문의 관심사일 수 있다." Aristotle, Metaphysics, E. 1, 1026a 15~16.
2. 『주역』「繫辭上傳」"形而上者謂之道 形而下者謂之器."

(만물이) 한 번 음했다가 한 번 양하는 근거(所以)를 도라고 하고, 이 도를 계승하는 것이 선하며, 그것을 이루는 것이 성性이다.[3]

유교적 도덕 형이상학에서 도(길)란 만물의 존재근거(所以然之故)이면서, 인간이 마땅히 따라야 할 행위의 준칙(所當然之則)이다. 궁극 존재로서 만물의 존재근원이면서 도덕의 가능근거가 되는 하늘은 그 자체로 선하며, 천명으로 부여받은 만물의 본성 또한 선하며(性善), 나아가 선한 존재근거에서 유래하는 당위적 준칙에 따르는 행위 또한 도덕적으로 선하다. 다시 말하면 당위적 준칙에 따른 도덕적 행동은 선하며, 이러한 선한 행동에 의해 실현되는 것은 만물에 주어진 본성이며(成之者性), 그 본성은 궁극 존재의 명령으로 우리에게 주어져 있다.

일반적으로 선이란 악과 상대되는 개념으로 도덕 실천상의 가치를 나타낸다. 그런데 유교에서 악이란 독자적 실체가 아니라, 품부된 본성을 온전히 실현하지 못하거나 왜곡하는 것이다. 예컨대 도덕적 선이란 하늘의 도를 계승하는 것(繼之者善) 곧 인간이 천으로 부터 부여받은 인성을 남김없이 실현하여 천의 화육·역운에 동참하는 것이라면, 악이란 선의 결핍으로서 부여받은 인성을 왜곡하거나 온전히 실현하지 못하는 것이다.

『설문』에 따라 '선善' 자의 원초적 의미를 살펴보면, "① 길吉한 말이 선하기 때문에 두 개의 언(言言)자를 따른 것이며, ② 의義·미美 자와 같이 양羊자를 따랐다. 양羊은 길상吉祥한 것이기 때문에, 선善·의

3.『주역』「繫辭上傳」"一陰一陽之謂道 繼之者善 成之者性也."

義·미美는 동일한 근원에서 나와서 같은 의미를 지닌다."[4] 어쨌든 선善이란 길상한 것으로 옳고(義) 아름다운 것(美)이다. 서양철학에서도 선(좋음)이란 모든 존재, 특히 이성적 윤리적 존재자인 인간이 추구해야할 궁극 목적으로 간주되어 왔다. 그래서 서양 윤리학의 최고 고전인 아리스토텔레스의 『니코마코스 윤리학』은 "모든 기예와 탐구, 그리고 모든 행위와 선택 또한 어떤 선(좋음)을 목표로 하고 있는 것으로 생각된다. 그렇기 때문은 사람들은 선을 모든 것이 추구하는 것이라고 옳게 규정해왔다."[5]는 유명한 언명으로 시작했다. 맹자 또한 아리스토텔레스와 거의 같이 '선이란 추구할 만한 목표'라고 말하면서, 이를 인간의 본성과 연관시키고 있다.

> 가치상 추구할 만한 것을 선이라 하고, 이 선한 것을 인간이 지니고 있으면 믿음직하다(信)고 하고, 선에 충실하여 빛나는 사람을 일러 크다(大)고 하며, 크면서 변화되었으면 성聖스럽다고 하고, 성스러우면서 알아볼 수 없는 경지에 도달하면 신령스럽다고 한다.[6]

맹자에 따르면, 인간이 실현해야 할 목표로서 선한 가치를 지닌 것

---

4. 湯可敬 撰, 『說文解字今釋』, 善字部. 366-7쪽. "善吉也 從言言 從羊 此與義美同意." … ① 言言 言也. 吉言爲善 故從言言. ② 義與美均從羊 羊 祥也 故此三字同一意義.

5. Nichomachean Ethics, 1094a.

6. 『맹자』 7하:25. "浩生不害問曰 樂正子, 何人也 孟子曰 善人也, 信人也 何謂善 何謂信 曰可欲之謂善 有諸己之謂信. 充實而有光輝之謂大 大而化之之謂聖 聖而不可知之之謂神."

이 인간의 본성이며, 이러한 선한 본성을 어떻게 실현하느냐에 따라 신인信人 · 대인大人 · 성인聖人 · 신인神人으로 도약 · 변화된다. 이와 마찬가지로 『중용』에서는 "천명을 일러 성이라 하고, 이 성에 따르는 것을 도라고 한다."고 규정한 후, "인仁이 인간의 본성이며 그 인한 본성을 부여한 존재는 하늘이기 때문에, 인간의 본성을 알고자 하면 궁극적으로는 하늘을 알지 않을 수 없다."고 말한다. 이렇게 인간이 가야할 길(道)은 인간이 타고난 본성에 따르는 행위이기 때문에, 인간으로 생존하는 한 결코 방기될 수 없다. 그래서 『중용』에서는 "도란 잠시도 떨어질 수 없으며, 떨어질 수 있다면 도가 아니다."[7]고 했다.

인간이 걸어가야 하는 도덕의 길은 먼저 자신이 품부 받은 인仁한 인간 본성을 밝게 인식(明乎善)하고, 그 본성으로 자신을 수양하는 데에서 출발하여,[8] 관계적 상황에서 해야 할 도리를 온전히 다하여 부여받은 선한 본성을 남김없이 실현하고, 타자의 본성 또한 남김없이 실현할 수 있도록 하여, 궁극적으로 천지의 화육 역사에 동참하는 데에서 완성된다. 인간이 명실상부하게 올바르게(正=ㅡ+止 : 하늘에 나아가 머물러 있음, 곧 천명에 부합하는 사람을 살고 있음) 삶을 영위하기 위해서는 인간의 본성에 따라야 하는데(率性), 인간의 본성에 따라 사는 것이 바로 도덕의 준칙으로서 인간의 길(人道)이다. 그런데 『중용』에서는 '천명

---

7. 『중용』 1장. "天命之謂性 率性之謂道 脩道之謂敎 道也者 不可須臾離也 可離 非道也."
8. 『중용』에서 "인간의 본성의 덕은 仁다, 따라서 선하다(性善)"고 주장하는 것은 20장의 다음 구절로 알 수 있다. "故爲政在人 取人以身 修身以道 修道以仁 … 在下位 不獲乎上 民不可得而治矣 獲乎上 有道 不信乎朋友 不獲乎上矣 信乎朋友 有道 不順乎親 不信乎朋友矣 順乎親 有道 反諸身不誠 不順乎親矣 誠身有道 不明乎善 不誠乎身矣."

의 성'이란 바로 중中(庸)을 의미하며,[9] 따라서 인간의 본성에 따른 인간의 길을 가는 것은 곧 중용을 지키는 것이다.[10] 바로 이런 이유에서 『중용』수장을 뒤이은 2-3장에서는 다음과 같이 말한다.

공자께서 말씀하셨다. "군자는 중용을 행하고, 소인은 중용에 반대되게 행한다. 군자의 중용이란 군자의 덕을 갖추고 있으면서 때에 알맞게 행함(時中)이고, 소인은 중용에 반대되게 행한다는 것은 소인으로서 기탄없이 행한다는 것이다. 중용은 지극한 도리일 것이다."[11]

유교의 원리에 따르면, 인간의 도덕적인 길(人道)은 궁극 근원인 하늘의 길(天道)을 본받는 것이며, 하늘은 표준으로서 '중中'이며, 이 중으로서의 하늘은 만물의 대본이다.[12] 유교에서는 '중中' 개념을 통해 도통론을 제시했는데, 이는 『서경』「대우모」와 『논어』의 「요왈」편에 반복적으로 기술되어 있다.

제帝께서 말씀하셨다. "우야, … 하늘의 역수가 너의 몸에 있으니, …

- -

9. 다산은 다음과 같이 말했다. "中이란 天命의 性이다. 사람의 性은 지극이 善하니 이 性을 잡고 지킬 수 있으면 천하가 仁으로 돌아간다." 『여유당전서』 II-16, 32, 「논어고금주」.

10. 『중용』 4:1. "子曰 道之不行也 我知之矣 知者過之 愚者不及也 道之不明也 我知之矣 賢者過之 不肖者不及也."

11. 『중용』 2-3장. "仲尼曰 君子中庸 小人反中庸 君子之中庸也 君子而時中 小人之中庸也 小人而無忌憚也. 子曰 中庸 其至矣乎."

12. 『중용』 1:4. "中也者 天下之大本也 和也者 天下之達道也 致中和 天地位焉 萬物育焉."

인심은 위태롭고 도심은 은미하니, 오직 정성스럽고 한결같이 하여 진실로 그 '중'을 잡아라. … 온 천하가 곤궁하면 천록이 영원히 끊어질 것이다."[13]

요임금께서 말씀하셨다. "순아, 하늘의 역수가 너의 몸에 있으니, 진실로 그 중을 잡아라. 온 천하가 곤궁하면 천록이 영원토록 끊어질 것이다." 순임금도 우임금에게 또한 그것으로써 명령하셨다.[14]

『서경』과 『논어』의 이 구절을 계승하여 『중용』에서는 다음과 같이 말하고 있다.

공자께서 말씀하셨다. "순임금은 크게 지혜로운 사람일 것이다. 순임금은 묻기를 좋아하시고, 가까운 말도 살피기를 좋아하시고, 악을 숨기고 선을 선양했으며, 양 극단을 잡으시고 그 중中을 백성에게 썼으니, 이것이 바로 순임금이 되신 까닭이다."[15]

『중용』은 이렇게 '중'을 도통의 근원으로 유교의 입장을 계승·집대성했기 때문에, 후대 주자는 「서」에서 "『중용』이란 책은 자사자께서

---

13. 『서경』「大禹謨」 "帝曰 來禹 … 天之曆數 在爾躬 … 人心惟危 道心惟微 惟精惟一 允執厥中 …四海困窮 天祿永終."
14. 『논어』 20:1. "堯曰 咨爾舜 天之曆數 在爾躬 允執厥中 四海困窮 天祿永終 舜亦以命禹."
15. 『중용』 6:1. "子曰 舜其大知也與 舜好問而好察邇言 隱惡而揚善 執其兩端 用其中於民 其斯以 爲舜乎."

도학의 전수를 잃을까 근심하여 지은 것이다. 대개 상고 시대에 성·신인이 하늘을 계승하여 표준을 세우면서 도통의 전수가 비롯되었다."라고 말했다. 그렇다면 도를 행하는 요체이자 지극한 최상의 원리로서 인간의 선한 행위의 표준이 되는 '중中'이란 무엇인가?

『설문해자』에 따르면, "중中은 '곤丨'과 '구口'로 구성되어 사방으로 둘러싸인 안(口)의 가운데를 관통(丨)함을 나타내는 지사문자 혹은 씨족사회를 상징하는 '깃발(旗)'을 의미한다."[16] 나아가 중中은 치우침(偏)과 구별되면서도, 다른 것들과 알맞은 상태에 놓여 있는 것(合宜)을 말한다. 결국 '중中'이란 자타·내외와 연관하여 상대적으로 판단·설정되는 것으로, 자기의 변동에 따라 외변의 한계가 달라지고, 또한 외변의 변이에 따라 중中의 위치도 옮겨질 수 있기 때문에, 고정되거나 불변하는 어떤 것일 수는 없다. 그리고 '용庸'이란 일반적으로 용用(執其兩端 用其中於民, 6장)·항상恒常(庸敬在兄: 『맹자』 告子上)·평상平常(庸德之行 庸言之謹, 13장) 등의 의미를 함께 지닌다.[17] 그런데 『장자』의 다음 구절은 아마도 '용庸'이 지닌 의미를 종합적으로 제시해 준다.

오직 달達한 자만이 통通하여 하나(一)가 된다는 것을 안다. 그러므로 상대적인 인식을 쓰지 아니하고(不用), 만물이 항상 그러한 본래적 모습대로 놓아둔다(寓諸庸). 그런데 항상 그러한 본래적 모습을 뜻하는 용庸이란 용용用(쓰임, 기능)의 뜻이 있다. 그래서 만물이 제각기 기능과 쓰임

---

16. 湯可敬 撰, 『說文解字今釋』, 岳麓書社, 2005, 60~61쪽.

17. 楊祖漢(황갑연 역), 『중용철학』, 서광사, 1999, 29~30쪽 참조.

을 발휘하게 되면, 통通하게 된다. 통通하게 되면 일체만물이 자신의 삶을 향유하는 득得의 경지에 이르게 된다. 득得의 경지에 이르게 되면, 만물은 자기존재를 완성하게 된다.[18]

'용庸'이란 자연 그대로의 본질적 모습으로 항상恒常 작용 혹은 기능을 발휘하면서(用), 만물과 감통하여 자신의 삶을 온전히 누리며 완성하는 것이다. 그렇다면 중용이란 자신의 본성(中=天命之性)을 항상恒常 작용(사용)하면서 만물과 감통하면서 온전한 자신의 삶을 얻어(得) 자아를 완성하는 것이다. 『중용』은 바로 이런 의미의 '중용'을 도덕 행위의 준칙으로 본격으로 정립한 고전이다. 물론 이러한 중용사상은 앞서 인용한 「요왈」편 이외에 『논어』에서도 몇몇 단서가 나타나 있다. 다음이 그 예이다.

공자께서 말씀하셨다. "중용의 덕은 지극한 것이로다! 그러나 이 덕을 지닌 이가 적은 지 오래다."[19]

자공이 물었다. "사와 상 가운데 누가 더 현명합니까?" 공자께서 말씀하셨다. "사는 지나치고 상은 미치지 못한다." 물었다. "그렇다면 사가 우월합니까?" 말씀하셨다. "지나친 것은 모자라는 것과 같다."[20]

----

18. 『莊子』「齊物論」, "唯達者知通爲一, 爲是不用而寓諸庸. 庸也者, 用也. 用也者, 通也. 通也者, 得也. 因是已. 已而不知其然, 謂之道."
19. 『논어』「옹야」, 子曰 中庸之爲德也, 其至矣乎 民鮮久矣.
20. 『논어』「선진」, 子貢問 師與商也孰賢 子曰 師也過, 商也不及 曰然則師愈與 子曰 過

공자께서 말씀하셨다. "중용을 행하는 사람을 얻어 함께 할 수 없다면, 반드시 뜻은 높으나 행실이 따르지 못하는 사람과 앎은 미치지 못하지만 지킴은 남음이 있는 사람과 함께 할 것이다."[21]

공자께서 말씀하셨다. "내가 아는 것이 있는가? 아는 것이 없도다. 비부가 나에게 물으면, 텅텅 비었다고 하더라도 나는 그 양쪽 끝을 잡아다 밝혀 준다."[22]

『논어』에 나타난 이러한 구절들은 중용이 최상의 덕이라는 것을 전제하면서, 과過·불급不及이 없는 행위의 표준이며, 극단을 지양한 최적의 종합이라는 것을 말해 준다. 그러나 『논어』에는 더 이상의 구체적인 상세한 논의는 없다.

『중용』의 중은 ① 성性·정情상 중화中和의 중中, ② 행위상 중용의 중中, ③ 시중지도時中之道 등으로 상세히 논구되어, 『논어』보다 한층 심화되어 나타났다. 먼저 '중화의 중(中和之中)'이란 마음의 본성과 정감과 연관하여 제기된 것으로 마음의 평형상태를 의미하는데, 『논어』에서는 전혀 제기되지 않았다. 이와 연관하여 『중용』에서는 다음과 같이 말하고 있다.

- -

猶不及.

21. 『논어』「자로」, 子曰 不得中行而與之 必也狂狷乎 狂者進取 狷者有所不爲也.

22. 『논어』「자한」, 子曰 吾有知乎哉 無知也 有鄙夫問於我 空空如也 我叩其兩端而竭焉.

희로애락의 감정이 아직 피어나지 않는 것을 일러 '중中'이라 하고, 피어나 모두 절도에 맞는 상태를 '화和'라고 한다. '중中'이란 천하의 대본이고, '화和'는 천하에 두루 달통하는 도이다. '중·화'를 이루면, 천지가 제자리에 위치하고, 만물이 육성된다.

마음의 본성 및 감정과 연관했을 때의 '중화中和'란 먼저, 미발未發일 때 평형平衡의 중中을 이루고, 이발已發일 때 절도에 맞는 최적의 상태(中節)에 도달하여, 궁극적으로는 우주적인 대조화大調和(天地位焉 萬物育焉)를 이루는 것을 목표로 한다.

다음으로, 행위상의 '중용의 중(中庸之中)'이란 과過·불급不及이 없으면서도 양극단을 지양한 행위의 표준을 말한다.[23] 이러한 중용 개념은 『논어』에서도 일부분 제시되었지만(특히 「선진」), 『중용』에서는 은비론隱費論(體用論)으로 제시하여 비근하게는 부부관계에서부터 시작하여 우주의 모든 차원에 통용되는 보편 원리로 정립되었다.

군자의 도는 넓고도 은미하다. 부부와 같이 평상平常한 관계에서는 어리석은 사람도 알 수 있고 행할 수 있지만, 그 지극한 데에 미쳐서는 비록 성인도 알 수 없고 행할 수 없다. … 군자의 도는 부부에게서 단서가 시작되어, 그 지극한 데에 미쳐서는 천지에 밝게 드러난다.[24]

----

23. 『중용』 4~6장. "子曰 道之不行也 我知之矣 知者過之 愚者不及也 道之不明也 我知之矣 賢者過之 不肖者不及也 人莫不飮食也 鮮能知味也 子曰 道其不行矣夫子曰 舜其大知也與 舜好問而好察邇言 隱惡而揚善 執其兩端 用其中於民 其斯以 爲舜乎."
24. 『중용』 12장. "君子之道 費而隱 夫婦之愚 可以與知焉 及其至也 雖聖人 亦有所不知焉

나아가 『중용』은 인간이란 관계적-사회적 존재인 한에서 시공적인 상대적 상황과 처지에 속에 놓일 수밖에 없고, 여기서 입각하여 중용의 논리를 적용해야 하며, 지智·인仁·용勇과 같은 세 가지 덕이 필요하고, 나아가 이러한 인간관계와 세 가지 덕을 얻기 위해서는 '성誠'하는 것이 필요하다고 역설한다.

> 천하에 보편적인 도가 다섯이 있는데, 그것을 행하는 방법은 셋이다. 말하자면, 임금과 신하, 어버이와 자식, 지아비와 지어미, 형과 아우, 벗과의 교제 등과 같은 다섯 가지는 천하에 보편적인 도이다. 지智·인仁·용勇은 천하에 보편적인 덕인데, 이 덕을 행하는 방법은 하나이다. 혹 나면서 도리를 알고, 혹 배워서 도리를 알고, 혹 경험하여 도리를 아는데, 그 도리를 알게 되면 한 가지로 같다. 혹 도리를 편안히 행하고, 혹 이롭게 여겨서 행하고, 혹 힘써 노력하여 행하지만, 그 공을 이룸에 미쳐서는 한 가지로 같다.[25]

임금과 신하, 어버이와 자식, 지아비와 지어미, 형과 아우, 벗과의 교제 등과 같은 천하에 보편적인 다섯 가지 도는 맹자에 의해 오륜

夫婦之不肖 可以能行焉 及其至也 雖聖人 亦有所不能焉 天地之大也 人猶有所憾 故君子語大 天下莫能載焉 語小 天下莫能破焉 君子之道 造端乎夫婦 及其至也 察乎天地."

25. 『중용』 20장. "天下之達道五 所以行之者三 曰君臣也 父子也 夫婦也 昆弟也 朋友之交也 五者 天下之達道也 知仁勇三者 天下之達德也 所以行之者 一也 或生而知之 或學而知之 或困而知之 及其知之 一也 或安而行之 或利而行之 或勉强而行之 及其成功 一也."

五倫으로 구체화되었다.[26] 이러한 다섯 가지 보편적인 도(五達道)와 연관하여 중용을 체용론적으로 해석하면, 이중적인 의미를 지니면서도 하나의 통일적 목표를 지향함을 알 수 있다. 먼저, 인간이 명실상부한 진정한 인간으로서 존재하기 위해서는 보편적인 인간의 본성을 구현하는 삶을 영위해야 한다는 인간일반의 이념으로서 중용이 있다. 다음으로, 현실에서 관계적 존재로서 삶을 영위하는 인간은 항상 시·공간상에서 상대적인 상황과 처지에 놓여 있기 마련인데, 그 구제적인 상황·처지에서 부여된 직책에 요구되는 도리를 다해야 한다는 현실적인 역할수행으로서의 중용이 있다.

인간 일반이 구현해야 할 '보편적 이념으로서의 중용'은 후자, 즉 관계적 상황에서 부여된 직책에 요구되는 도리에 부합하는 행위를 온전히 수행하는 '현실적인 중용의 작용·기능·역할'에 의해 구체화되며, 현실적인 중용은 인간 일반이 구현해야 할 이념으로서의 중용이 제시하는 목표와 원칙에 부합할 때에 비로소 그 정당성을 인정받을 수 있다. 중용의 개념은 이렇게 보편적 이념과 구체적 현실 간에 이중적 괴리를 통일적으로 지양·합체시켰을 때, 비로소 그 이념적 타당성과 현실적 적실성을 동시에 확보하게 된다.

『중용』에서는 여러 가지 관계적 상황에서 중용의 도를 실현하기 위하여 지智·인仁·용勇이라는 세 가지 군자의 달덕達德이 필요하다고

---

26. 『맹자』 3상:4. "后稷敎民稼穡 樹藝五穀 五穀熟而民人育 人之有道也 飽食煖衣 逸居而無敎 則近於禽獸 聖人有憂之 使契爲司徒 敎以人倫 父子有親 君臣有義 夫婦有別 長幼有序 朋友有信."

역설한다(7~9장). 즉 다섯 가지 보편적인 도리를 실현하는 개인의 자발성의 기초가 되는 지혜와 어짊, 그리고 용기와 같은 덕목들을 군자의 보편적인 덕으로 제시하고 있다. 이를 『대학』의 팔조목과 결부시켜 말하면, 우선 지혜·어짊·용기를 알면 수신修身의 바탕, 즉 격물·치지·성의·정심을 할 수 있게 된다. 또한 그 역으로 격물·치지·성의·정심을 이루면, '수신'할 수 있다. 수신한다면 치인의 도리를 알게 되어, 제가·치국·평천하의 가능성이 열린다. 그런데 인간은 하늘과 동물의 중간적 존재, 혹은 가능성의 존재로서 인간은 결코 지智·인仁·용勇 그 자체에 도달할 수는 없고, 항상 이 덕에 근접하도록 끊임없이 노력하는 자에 불과하다. 그래서 『중용』은 다음과 같이 말한다.

> 배우기를 좋아하면 지혜에 가깝고, 힘써 행하면 어짊에 가깝고, 부끄러움을 알면 용기에 가깝다. 이 세 가지를 알면 몸을 닦을 바를 알게 되며, 몸을 닦을 바를 알면 사람을 다스릴 바를 알게 되고, 사람을 다스릴 바를 알게 되면 천하 국가를 다스릴 바를 알게 된다.[27]

『중용』은 인간이 조우하게 된 모든 인간관계에서 자신의 도리(五達道)를 다하며, 그 도리를 다기 위해서는 주체에게 지智·인仁·용勇이라는 삼달덕三達德이 요구된다고 말하고, 그 근간으로 '성誠'을 요구한다. 이 개념은 우선 앞서 언급된 '군자의 시중時中'으로서 곧 안(주체)·

---

27. 『중용』 20장. "(子曰) 好學 近乎知 力行 近乎仁 知恥 近乎勇 知斯三者 則知所以修身 知所以修身 則知所以治人 知所以治人 則知所以治天下國家矣."

밖(객체)을 합체하는 도로서 '시조지의時措之宜'다.

> 성誠이란 자기를 이룰 뿐만 아니라, 타자를 이루는 것이다. 자기를 이
> 루는 것은 인仁이고, 타자를 이루는 것을 지혜니, 성품의 덕으로 내·
> 외를 합하는 도이다. 그러므로 때에 알맞게 조처함(時措之宜)이다.[28]

『중용』의 이러한 '시중지도時中之道' 개념은 맹자에 의해 구체적·창
의적으로 계승되었다. 맹자는 이 개념을 변용하여, 백이伯夷의 성지
청자聖之淸者·이윤伊尹의 성지임자聖之任者·류화혜柳下惠의 성지화자
聖之和者를 종합한 성인의 집대성자로서의 공자를 '성지시자聖之時者'라
하였다. 맹자는 성인의 집대성자로서 공자는 조리條理를 시작하는 지
智와 조리를 끝내는 성聖을 함께 갖추고 있는 것으로 평가하였다(2상:
2, 5하:1). 이러한 '안·밖을 합하는 도(合內外之道)'로서 성誠은 우선 내성
외왕內聖外王의 길로 제시되고(20장), 궁극적으로 천인합일의 길로 제시
되어 있다. 이는『논어』에서 아직 구체화되지 않은 개념이었다.

28.『중용』25장. "誠者 非自成己而已也 所以成物也 成己 仁也 成物 知也 性之德也 合內
外之道也 故 時措之宜也."

3. 『중용』의 윤리·인간관

의식적 존재로서 인간이란 완전한 존재인 신神(혹은 천)과 인간에 비해 의식이 열등하거나 미미한 동물들 사이의 중간 존재로서 다른 인간과 더불어 살아가는 가능성의 존재이다. 가능성의 존재로서 삶을 영위하는 한, 인간은 시·공간적 한계로 말미암아 여러 가능성들 중에 특정한 것을 선택하여 행위하지 않을 수 없다. 그렇다면 무엇을 선택하여, 어떤 삶을 영위하는 것이 알맞고 올바른 것일까? 바로 이것이 윤리학 혹은 도덕철학의 오랜 과제이다.

인간의 올바른 윤리적 선택과 행동의 기준에 대해서는 역사상 명멸했던 여러 학파들마다 견해와 입장을 달리했다. 전통 시대의 형이상학적 체계에서는 타율적인 '명령의 윤리학'이 지배적이었다. 신의 명령과 그 기록물인 경전(성경, 코란 등)에 무엇을 선택하여 어떻게 행위 해야 한다고 규정되어 있었기 때문에, 무조건적으로 그 명령에 따르는 것이 올바르다는 것이다. 형이상학이 지배했던 전통 사회에서는 특히 만물을 지배하는 신성한 법칙divine law이 있고, 그것이 생명에 의미를 부여하고, 도덕성에 대해, 그리고 모든 인간관계의 질서에 대해 토대를 제공하였다고 주장된다. 이러한 명령의 윤리학은 그 신앙 체계의 토대가 되는 형이상학적 전제를 타당한 것으로 받아들이지 않는다면, 그 규범 및 계율의 학적 정당성이 의심스러워진다.

영원주의를 지향하는 형이상학적·타율적 명령의 윤리학의 반대편에는 자연주의적인 찰나적 쾌락주의Hedonism가 자리하고 있다. 이들은 '자연은 인간에게 쾌락은 추구하고, 고통은 회피하라'고 가르치고 있듯이, 우리들에게 삶에 즐거움을 가져다주는 것을 선택하고 고통을 회피하는 것이 좋으며, 그것이 옳다고 말한다. 그러나 가려울 때에 긁는 것이 즐거움을 가져다 줄 수 있지만, 그것이 곧 도덕적으로 선한다고 할 수 있을 것인가? 나아가 순간의 즐거움은 궁극적으로는 즐거움이 아니라 오히려 해로울 수 있고, 쓴 약이 오히려 몸이 좋다고 하는 이른바 '쾌락의 역설paradox of pleasure'은 윤리이론으로서 쾌락주의의 학적 타당성을 심히 의심스럽게 만든다. '선(좋음)이란 이익이 되는 것, 유익한 것이다'는 공리주의적 윤리설은 또 다른 변형 내지 발전(쾌락→이익)이라고 해도 좋을 것이다. 동양에서도 이미 묵자에 의해 "옳은 것이란 이로운 것이다(義利也)"[1]라고 선언된 이래, 결과론적 공리주의 윤리설은 여전히 유효한, 혹은 최소한 주도적인 윤리설의 대적 이론 중의 하나라고 할 수 있다. 감각적 쾌락을 추구하거나 사량에 의한 최대 공리를 표방하는 윤리설의 반대편에 고전적 윤리학의 전형인 아리스토텔레스의 자아실현을 추구하는 목적론적인 행복의 윤리설과 근대 엄밀한 학문적 정초를 추구한 윤리학의 소산인 칸트적인 의무론적-법칙론적 윤리설이 있다.

이러한 윤리설과 비교해 볼 때, 『중용』은 자아실현을 추구하는 목적론적 덕의 윤리설을 지향한다. 『중용』적 세계관에 따르면, 만물은 궁극 존재가 부여한 본성을 선천적으로 지니고 태어났으며, 그 본성

----

1. 『묵자』「경상」. "義 利也."

에 따르는 것이 도덕적 혹은 윤리적 삶이라고 말한다. 만물은 본성을 최적으로 실현하는 것을 목적으로 하고, 천하 만물이 모두 이 본성을 온전히 실현하여 그 도리를 다할 때에 우주적 대조화가 구현된다. 『중용』의 입장은 감각적 쾌락을 지향하는 자연주의와는 구별되게 마음에 내재적인 본성으로 인간을 이념규정적으로 정의하고, 나아가 계산에 의한 이익의 최대화를 지향하는 사량적 행위가 아니라 인간 본성의 실현이 윤리적인 인간의 길이라고 역설한다. 천도의 실상을 본받아 성실함으로써 자기의 본성을 온전히 실현하고, 다른 사람과 만물의 본성을 온전히 실현시켜 줌으로써 천지의 화육작용에 능동적으로 참여하는 것이 인간 존재의 최고 이상이라는 것이다.

『중용』이 제시하는 인간의 길이란 우주의 궁극 근원인 하늘을 본받아 표준으로서 중용을 실천하고, 중화를 이루어서, 마침내 시중時中의 도를 실천하는 삶의 구현이다. 그것은 곧 궁극적인 표준을 확보하고, 최적의 평형과 균형을 추구하면서, 시의時宜에 부합하는 조화로운 최상·최선의 삶을 자유자재로 영위하고자 하는 것이다. 그것은 단순히 산술적 중간을 의미하는 것도 아니며, 시속에 영합하는 처세술도 아니라, 존재의 이치(所以然之故)와 존재의 당위(所當然之則)에 부합하는 그야말로 순리順理·합리合理의 삶으로써 내성외왕의 길이자 천인합일의 길이다.

이러한 『중용』의 인간관, 윤리관은 다음과 같은 의의를 지닌다. 인간은 사회적·정치적 동물로서 관계적 상황에서 마땅히 하여할 도리를 행할 수 있는 존재이기 때문에 단순히 동물과 구별되는 인간의 본성이 정립될 때 비로소 인간은 단순히 본능과 욕망의 충족을 통해 자기보존에 급급한 동물적 존재자를 넘어서, 문화·문명의 창시자로 자기정립을 기할 수 있을 가능성이 열린다. 인간은 자기 본성에 대한 자각을 통해 끊임없이 미래를 향해 현재 자기존재를 선택·계획하면서 자기동일성의 정립할 때, 비로소 동물적 자연 상태에서 벗어나서 대자존재로서의 '인간적 지평'을 확보한다. 여기에 자연과 사실에 대립하는 문화와 가치의 세계가, 본능에 대립하는 의지의 동력이 추동되어, 자연의 문명화·사실의 가치화가 본능을 제압하는 의지의 투쟁으로 나타난다. 이러한 투쟁이 다름 아닌 인간 본성의 실현이며, 인간화의 본질인 '자유의 영역'에 속한다. 그리고 이러한 자유 영역이 인간을 다른 어떤 존재자와도 다르게 '자기를 의식하는 존재' 혹은 '자기를 정립하는 존재' 즉 '인격 존재'가 되게 하는 원천이 된다. 『중용』은 바로 이러한 길을 (『논어』를 계승·발전시켜) 온전한 윤리이론으로 정립하고자 하는 시도였다.

4부

부 ————

맹자

4부 「맹자」에서는 유교 심성론의 정립에 대해 논한다. 우선(9장) 맹자는 심心·성性·정情·의意·지志의 개념을 어떻게 정립·사용함으로써 유교 심성론의 최초 정립자가 되었는지에 대해 상세하게 논하고, 맹자가 제시한 "호연지기浩然之氣"의 방법에 대한 주자의 해설과 다산의 비평을 함께 살폈다. 「10장: 맹자, 인간 본성의 선함을 증명하다」에서는 맹자가 말한 마음이란 기관의 특징(心之官)을 살피면서, 그가 제시한 '유자입정의 비유'를 통해 선한 인성의 증명과 성선의 의미에 대한 여러 해석들을 고찰·논구했다. 「11장: 맹자와 고자, 인성을 두고 최초로 논쟁하다」에서 인성에 대한 자연주의적-생물학주의적인 입장을 취한 고자와 선험주의적-이념 규정적 방식을 취한 맹자의 인성에 대한 논쟁을 상세하게 논의하면서, 그 현대적 의미에 대해서 서술하였다.

맹자의 과제와『맹자』[1]

『사기』「열전」에서 말했다. 맹가孟軻는 추나라 사람이다. (공자의 손자) 자사子思의 문인에게 수업하여, 도가 이미 통달했다. 제나라 선왕에게 유세했지만 선왕이 등용하지 못했고, 양나라로 갔지만 양나라 혜왕은 말한 바를 과단하지 못했으니, 우원하고 사정에 어둡다고 여겼음을 알 수 있다. 당시의 시세는 진나라는 상앙商鞅을 등용하고, 초·위나라는 오기吳起를 등용하고, 제나라는 손자孫子·전기田忌를 등용하여, 천하가 바야흐로 합종연행에 힘써 정벌을 현명한 것으로 여겼다. 그렇지만 맹가는 당우삼대唐虞三代의 덕을 설명하니, 따르는 바가 부합하지 않았다. (그래서) 물러나 만장과 같은 문도들과『시』·『서』를 순서 짓고, 공자의 뜻을 찬술하여『맹자』7편을 지었다.

한유(韓愈, 768~824)가 말했다. 요임금은 도통을 순임금에게 전했고, 순임금은 우임금에게 전했고, 우임금은 탕임금에게 전했고, 탕임금은 문왕·무왕·주공에게 전했고, 문왕·무왕·주공은 공자에게 전했고, 공자는 맹가에게 전했다. 맹가가 죽자 도통이 전해지지 못했다. 순자와 양웅揚雄이 (유교의 도통을) 가려냈지만 정밀하지 못했고, 말은 하였지만 상세하지 못했다. 또 말했다. 맹자는 순후한 중에서도 순후하였다. 순자와 양웅은 크게 순후했지만, 작은 하자가 있었다.

----

1. 주자의『맹자집주』「서」를 옮긴 것이다.

또 말했다. 공자의 도는 크고 능히 넓어서, 문하의 제자들이 전체를 살피거나 전부를 알 수는 없었다. 그러므로 배웠다고 할지라도 모두 그 성향으로 가까운 것만 터득했고, 그 후 흩어져 제후의 나라에 나누어 거처하면서, 각각 그 할 줄 아는 것만 제자들에게 전수하여, 근원에서 멀어지니 말단은 더욱 갈라졌다. 오직 맹자만 자사를 스승으로 하였는데, 자사의 학문은 증자에게 나왔으니, 공자가 돌아가신 뒤에 오직 맹자만 그 종지를 얻었다. 그러므로 성인의 도를 보고·추구하려는 사람은 반드시 맹자로부터 시작해야 한다.

또 말했다. 양웅은 "옛날에 양주·묵적이 길을 막으니, 맹자가 물리쳐 훤하게 열어 놓은듯했다. 대저 양주·묵적의 도가 행해지면, 바른 도가 폐해진다. 맹자가 비록 현성賢聖이었지만 지위를 얻지 못하여 공허한 말이 되어 시행함이 없었으니, 비록 절실하나 무엇에 도움이 되었겠는가? 그러나 그 말에 의뢰하여 오늘날 배우는 사람이 오히려 공자를 종주 삼고 인의仁義를 숭상하고, 왕도를 귀하게 여기고 패도를 천하게 여길 줄 알뿐이다. 그 위대한 원리와 법칙이 모두 망실되어 구할 수 없고, 괴멸되어 수집할 수 없으니, 이른바 1,000~100에 10~1이 보존되어 있으니, 어디에 훤하게 열어놓은 것이 있겠는가? 그러나 오히려 맹자가 없었다면, 모두가 (오랑캐처럼) 왼쪽으로 옷깃을 하고 오랑캐의 말을 했을 것이다. 그러므로 내가 일찍이 맹자를 추존하여 공로가 우임금 아래에 있지 않다고 한 것은 이 때문이다."고 하였다.

어떤 사람이 정자程子에게 "맹자를 도리어 성인聖人이라고 말할 수 없습니까?"라고 물었다. 정자가 말했다. "감히 곧바로 성인이라 말할 수는 없지만, 학문은 이미 지극한 곳에 도달하였다.”

정자가 또 말했다. “맹자는 성인의 문하에 공이 있는데, 이루 다 말할 수 없다. 공자는 다만 하나의 ‘인仁’ 자만을 설파했지만 맹자는 입을 열면 곧 ‘인의仁義’를 설파했으며, 공자는 다만 하나의 지志를 설파했지만 맹자는 수도 없이 양기養氣를 설파했으니, 다만 이 두 글자(의義와 양기養氣)가 그 공이 심히 크다.”

또 말했다. “맹자는 세상에 큰 공이 있으니, 그 성선性善(인간의 본성은 선하다)을 말한 것이다.” 또 말했다. “맹자의 성선 · 양기의 논설은 모두 이전의 성인들이 아직 밝히지 못한 것이다.”

정자가 또 말했다. “배우는 사람은 시대를 온전하게 인식할 필요가 있으니, 시대를 인식하지 못하면 배웠다고 말하기에 부족하다. 안자顔子가 누추한 거리에서도 스스로 즐거워한 것은 공자가 계셨기 때문이고, 맹자의 시대라면 세상에 이미 (공자와 같은) 인물이 없었으니, 어찌 도를 자임하지 않을 수 있었겠는가?”

또 말했다. “맹자는 약간의 영기英氣가 있었으니, 조금이라도 영기가 있으면 곧 규각圭角이 있다. 영기는 일을 해침이 심하니, 안자의 경우 혼후渾厚하여 맹자와 같지 않았다. 안자는 성인을 본받아 거리가 다만 털끝만한 사이였고, 맹자는 대현大賢이니 아성亞聖의 다음이다.” 어떤 사람이 “영기는 어느 곳에 나타나는가?” 하고 물으니, 말하였다. “다만 공자의 언명으로 비교하면 곧 알 수 있다. 또한 예컨대 얼음과 수정이 빛나지 않는 것은 아니지만, 옥에 비교하면 옥은 자연히 운윤 · 함축한 기상이 있고, 허다한 광휘는 없는 것과 같다.”

양시楊時가 말했다. “『맹자』 한 책은 다만 사람의 마음을 바로잡고자 하였는데, 사람들에게 마음을 보존하고(存心), 본성을 길러(養性) 그 잃어버린 마음(放心)을 거두는 것을 가르쳤다. 인의예지를 논할 때에는 측은·수오·사양·시비의 마음을 단서로 삼았다. 사악한 학설의 폐해를 논할 때에는 그 마음에서 생겨나서 그 정치를 해친다고 했다. 인군 섬김事君을 논할 때에는 인군 마음의 그릇됨을 바로 잡아야 하니, 한번 인군을 바르게 하면 나라가 안정된다고 하였다. 온갖 변화가 다만 마음을 쫓아 나오니, 사람이 능히 마음을 바로잡으면 일은 자연적으로 이루어진다. 『대학』의 수신·제가·치국·평천하는 그 근본이 다만 이 정심正心·성의誠意일 뿐이다. 마음이 그 바름을 얻은 이후에, 성性의 선함을 알게 된다. 그러므로 맹자는 만나는 사람마다 곧바로 성선을 말했다. 그런데 구양수歐陽脩는 도리어 성인이 사람을 가르칠 때에 성性은 우선이 아니었다고 하였으니, 잘못되었다. 인성 위에는 그 어떠한 것이라도 첨가할 수 없으니, 요순이 만세의 사법이 된 근거도 또한 이 성을 따랐을 뿐이다. 이른바 '성에 따른다(率性)'는 것은 곧 하늘의 이치를 따른다는 것이다. 그 밖의 계책을 쓰고 술수를 써서 설령 공업을 얻어 세운다고 할지라도, 단지 인욕의 사사로움일 뿐, 성현의 작처와는 천지간처럼 현격하게 차이가 난다."

9장

『맹자』에서
마음

맹자(BC 372 ~ BC 289)는 유교에서 마음과 그 본성에 관한 이론(심성론)의 정립자이다. 이는 마음과 연관된 용어가 사용된 빈도수에서도 명확히 확인된다. 『맹자』에서 '심心' 자는 도합 121회 출현했는데, 이는 『논어』 6회·『대학』 13회·『중용』 0회에 비해 그 비중이 압도적일 뿐만 아니라, 그 용례 또한 매우 다양·심화되었다.[1]

『논어』와 『대학』에서 '심心' 자는 용심用心·심불위인心不違仁·종심소욕불유구從心所欲不踰矩·유심有心·정심正心과 같은 용례로 볼 때, 무엇인가를 욕망하는 마음이란 모름지기 성실히 운용되어야 하고, 또한 인이나 법도(이법)에 의거·교정되어야 하는 것이었다.

그런데 『맹자』에는 불인인지심不忍人之心·측은지심惻隱之心·수오지심羞惡之心·사양(공경)지심辭讓(恭敬)之心·시비지심是非之心·오악지심惡惡之心·인의지심仁義之心·적자지심赤子之心·양심良心·본심本心·인심人心·존심存心과 같은 용례에서 보이듯이, 마음의 본 모습(본래 마음)과 그것이 드러나는 다양한 양태에로 관심이 확대되었다. 또한 심지소동연자心之所同然者·이의지열아심理義之悅我心·쾌어심快於心에서 보이듯이, 후대 심리학의 주요 주제가 되는 우리 마음의 공통된 기

---

1. 필자의 대략적인 조사에 의하면, 『맹자』에서 '心' 자(121회)는 '仁'(140회 내외)자와 비슷한 빈도수를 보이고 있다.

호·성향에도 주목했다. 나아가 맹자는 우리의 본래 마음이 다양한 내·외적인 요인에 의해 그 본모습을 상실·전락(放心·失心)할 수 있지만, 마음이란 (여타 다른 감각기관과 구별되는) 고유 기능인 자기반성(思)의 능력이 있기 때문에 물화物化되지 않고 자기의 본래성을 보존할 수 있다고 말했다. 나아가 그는 마음이 자신을 본래 모습과 그 본성을 회복하는(養心·寡欲·求放心·存心) 다양한 방법론(수양론)을 제시하고, 그것을 진정한 학문의 길이라고 선언했다.

요컨대 맹자는 마음과 연관하여, ① 모든 인간에게는 본심·양심 등으로 표현되는 하늘이 부여한 선천적인 본래의 선한 마음과 공통의 기호가 있으며, 이는 ② 무조건적·자발적으로 드러나는 순수하게 선한 마음(사단)이 있다는 사실로부터 증명되며, ③ 이러한 본마음은 다양한 내·외적 요인에 의해 전락(失心, 放心, 無恒心)하여 그 본래성을 잃을 수 있지만, ④ 마음의 고유 직능(思)을 잘 발휘하여 주체성을 회복하고, ⑤ 자기반성을 통해 대체를 정립하는 등 다양한 방법론을 통해 잃어버린 마음을 구하거나, ⑥ 본래 마음과 그 본성을 잘 양성·보존·확충하면 하늘을 섬길 수 있으며(存心·養性 所以事天), ⑦ 높은 경지(不動心, 대장부)의 인격에 도달하여 큰 공효를 드러냄으로써 자기완성을 기할 수 있다고 말했다. 이것이 바로 유교의 마음 개념에 관한 맹자의 공적이라고 하겠다.

『맹자』에서 '심心' 자는 부동심(지언, 호연지기)을 설명하는 「공손추상:2」(14번), 사단의 마음(四心)을 통해 우리의 본성에 사덕이 갖추어져 있다고 증명하는 「공손추상:6」(13번), 그리고 공도자가 보고한 다양한 인성론과 대비를 통해 자신의 성선설을 설명하는 「고자상:7~8」(17번) 등에 집중적으로 출현·논의되었다. 맹자가 심心 자를 집중 설명한 곳을 살피면, 주로 ① 본래 마음과 그 본성의 정체 해명, ② 본래 마음과 그 본성은 선하다는 것, ③ 존재 및 수양론과 연관하여 마음(不動心, 志)과 기의 관계(浩然之氣), ④ 여타 감각기관(소체)과 구별되는 마음이란 기관(心之官)의 고유성과 대체로서 마음의 자기정립, ⑤ 존심·양성의 수양방법(본심의 완전한 실현은 지성·지천과 연계되며, 그것이 곧 자신의 사명을 정립하여 하늘을 섬기는 방법이 된다)이 주요 주제로 설정되었다. 이제 차례로 살펴보자.

1. 심心

6상:12. 孟子曰: 今有無名之指, 屈而不信, 非疾痛害事也, 如有能信之者, 則不遠秦楚之路,為指之不若人也. 指不若人, 則知惡之; 心不若人, 則不知惡, 此之謂不知類也.

맹자가 말했다. "지금 무명지가 접혀져 펴지 못한다면, 아프거나 일에 방해가 되지 않아도, 능히 무명지를 펴지게 할 수 있는 사람이 있다면, 진 · 초나라에 까지 가는 길도 멀다고 여기지 않을 것이다. 손가락이 남들과 같지 않기 때문이다. 손가락이 남과 같지 않으면, 싫어할 줄 안다. 그러나 마음이 남들과 같지 않으면 싫어할 줄 모르니, 이를 일러 유를 알지 못한다고 한다."

주자: '유를 알지 못한다(不知類)'는 그 경중의 구별을 알지 못한다고 말한 것이다.

6상:8. 孟子曰: 牛山之木嘗美矣, 以其郊於大國也, 斧斤伐之,可以為美乎? 是其日夜之所息, 雨露之所潤, 非無萌蘗之生焉, 牛羊又從而牧之, 是以若彼濯濯也. 人見其濯濯也, 以為未嘗有材焉, 此豈山之性也哉? 雖存乎人者,豈無仁義之心哉? 其所以放其良心者, 亦猶斧斤之於木也. 人見其禽獸也, 而以為未嘗有才焉者,是豈人之情也哉? 故苟得其養,無物不

長; 苟失其養, 無物不消. 孔子曰: "操則存, 舍則亡; 出入無時, 莫知其鄕." 惟心之謂與?

맹자가 말했다. "우산의 나무는 일찍이 아름다웠다. 그러나 그 나무가 큰 나라의 근교에 있어서 도끼와 자귀로 베어내니, 아름답게 될 수 있겠는가? 낮과 밤에 자라나는 것과 우로가 적셔주어 싹이 자라지 않는 것은 아니지만, 우양을 또한 방목하니, 이 때문에 저와 같이 벌거벗게 되었다. 사람들은 그 벌거벗은 것만 보고 일찍이 재목이 없었다고 말하지만, 이것이 어찌 우산의 본성이겠는가? 비록 사람에게 보존되어 있는 것일지라도, 어찌 인의의 마음이 없었겠는가? 사람이 양심을 내놓은 것 또한 도끼와 자귀로 나무를 벌목한 것과 같다. 사람들이 금수와 같은 모습만을 보고서 일찍이 재질이 없었다고 말하니, 이것이 어찌 사람의 실정이겠는가? 그러므로 진실로 그것을 잘 양육해주면 어느 것도 장성하지 않는 것이 없고, 진실로 잘 양육하지 않으면 어느 것도 소멸하지 않는 것이 없다. 공자께서 말씀하시길, '잡으면 보존되고 놓으면 없어져서, 출입이 일정한 때가 없고 그 방향을 알 수 없다.'고 했으니, 오직 마음을 두고 말한 것이다."

주자: 양심良心이란 본연의 선한 마음이니, 곧 인의의 마음이다. 공자께서 '마음은 잡으면 여기 있고, 놓으면 잃어 버려서 그 나가고 들어감이 정해진 때가 없고 또한 정해진 장소가 없음이 이와 같다.'고 말씀하셨다. 맹자가 이것을 인용하여 마음은 신명하여 예측할 수 없고 잃기는 쉽지만 보존하여 지키기는 어렵기에, 잠시라도 마음의 양육을 잃어서는 안 된다는 것을 밝혔다. 배우는 사람은 마땅히 항상 마음의 양육

에 노력을 기울여 정신을 맑게 하고 기운을 안정되게 하여 항상 평단
平旦의 때와 같이 한다면, 이 마음이 보존되어 어느 곳을 가든지 인의
仁義가 아님이 없게 될 것이다.

다산: 공자의 이른바 '잡으면 보존되고 놓으면 없어진다.'는 것은 일
에 응대하고 사물에 접할 때에 '서恕'에 힘써서 인仁을 행하여, 말은 충
신忠信스럽게 하고 행실은 독경篤敬하게 하여, 사욕을 따르지 않고 한
결같이 도심道心을 듣고자 하는 것이지, 눈을 감고 단정히 앉아 보거
나 듣지 않으면서 회광반조하는 것으로 함양의 공부를 삼고자 하신 것
이 아니다. 사람의 휴양은 야기夜氣에 있지만, 아침이 되고 대낮이 되
면 급한 것은 일을 행하는 데에 있으니, 어느 겨를에 정존靜存의 공부
를 하겠는가? 옛날의 학문은 실천에 힘을 기울여, 실천을 통하여 오히
려 마음을 다스렸지만, 오늘날의 학문은 마음을 기르는 데에만 노력을
기울여, 마음을 기르려고 하다고 도리어 일까지 폐하게 된다. 자기 혼
자만 선하게 살고자 하는 것은 오늘날의 학문도 잘 하지만, 천하를 아
울러 구제하고자 하는 것은 옛날의 학문이라야 가능하다.

6상:7. 故凡同類者, 舉相似也, 何獨至於人而疑之? 聖人與我
同類者. 故曰: 口之於味也, 有同耆焉; 耳之於聲也, 有同聽
焉; 目之於色也, 有同美焉. 至於心, 獨無所同然乎? 心之所
同然者何也? 謂理也, 義也. 聖人先得我心之所同然耳. 故理
義之悅我心, 猶芻豢之悅我口.

무릇 동류란 서로 유사한 것을 거명한 것이니, 어찌 단지 사람에 있어
서만 의심하겠는가? 성인도 우리와 동류이다. 그러므로 말하길, '입이

맛에 대해 같이 즐김이 있고, 귀가 소리에 대해 같이 들음이 있고, 눈이 색에 대해 같이 아름다워 함이 있다'고 하니, 마음에 이르러서만 유독 같이 그렇게 여기는 바가 없겠는가? 마음이 같이 그렇게 여기는 바는 무엇인가? 이理·의義를 이른다. 성인은 우리 마음의 같이 그렇게 여기는 바를 먼저 터득하셨을 뿐이다. 그러므로 이·의가 우리 마음을 기쁘게 하는 것은 추환이 우리 입을 기쁘게 하는 것과 같다.

주자: 성인 또한 사람일 따름이니, 그 본성의 선함이 같지 않음이 없다. 정자는 '사물에 있는 것은 이理고, 사물을 처리라는 것은 의義이니, 본체와 작용으로 말한 것이다'고 했다. 맹자는 사람 마음이 이·의를 기뻐하지 않음이 없지만, 단지 성인은 이것을 먼저 알아 먼저 깨달았을 뿐이고, 다른 사람과 다른 것은 없다.[1]

다산: 여기서 이理란 천리天理이고, 의義란 도의이다. 천리에 합하는 것은 선사善事가 아님이 없고, 도의에서 이루어진 일은 선행善行이 아

---

1. 이理(이치)란 소리·색깔·냄새·형적 등이 없어 무형무위한 형이상자로서 만물의 존재 근거(所以然之故)이자 인간이 마땅히 따라야 하는 준칙(所當然之則)이다. 성리학에서는 "인간의 본성은 곧 하늘의 이치(性卽理)"라고 주장한다. 그렇다면 인간 본성을 알기 위해서는 '이치'란 무엇인지를 명확히 아는 것이 중요하다. 먼저 선진 시대에서 이치 개념은 고대 유가에서는 주로 동사로 '다스리다(治)' 혹은 '분리分理하다'로, 『맹자』에서는 조리條理라는 뜻으로 사용되었다. 한당 시대에는 노자와 장자를 주석했던 왕필王弼과 곽상郭象은 도를 이치로 치환해 설명하면서, 각각 보편리와 추상리를 내세워 이치 개념의 결정적인 계기를 마련했다. 그리고 불교에서도 발견되는데, 특히 지둔(支遁, 314~366)·도생(道生, 360~434)·법장(法藏, 643~712)이 '리일분수리一分殊'적인 성격을 분명히 제시했다. 그리고 송대에 이르러서는 이정二程 형제가 "우리의 학문은 비록 전수 받은 바가 있으나, '천리天理'라는 두 글자는 우리가 체득한 것이다"라고 말하며 이치 개념의 정립을 주도했다.

님이 없다. 선한 일과 선한 행동은 사람의 마음이 기뻐하는 것이다. 내 마음을 기쁘게 하는 것은 여러 사람들의 마음을 기쁘게 하는 것이지, 성인의 마음만 기쁘게 하는 것이 아니다. 이는 마음이 다 같이 좋아하는 것이니, 입과 혀가 다 같이 좋아하는 것이나, 귀와 눈이 다 같이 좋아하는 것과 같다. 온 천하 사람들이 이理를 즐거워하고 의義를 좋아하며, 죄와 악을 부끄러워하는 것은 모두 조금도 차이가 없음을 알 수 있다. 성선의 이치는 이와 같이 확실하다.

4하:12. 孟子曰: 大人者, 不失其赤子之心者也.
맹자가 말했다. "대인이란 그 어린아이의 마음을 잃지 않은 자이다."

주자: 대인의 마음은 온갖 변화에 통달하고, 어린아이의 마음은 순일하여 허위가 없을(純一無偽) 뿐이다. 대인이 큰 사람일 수 있는 까닭은 바로 물에 유혹되지 않으면서, 그 순일하여 허위가 없는 본연을 온전히 한 데에 있다. 그러므로 그것을 확충하면 알지 못하는 것이 없고, 능하지 못하는 것이 없어 그 만큼을 지극할 수 있다.

다산: 조기趙岐가 말하길, '대인은 임금을 말한다. 나라의 인군이 백성을 보기를 마땅히 어린아이와 같이 해서, 그 민심을 잃지 않는 것을 말한다. 일설에는 적자赤子는 간난아이이다. 인간이 적자 때의 마음을 잃지 않으면 곧고 바른 대인이 될 수 있다.'고 하였다. 주자는 조기 주의 일설에 따랐는데, 그 취사선택이 올바르다.

6상:11. 孟子曰: 仁, 人心也; 義, 人路也. 舍其路而弗由, 放其
心而不知求, 哀哉! 人有雞犬放, 則知求之; 有放心, 而不知
求. 學問之道無他, 求其放心而已矣.

맹자가 말했다. "인仁은 인간의 마음이고, 의義는 인간의 길이다. 그
길을 버려두고 말미암지 않고, 그 마음을 잃어버리고 구할 줄 모르니,
슬프다! 사람이 닭과 개를 잃어버리면 찾을 줄을 알지만, 마음을 잃고
는 구할 줄 모르는구나! 학문의 길은 다른 것이 없다. 그 잃어버린 마
음을 구하는 것일 뿐이다."

주자: 인이란 마음의 덕(仁者心之德)이니, 정자의 이른바 '마음은 곡식의
종자와 같고(心如穀種), 인은 거기서 생겨나는 성이다(仁則其生之性)'고 말
한 것이 그것이다. 의란 일을 행할 때의 마땅함(義者行事之宜)이니, 사람
의 길이라고 했다. 학문하는 일은 진실로 하나의 단서만 있는 것은 아
니다. 그러나 그 길은 그 잃어버린 마음을 구하는 데에 있을 따름이다.
대개 이와 같이 할 수 있다면, 지기志氣가 맑고 밝아지고, 의리義理가
밝게 드러나서 위로 통달할 수 있다. 그렇지 않으면 어둡고 느슨해져,
비록 학문에 종사하여도 끝내 밝게 드러날 바가 없을 것이다.

다산: (주자는) '인은 인간의 마음이다(仁人心)'를 주석하면서, '인이란
마음의 덕이다(仁者心之德)'고 하였다. 따라서 '의는 사람의 길이다(義人
路)'를 주석하면서도, '의란 길의 덕이다(義者路之德)'라고 주석해야 비로
소 그 예가 고르고 바르게 될 것이다. 만일 의가 길의 덕이 아니라면
(義不是路之德), 인仁 또한 마음의 덕이 아님을 알 수 있다.
나는 '마음이란 우리 인간의 신명이 기거하는 집이다(心者吾人神明之所宅

也).'고 말한다. 신명이 마음을 집으로 삼으니, 편안하게 기거한다. 여기서 '인은 사람의 마음이다(仁人心)'고 말한 것은 '인은 사람의 집이다(仁人宅也)'고 말한 것과 같다. 인이란 사람의 편안한 집이고(仁者人之安宅), 의란 사람의 바른 길이니(義者人之正路), 진실로 맹자가 말한 것이다. 인이란 두 사람이다(仁二人也). 어버이를 섬김에 효도하는 것이 인仁이 되니, 자식과 부모가 두 사람(二人)이다. 임금을 섬김에 충성하는 것이 인이 되니, 신하와 임금이 두 사람이다. 목민관이 백성에게 자애하는 것이 인이 되니, 목민관과 백성이 두 사람이다. 인간과 인간의 관계에서 그 분수를 다한 것을 인이라고 하니, 그러므로 말하길 '힘써 서恕를 행하면, 인을 구함이 더 가까운 것이 없다.'고 했다. 마음에 있는 이치(在心之理)가, 어찌 인이 되겠는가? 덕德 또한 그러하니, 곧음 마음으로 행한 것을 일러 덕이라 한다(直心所行謂之德). 그러므로 『대학』은 효·제·자를 명덕明德이라 했고, 『논어』에서는 나라를 사양하는 것을 지덕至德이라 했다. 실제로 행함이 이미 드러나야 이에 덕이라고 칭한다. 심체의 담연湛然·허명한 것을 일러, 어찌 덕이 있다고 하겠는가? 마음에는 본래 덕이 없는데, 하물며 인이 있겠는가? 인이란 마음의 이치가 아니다. 마음의 이치로써 인을 구한다면, 필시 인의 자취를 볼 수 없을 것이다.

4하:19~28. 孟子曰 : 人之所以異於禽獸者, 幾希, 庶民去之, 君子存之. 舜明於庶物, 察於人倫, 由仁義行, 非行仁義也. … 君子所以異於人者, 以其存心也, 君子以仁存心, 以禮存心. 仁者愛人, 有禮者敬人

맹자가 말했다. "사람이 금수와 다른 것은 거의 드무니, 서민들은 그것을 버리지만 군자는 보존한다. 순임금은 뭇 사물에 밝고 인륜을 살폈는데, (본성인) 인의에 말미암아 행하였고, (억지로) 인의를 행한 것이 아니다. … 군자가 일반인과 다른 것은 그 마음을 보존하기 때문이다. 군자는 인으로 마음을 보존하고, 예로써 마음을 보존한다. 인자는 남을 사랑하고, 예가 있는 자는 남을 공경한다.

주자: 사람과 사물이 태어날 때 함께 천지의 이치를 얻어 본성으로 삼고, 함께 천지의 기질을 얻어 형질로 삼았다. 그 다른 것은 오직 사람만이 그 사이에서 형기의 올바름을 얻어 그 본성을 온전하게 할 수 있다는 것에서 조금 차이가 있을 따름이다. 비록 조금 다르다고 할지라도 사람과 사물이 나누어지는 것은 실제로 여기에 있으니, 뭇 사람들은 이것을 알지 못하여 버리지만, 군자는 이것을 알아 보존한다. 순임금의 경우는 모두 나면서 알았으니, 인의에 말미암아 행하셨고, (억지로) 인의를 행하지 않은 것은 인의가 이미 마음에 근본이 되었기에, 행하는 것이 모두 이것에서 나왔다.

다산: 『순자』에서 말하길, '물과 불은 기氣만 있고 생명(生)이 없으며, 초목은 생명만 있고 지각(知)이 없으며, 금수는 지각만 있고 도의道義가 없으며, 사람은 기가 있고 생명이 있고 지각이 있고 도의가 있다'(「왕제편」)고 했다. 대개 그 성품을 받음은 무릇 네 등급이 있는데, 사람과 금수가 가장 근사하여, 귀로 듣고 눈으로 보는 것은 차이가 없고, 코로 냄새를 맡고 혀로 핥는 것도 차이가 없고, 식색 · 안일의 욕망도 차이가 없다. 차이가 나는 것은 오직 이 하나의 도심道心 뿐이다. 도심이란

형形·질質이 없고, 지극히 은미·황홀한 따름이다.(『도경』에서 말하길, '도심은 오직 은미할 따름이다'고 했다.) 만일 도심을 좇아 제거해 버린다면 금수일 따름이니, 장차 무엇으로 스스로 구별될 것인가?

성리학자들은 매번 '성은 곧 이치이다(性卽理)'고 한다. 그러므로 『집주』에서 '사람과 사물이 태어날 때 함께 천지의 이치를 얻고 본성으로 삼았다'고 하였는데, 이것이 이른바 본연지성本然之性이다. 본연지성은 대소·존비의 차등이 없고, 특히 품부된 형질에 의해서 청·탁과 편·정의 차이가 있다. 그러므로 이理는 기氣에 기거하여 따르지 않을 수 없고, 차이가 나지 않을 수 없다. 『집주』에서 '오직 인간만이 그 사이에 형기의 올바름을 얻어 조금 차이 날 따름이다'고 말한 것 또한 이 설이다. 분명 이와 같다면, 사람과 금수의 차이는 형기形氣에 있지, 성령性靈에 있지 않게 된다. 서민은 형기를 버리고, 군자는 형기를 보존한다는 것이, 어찌 맹자의 본뜻이겠는가? 형기란 체질體質이다. 생명과 함께 살다가 죽은 이후에 부패하는데, 어찌 서민만 버릴 수 있겠는가?

성리학자들은 '본연지성이 기질에 깃들어 있는 것은 물을 그릇에 주입한 것과 같아, 그릇이 둥글면 물도 둥글고, 그릇이 모가 나면 물도 모가 난다.'고 말한다. 이것은 명백히 인간의 성과 금수의 성을 하나의 사물로 만들어버리고, 특히 그 털이 난 것을 소라 하고, 날개가 달린 것을 닭이라 하고, 털이 없는 것을 사람이라고 하는 것일 뿐이다. 맹자가 개·소·사람의 성性을 그 동이同異로써 구별하고, 고자와 힘써 논전하였는데, 이제 인간의 성과 금수의 성을 혼륜·하나로 여긴다면 타당하겠는가? 무시자재無始自在·윤회전화輪回轉化의 설이 세상에 유행한 지가 이미 오래고, 소동파蘇東坡가 「적벽부」 및 「조주한문공문공묘

비」에서 그 설을 남몰래 원용하였는데도, 세상 사람들은 살피지 않고 기문奇文으로 평가한다. 송宋·원元의 여러 선생들이 본연지성이라고 말한 것 또한 무시자재의 뜻이다. 이는 고금의 성도性道의 큰 관건과 연계되기 때문에, 감히 분별하지 않을 수 없다.

6상:15. 公都子問曰: "鈞是人也, 或為大人, 或為小人, 何也?" 孟子曰: "從其大體為大人, 從其小體為小人." 曰: "鈞是人也, 或從其大體, 或從其小體, 何也?" 曰: "耳目之官不思, 而蔽於物, 物交物, 則引之而已矣. 心之官則思, 思則得之, 不思則不得也. 此天之所與我者, 先立乎其大者, 則其小者弗能奪也. 此為大人而已矣."

공도자가 물었다. "같은 사람인데, 어떤 사람은 대인이 되고, 어떤 사람은 소인이 되는데, 무엇 때문입니까?" 맹자가 말했다. "그 대체를 따르면 대인이 되고, 그 소체를 따르면 소인이 된다. (공도자가) 말했다. "같은 사람인데, 어떤 사람은 그 대체를 따르고, 어떤 사람은 그 소체를 따르는 것은 무엇 때문입니까?" (맹자가) 말했다. "이목의 기관(=五官)은 생각하지 못하여 (외부) 사물에 가려지니, (외부) 사물이 이 사물(이목의 기관)과 교차하면, (이목의 기관 외부의) 사물에 끌려갈 따름이다. 마음의 기관은 생각(思)할 수 있으니, 생각하면 얻고 생각하지 않으면 얻지 못한다. 이는 하늘이 우리에게 부여한 것이니 먼저 그 큰 것에 정립한다면 그 작은 것이 빼앗지 못할 것이니 이것이 대인이 되게 한다.

주자: 대체大體는 마음心이고, 소체小體는 이목耳目 따위이다. '관官'이란 담당한다는 뜻이다. 귀는 듣는 것을, 눈은 보는 것을 담당하여 각각 직능이 있지만 생각할 줄 모른다. 그러므로 외물에 가려지니, 이미 생각할 수 없고 외물에 가려지면 또한 하나의 사물일 따름이다. 마음의 경우에는 능히 생각할 수 있어 생각으로 직능을 삼으니, 무릇 사물이 그 직능을 잘 수행하면 그 이치를 터득하고 사물이 가릴 수 없다. 그 직능을 잃으면 그 이치를 터득하지 못하여, 사물이 오면 가려진다. 이 세 가지(귀·눈·마음)는 하늘이 우리에게 부여한 것이지만, 마음이 큰 것이 된다. 만일 능히 마음을 정립함이 있다면, 일에서 생각하지 않음이 없어 귀·눈의 욕망이 마음을 빼앗을 수 없을 것이니, 이것이 대인이 되게 한다.

다산: 대체란 형상이 없는 영명(大體者無形之靈明)이다. 소체란 형상이 있는 몸뚱이(小體者軀殼)이다. 그 대체를 따르는 것은 성에 따르는 것(率性者)이다. 소체를 따르는 것은 육망을 추종하는 것(循欲者)이다. 도심은 항상 큰 것을 기르고자 하지만, 인심은 항상 작은 것을 기르고자 한다. 천명을 알고 즐거워하면 도심을 배양하는 것이며, 자기를 극복하고 예를 회복하면 인심을 제재하는 것이니, 이것이 선악을 결판 짓는다.

귀와 눈(耳目)을 소체라고 말하지 않았다. (외부의) 물과 내가 상호 접할 때, 그 (외부의) 물이 (나에게 지각되는) 문門과 길(道)은 귀와 눈에게 있다. 귀는 소리를 수렴하여 마음에 납입하고, 눈은 색깔을 수렴하여 마음에 납입하니, 이것은 그 직분일 뿐이다. 귀와 눈은 단지 이 직분을 수행할 뿐이니, 어찌 일찍이 이 마음으로 하여금 그 납입한 것에 따르라고 강제한 적이 있었던가? 귀와 눈이 납입한 것이 대체에 이로

우면, 그 납입한 것을 따르는 것은 대체를 따르는 것이 되고, 어기는 것은 소체를 따르는 것이 된다. 눈과 귀가 납입한 것이 소체에 이로우면, 그 납입한 것에 따르는 것은 소체를 따르는 것이며 어기는 것은 대체를 따르는 것이니, 이와 같을 따름이다. 여기서 혹 따르기도 하고 혹 어기기도 하는 것은, 심관이 능히 생각할 수 있기 때문이다. 진실로 한결같이 생각하면, 필시 소체를 따르면서 대체를 어길 수 없으며, 소체를 기르면서 대체를 해칠 수 없게 된다. 진실로 생각하지 않으면, 필시 그 마음을 함닉하여 그 따르거나 어김의 올바름(從違之正)을 잃게 된다. 마음이 능히 생각할 수 있음이, 어찌 다행이 아니겠는가? 이에 그것을 찬미하여 '이는 하늘이 우리에게 부여한 것이다'고 말했다.

7상:1. 孟子曰 : 盡其心者, 知其性也, 知其性, 則知天矣.
맹자가 말했다. "그 마음을 다하는 자는 그 성性을 알고, 그 성을 알면 하늘을 안다."

주자: 심心이란 사람의 신명(人之神明)이니, 뭇 이치를 갖추고 만사에 응하는 것이다. 성性은 마음이 갖춘 바의 이치이고, 천天 또한 이치가 근원을 두고 따라 나온 것이다. 사람이 이 마음을 지님에 전체가 아님이 없지만, 이치를 궁구하지 않으면 가려진 것이 있어 이 마음의 한량을 다하지 못함이 있다. 그러므로 능히 그 마음의 전체를 지극히 하여 다하지 않음이 없는 자는 반드시 능히 저 이치를 궁구하여 알지 않음이 없는 자이니, 이미 그 이치를 알면 그 근원이 되는 것 또한 이것을 벗어나지 않는다.

다산: '진심盡心'이란 행하는 것이다. 행하면 반드시 알고, 알면 반드시 행하니 상호 발현되며 교대로 닦는 것이다. 이른바 '성을 안다(知性)'는 것은 나의 성이 능히 선을 좋아하고 악을 부끄러워할 줄 안다는 것을 알아, 한 생각이 막 일어날 때 그 선악을 살펴 따르거나 닦음으로써 하늘의 덕(天德)에 도달하는 것이다. 만일 '성은 곧 이치이다(性卽理).'고 하고, 이치를 궁구하는 것(窮理)이 성을 아는 것(知性)이라 하고, 이치의 근원을 아는 것을 하늘을 아는 것(知天)이라고 하여, 마침내 이치의 근원을 아는 것을 '마음을 다하는 것(盡心)'으로 여긴다면, 우리 인간의 일생의 사업이 오직 이치를 궁구하는 하나의 일에만 있을 뿐이니, 궁구한 이치를 장차 어디에 쓸 것인가? 대저 '이치는 성이다.'고 한다면, 천하의 만물인 물·불·흙·초목·금수의 이치도 모두 성性이니, 필생토록 이 이치를 궁구하여 이 성을 알아야 할 것이다. 그러면 사친事親·경장敬長·충군忠君·목민牧民·예악禮樂·형정刑政·군려軍旅·재부財賦 등의 실용 실천의 학문은 다소간에 결함이 없을 수 없으니, 성을 알고 하늘을 아는 것(知性知天)은 혹 고원하여 아무런 실질이 없는데에 가깝지 않겠는가? 선성의 학문(先聖之學)은 결코 이와 같지 않았을 것이다.

7상:1. (孟子曰 :) 存其心, 養其性, 所以事天也. 殀壽不貳, 修身以俟之, 所以立命也.

그 마음을 보존하여 그 성을 양육하는 것이 하늘을 섬기는 방법이다. 요절하거나 장수하는 것에 의심(貳=疑)하지 않고, 자신을 닦아 기다리는 것이 명命을 세우는 방법이다.

주자: (존기심存其心의) 존存은 잡고 버리지 않음(操而不舍)이며, (양기성養其性의) '양養'은 받들어 어기지 않음(奉承而不違)이다. 마음을 다하고 성을 알아서 하늘을 아는 것은 그 이치에 나아가는 방법이고, 마음을 보존하고 성을 양육하여 하늘을 섬기는 것은 그 일을 실천하는 것이다. 그 이치를 알지 못하면, 진실로 그 일을 실천할 수 없다. 그러나 다만 그 이치에 나아가기만 하고, 그 일을 실천하지 않으면, 또한 자기에게 터득된 것이 없게 된다.

다산: 맹자의 조존법(操存之法)은 장차 없어지려는 것을 보존保存하는 것이고, 후세의 조존법은 장차 떠나려는 것을 주존住存(머물러 있게)하는 것이다. 그 차이가 비록 털끝만 하지만, 그 거리는 8~10척에 이른다. 맹자의 이른바 '존심存心'이란 매번 일을 행할 때에 사욕을 버리고 천명에 따르고 악을 버리고 선에 따름으로써, 이렇게 거의 드물어(幾希) 장차 없어지려하는 한 점의 도심道心을 '존存'하는 것이니, 이것이 이른바 보존保存이다. 후세의 이른바 '존심存心'이란 매번 정좌할 때 시선을 거두어 경을 주로 하고(收視而主敬), 정신을 응집하여 사려를 쉬게 하여(凝神而息慮), 이렇게 조급 · 동요 · 불안한 인심(躁擾不定之人心)을 존存하는 것이니, 이것이 이른바 주존住存이다. 주존의 공부(住存之工) 또한 진실로 매우 좋지만, 단지 맹자가 말한 것과 같지 않을 따름이다.

양성養性 또한 그러하다. 맹자의 이른바 '양성'이란 오늘 하나의 착한 일을 행하고, 내일 하나의 착한 일을 행하여 의를 모으고 선을 쌓아(集義積善) 그 선을 좋아하고 악을 부끄러워하는 성을 기름으로써(養其樂善恥惡之性) 호연지기로 하여금 충만하여 주리지 않게(充然不餒) 하는 것이다. 후세의 이른바 양성이란 눈을 감고 소상塑像처럼 앉아 오로지 아직 발현되기 이전의 기상을 보고(專觀未發前氣象) 활발발지活潑潑地를 구하니, 이것이 이른바 함양涵養이다. 함양도 그 자체 매우 좋지만, 단지 맹자의 뜻은 아니다. 후세의 유자들은 옛날의 존양(古之存養)을 동존動存 · 동양動養이라 하고, 오늘날의 존양(今之存養)을 정존靜存 · 정양靜養이라 한다. 내가 평가하기에, 두 가지 모두 좋지만, 단지 옛날에는 주정의 설(靜之說)은 없었고, 오직 '배우면서 사유하고, 사유하면서 배운다(學而思 思而學)'는 말만 있었다. 대저 이치(理)란 어떤 것인가? 이치란 애증이나 희로가 없고, 공공空空 · 막막漠漠하여 이름도 없고 형체도 없으니, 우리 인간이 이치에서 품부된 성을 부여받았다고 말한다면, 또한 그것을 도로 삼기에는 곤란하다. 마음(心)이란 우리 인간의 대체의 차명(大體之借名)이며, 성性이란 마음의 기호(心之所嗜好)이다.

2. 성性

　『맹자』에서 36회 출현하는 '성性' 자는 「등문공상」(道性善, 言必稱堯舜)
과 「이루하」(天下之言性也, 則故而已矣)에 각각 1회 나타난 것을 제외하면,
모두 후반부인 「고자」(上:22회 및 下:1회) 및 「진심」(上:7회 및 下:4회)에 집중
적으로 나타난다.
　'성' 자가 가장 많이 출현한 「고자상」에서 맹자는 고자의 자연주의
적 성이론(生·食色之謂性, 仁內義外說)을 논파하고, 다양한 경쟁하는 이론
들(性無善無不善也, 性可以爲善·不善, 有性善·不善 등)과 대비를 통해 자신의
성선설을 개진했다. 그리고 「진심」장에서는 성을 궁극 근원인 천과
연관시키면서(知性則知天), 또한 명命(運命)과 대비를 통해 진정한 군자
의 성(=使命) 개념을 정립했다. 이에 대해서는 8~9장의 『『맹자』의 마
음과 인성론』 및 「맹자와 고자의 인성론 논쟁」에서 상론한다.

3. 정情

『맹자』에서 '정情' 자는 4번 출현한다. '정情'은 「등문공상:4」,[1] 「이루하:46」,[2] 「고자상:6」,[3] 「고자상:8」[4] 등에서 출현했는데, 대부분 실정實情(실재)의 의미로 앞의 『논어』와 동일한 용례로 사용되었다.[5] 다소 논란이 되는 다음 구절만 살펴보자.

6상:6. 孟子曰: 乃若其情, 則可以爲善矣, 乃所謂善也. 若夫爲不善, 非才之罪也.

맹자가 말했다. "그 정情은 선하다고 할 수 있으니, 이것이 내가 이른바 선하다는 것이다. 불선을 하는 것은 재질의 죄가 아니다."

조기: 약若은 따르다(順)이다. 성性과 정情은 상호 표리가 된다. 성性이 선善하여 정을 이기면(性善勝情), 정이 선에 따른다. 능히 이러한 정에 따라서 선하게 하는 것이 이른바 선善이다.

----

1. 夫物之不齊, 物之情也.
2. 故聲聞過情, 君子恥之.
3. 乃若其情, 則可以爲善矣, 乃所謂善也.
4. 人見其禽獸也, 而以爲未嘗有才焉者, 是豈人之情也哉?
5. 다만 「6상:6」의 "乃若其情"의 '情'을 주자는 '性之動也'라고 하여 체용론적으로 해석하고 있지만, 이 경우도 '실정'으로 해석하는 경향이 우세하다.

주자: 내악乃若은 발어사이다. 정情이란 성의 발동(性之動)이다. 사람의 정은 본래 단지 선할 수 있고(可以爲善) 악할 수 없으니(不可以爲惡), 성이 본래 선함을 알 수 있다. 재才는 재질材質과 같으니, 사람의 능력(人之能)이다. 사람이 이러한 성이 있으면 이러한 재질이 있으니, 성이 이미 선하면, 재질 또한 선하다. 사람이 불선한 것은 물욕에 함닉하여 그렇게 된 것이니, 그것은 재질의 죄가 아니다.

다산: 정情이란 진眞·실實이니, '득기정得其情(그 실정을 얻는다)'의 정情으로 읽어야 하며(『논어』에서 '得其情, 則哀矜而勿喜: 만일 그 백성들의 실정을 알아낸다면, 불쌍히 여기되 기뻐하지 말아야 한다.'고 했다), 성정의 정(性情之情)이 아니다. 맹자의 뜻은 다음과 같다. "유幽·여厲왕이 일어나면 백성이 포악함을 좋아하니, 진실로 이러한 이치가 있다. 순임금의 동생 중에 상象이 있었고, 비간의 형의 아들 중에 주紂가 있었는데, 진실로 이러한 일이 있었다. 그러나 이것은 모두 함닉해서 그런 것이지, 그 실정과 참됨(情眞)의 경우에는 또한 모두 선하게 될 수 있는 성이 있으니, 함닉한 것이 성의 본연은 아니다. 천명의 성은 그 재질이 본래 선하고, 저 유·여왕을 따르면서 순·비간을 거역한 것은 성의 죄(性之罪)가 아니다."

6상:6. 惻隱之心, 人皆有之; 羞惡之心, 人皆有之; 恭敬之心, 人皆有之; 是非之心, 人皆有之. 惻隱之心, 仁也; 羞惡之心, 義也; 恭敬之心, 禮也; 是非之心, 智也. 仁義禮智, 非由外鑠我也, 我固有之也, 弗思耳矣. 故曰: "求則得之, 舍則失之." 或相倍蓰而無算者, 不能盡其才者也.

측은지심은 사람이 모두 지니고 있고, 수오지심은 사람이 모두 지니고 있고, 공경지심은 사람이 모두 지니고 있으며, 시비지심은 사람이 모두 지니고 있다. 측은지심은 인이요, 수오지심은 의고, 공경지심은 예고, 시비지심은 지이다. 인·의·예·지는 밖으로부터 나를 녹여서 들어오는 것이 아니라, 내가 본래 가지고 있지만 사람들이 생각하지 않을 뿐이다. 그러므로 '구하면 얻고 버리면 잃는다.'고 했으니, 혹 선악의 차이가 서로 배(倍)가 되고 다섯 배가 되기도 하여 헤아릴 수 없게 되는 것은 그 재才를 다하지 못했기 때문이다.

주자: 공恭이란 경敬이 밖으로 드러난 것이고, 경敬이란 공恭이 마음 가운데에서 주재가 된 것이다.

다산: 공恭 자는 심心에서 유래했는데, 마음의 덕(心德)과 가깝다. 경敬이란 향하는 바가 있는 것의 명칭이다. 경천敬天·경군敬君·경형敬兄·경장敬長·경빈敬賓·경사敬事는 모두 향하는 바가 있으니, 이후에 경의 명칭이 성립했다.

조기: 인의예지는 사람이 모두 그 단端(=端首)이 있으니, 마음 안에 품은 것(懷之於內)이다.

다산: 삭鑠(녹이다)은 불로 쇠를 녹이는 것을 말하는데, 밖에서 안에 이르는 것이다. 산算은 셈(數)이다. 네 가지 마음은 사람이 본래 지니고 있지만, 단지 사람이 스스로 생각하지 않아 구하지 않을 뿐이다. 선과 악이 그 거리가 서로 먼 것은 생각하지 않아 구하지 않기 때문에, 그 재질을 확충하거나 다할 수 없기 때문이라고 말했다. 앞 편(「공손추상」)에서는 네 가지는 인의예지의 단서라고 말하고, 여기서는 단서를 말하

지 않은 것은, 앞 편에서는 그것을 확충하고자 했고, 여기서는 작용에 근거하여 그 본체를 직접 드러내고자 했을 뿐이다. 그러므로 말에 같지 않음이 있을 따름이다.

'밖으로부터 나를 녹여서 들어오는 것이 아니다(非由外鑠我)'는 것은 내 안에 있는 네 가지 마음(我在內之四心)을 미루어서 밖에 있는 사덕(在外之四德)을 완성하는 것이지, 밖에 있는 사덕을 끌어당겨 안에 있는 네 가지 마음을 발현하는 것이 아니다. 이러한 측은지심에 즉卽하여 곧 인을 얻을 수 있고(可得仁), 이러한 수오지심에 즉하여 곧 의를 얻을 수 있으니(可得義), 이것이 인성이 본래 선하다는 명확한 증험이다. 그러므로 특히 '단端' 자를 없애고 이 마음에 즉하여 인을 구하게 하고 이 마음에 즉하여 의를 구하게 하였으니, 그 말이 더욱 직절直截·경쾌輕快하다. 그 인의예지와 같은 명칭은 반드시 일을 행한 이후에 성립한다. 어린아이가 우물에 들어가는데 측은히 여기되 가서 구하지 않는다면, 그 마음의 근원을 미루었지만 인하다고 할 수는 없다. 한 대그릇의 밥을 멸시하여 발로 차서 주면, 수오羞惡하되 버리지 않는다면, 그 마음의 근원을 미루었지만 의롭다고 할 수 없다. 큰손님이 문에 임하였는데도 공경하되 영접하여 절하지 않는다면, 그 마음의 근원을 미루었지만 예禮가 있다고 할 수 없다. 선한 사람이 참소를 당하였는데도 시비를 변별하되 밝히지 않는다면, 그 마음의 근원을 미루었지만 지혜롭다(智)고 할 수 없다. 여기서 네 자기 마음이란 인성이 본래 지니고 있는 것이지만, 네 가지 덕은 네 가지 마음이 확충된 것이라는 것을 알 수 있다. 아직 확충하는 데에 이르지 않았으면, 인의예지의 명칭은 끝내 성립될 수 없다. 그러면서도 맹자가 이 장에서 직접 네 가지 마음을 네 가지 덕이라고 말한 것은 측은지심이 이미 발현되어 가서 구하지 않음이 없고, 수오지심이 이미 발현되어 버리지 않음이 없고, 공경지심이 이미 발현되어 영접하여 절하지 않음이 없고, 시비지심이 이미 발현되어 변별하여 밝히지 않음이 없는 것이다. 이것이 인성이 본래 선하다는 명확한 증험이다. 그러므로 맹자가 네 가지 덕을 네 가지 마음에 점착하여 앞 편과 다르게 하였다. 비록 그렇다고 할지라도 인의예지는 필경 일을 행한 이후에 성립되니, 만일 마음에 있는 이치(在心之理)라고 말한다면, 또한 본뜻은 아니다.

4. 의意

『맹자』에 '의意' 자는 단지 2번 출현한다. 「이루상:25」[1] 및 「만장상:4」[2]에서 '의意' 자는 (공적인 의지가 아니라) 주관적인 견해(己意)를 의미한다. 『논어』에서 공자가 끊었던 네 가지(絶四:意·必·固·我) 중 하나였으며, 『대학』에서 성실해야 할 개념(誠意)으로 제시된 것과 유사한 맥락이다. 따라서 맹자가 이 개념에 새로운 의미를 부가한 것은 없어 보이지만, 의意를 주관적인 뜻과 객관적·공적인 뜻으로 명확하게 구분하고 있다.

5상:4. 故說(詩)者, 不以文害辭, 不以辭害志. 以意逆志, 是爲得之. 如以辭而已矣.

(맹자가 말했다.) 시를 해설하는 사람은 문자(文)로 인해 말(辭)을 해치지 말고, 말로써 시의 본뜻을 해치지 말며, 시를 보는 자의 뜻으로 시를 지은 시인의 본뜻을 헤아려야, 이에 시를 알 수 있다.

주자: 문文은 문자字이고, 사辭는 말(語)이다. 역逆은 맞이하다(迎)이다. 시詩를 설명하는 법은 한 글자로 인해 한 구절의 뜻을 해쳐서는 안 되

---

1. 孟子謂樂正子曰 : …我不意子學古之道, 而以餔啜也
2. 說(詩)者, 以文害辭, 不以辭害志. 以意逆志

며, 한 구절로 인해 말한 본뜻을 해쳐서는 안 되며, 마땅히 자기의 생각(己意)으로 작자의 본뜻(作者之志)을 맞이하여 취해야(迎取), 이에 이해할 수 있다.

5. 지志

『맹자』에서 48번 출현하는 '지志' 자는 그 지향대상의 대소에 따라 소인의 사적인 의지(其志將以求食也 등)와 군자(대장부)의 공적인 의지(得志 澤加於民 등)로 대별할 수 있다. 그런데 맹자는 주관적인 개인의 뜻(意)과 객관적인 공적인 뜻(志)을 뚜렷하게 구분한다(以意逆志). '지志'는 대부분 정립·육성·긍정되어야 하는 것(立志, 養志, 尚志)으로, 『논어』와 유사하게 인(志於仁, 尚志仁義)·도(君子之志於道也)와 같이 보편적인 것을 지향한다. 그런데 '지志' 자와 연관하여 맹자의 가장 중요한 공헌은 '기氣'[1]와 결부시켜 존재론적인 개념으로 정립하는 동시에 가치론적으

---

1. 기(氣:기운)는 소리·색깔·냄새·형적이 있는(有形有爲) 형이하자로서 만물의 재료(질료인)이면서 스스로 움직이는 운동이다. 만물이 다양한 까닭은 기운이 제한적으로 이치를 드러내기 때문이다. 동양 사상에서 '기운(氣)'이란 용어는 예로부터 내포와 외연이 무척 다양하게 나타났는데, 대체로 우주론의 형성과 깊은 연관이 되어 우주 만물의 기본 구성 요소로서 질료적인 것으로 이해되었다. 먼저 갑골문에서 '氣' 자는 '三'로 수평 이동을 의미하는 동사였다. 나중에 '三'은 '气'로 변해 수평 이동과 수직 이동을 함께 의미하게 되었는데, 바람의 정령과 흙의 정령이 오늘날 기운 개념의 원형이었다. 『설문』「氣字部」에는 "气는 云气"이며 "'云'은 구름이 회전하는 모양을 본뜬 것이다"라고 되어 있다. 이는 기운이란 말이 처음에 구름에 대한 관찰에서 생겨났음을 설명해준다. 그런데 '뜬구름'에서 '바람'으로 개념이 가리키는 대상이 옮겨가면서 기운의 의미가 확대됐다. 바람이 나무에 불어오면, 단지 나무가 움직이는 것만 보일 뿐 바람은 보이지 않는다. 이 바람이 곧 기운이라고 해석되면서, 사람들은 원인이 무엇인지는 알 수 없지만 명확하게 변화하는 현상들을 기운이 작용한 결과라고 인식하게 되었다.

전국 시대에 기운의 개념을 정립하는 데 결정적인 역할을 한 맹자는 유명한 호연지기

로 서열을 설정했다(夫志, 氣之帥也)는 점이다(공손추상:2, 7회).『맹자』에서 가장 유명한 이 구절을 상세하게 살펴보기로 하자.

2상:2. 孟子曰: 我四十不動心. 是不難, 告子先我不動心.
맹자가 말했다. "나는 마흔에 마음이 동요되지 않았다. 부동심은 어렵지 않으니, 고자는 나보다 먼저 마음이 동요되지 않았다."

주자: 마흔은 강사彊仕(四十曰强而仕:「곡례」)라 하는데, 군자가 도에 밝아지고 덕이 정립되는 때이다. 공자께서 '마흔에 의혹되지 않았다(四十而

浩然之氣를 설명하면서, 외적 자연물로 인식되던 기운 개념을 인간 주체에 대한 탐색으로 전환시켰다. 그는 기운을 인간을 구성하는 질료로 파악하면서, 도의道義와 한 쌍이라고 주장했다. 다시 말해서 마음과 기운이 상호 보완해서 완성된다고 주장한 것이다. 한편 도가의 장자莊子 또한 음양의 기운이 가장 본질적이고 근원적이며 천지 만물과 인류를 구성하는 질료라고 주장했다. 그는 음양의 두 기운이 모여서 응집하면 어떤 생명체를 이루고, 흩어지면 우주로 되돌아간다는 형기적 생사관을 제시했다.
중국 철학의 전성기인 송대에 맹자의 기운 개념을 이어받아 정립하고 체계화 한 중심 인물은 장재와 주자다. 이들에 따르면 모든 자연물과 자연 현상은 기운에 의해 구성되며, 인간 또한 예외가 아니다. 심지어 주자에 따르면, 인간의 몸과 마음까지도 기운에 의해 구성되고, 인간의 구성체인 사회와 역사 현상 또한 기운의 작용에 의해 이루어진다. 기운은 끊임없이 유동하면서 전변轉變해 다양한 차별상을 만들어내는 질료인이자 운동인이다. 기운은 이치를 드러나도록 하는 매개자이면서 동시에 이치를 은폐한다는 모순을 가진다. 바로 이 점에서 서로 다른 만물이 발생한다.
이치(理)는 감정도 의지도 없고, 어떤 계획이나 헤아림도 없으며, 조작도 없다. 단지 기운(氣)이 엉기어 모인 그 속에 이치가 있다. 천지간에 생겨난 사람 · 사물 · 나무 · 풀 · 금수 중에 종種이 있지 않은 것이 없고, 반드시 종이 있다. 천지는 하나의 사물을 나타나게 하는데, 이것이 모두 기운이다. 본래 이치와 기운은 하나의 깨끗하고 텅 비어 넓은 세계일 뿐, 형적이 없으며 조작 또한 없다. 그러나 기운이 차츰차츰 엉기어 모이면 만물을 생기게 할 수 있다.

不惑)'고 말씀하신 것도 부동심不動心을 말한다.

다산: 고요皐陶의 아홉 덕목 가운데 강강剛·강강彊·색색塞·의의毅와 같은 여러 덕목들은 모두 부동심을 표준으로 삼았으니, '뚜렷하여 떳떳함이 있으면 길하다(彰厥有常 吉哉)'고 했는데, 떳떳함(常)이 부동不動이니, 곧 '부동심不動心' 세 글자는 삼고三古 이래 큰 직위를 받아 큰 책무를 감당하는 자의 첫째 덕목이었다. 의혹과 의혹되지 않음은 지식에 연계되는데, 지식이 미치지 못하면 어찌 의혹되지 않을 수 있겠는가? 그런데 경전에서 말한 부동심은 지식과 연계된 의혹되지 않음이 아니다. 옛사람이 말하길, '대사를 결정하고, 대의를 결정하면서 의복을 정제하고, 성색聲色을 움직이지 않으면서도 천하를 태산처럼 편안하게 해 놓는다.'고 하였으니, 여기서 일문일답은 마땅히 이것으로 구해야 한다.

曰: 敢問夫子之不動心, 與告子之不動心, 可得聞與? 告子曰: 「不得於言, 勿求於心; 不得於心, 勿求於氣」不得於心, 勿求於氣, 可; 不得於言, 勿求於心, 可.

(공손추가) 말했다. "감히 여쭙겠습니다. 선생님의 부동심과 고자의 부동심에 관해 들어볼 수 있겠습니까?" (맹자가 말했다) "고자가 말하길, '말에서 얻지 못하면 마음에서 구하지 말고, 마음에서 구하지 못하면, 기운에서 구하지 말라'고 했다. '마음에서 구하지 못하면, 기운에서 구하지 말라.'는 것은 옳지만, '말에서 얻지 않으면 마음에서 구하지 말라.'는 것은 옳지 않다."

주자: 고자가 이르길, '말에서 얻지 못하는 것이 있으면 마땅히 그 말

을 버리되, 마음에서 그 이치를 돌이켜 구할 필요가 없다. 마음에 불안한 바가 있으면 마땅히 그 마음을 힘껏 제재하되, 다시 기운에서 그 도움을 구할 필요가 없다'고 하였으니, 이것이 그 마음을 굳게 지키고 신속히 동요되지 않은 까닭이다. 맹자가 이미 그 말을 암송하여 단정하여 말하길, '마음에서 얻지 못하면, 기운에서 구하지 말라'고 한 것은 근본에 신속하고 그 말단을 느슨히 한 것이니, 오히려 옳다. 그러나 '말에서 얻지 못하면, 마음에서 구하지 말라'고 한 것은 이미 안에서 잃고 마침내 그 안을 버렸으니, 옳지 못함이 틀림없다. 그러나 무릇 옳다(可)고 한 것 또한 겨우 옳은 것이며, 미진한 것이 있다는 말일 뿐이다.

조기: (고자의 말에서) 얻지 못했다(不得)는 것은 남의 선한 마음과 선한 말을 얻지 못했다는 것이다.

다산: (고자의) '말에서 얻지 못했다(不得於言)'는 것은 말에서 논박되는 바가 있음을 말하고, '마음에서 얻지 못했다'는 것은 마음에 만족하지 못함이 있다는 것이다. 고자는 '말에서 논박되는 바가 있으면 마땅히 버려두고, 다시 그 까닭을 마음에서 구하지 않아야 스스로를 지켜 부동심할 수 있으며, 마음에 만족하지 못함이 있으면 마땅히 버려두고, 다시 나의 기운(吾氣)에서 그 증험하기를 구하지 않아야 또한 스스로를 지키고 부동심할 수 있다.'고 말한 것이다.

고자의 학문은 대개 시비를 묻지 않고, 오직 부동심을 위주로 하였다. 말에서 논박되는 바가 있다면, 반드시 그 마음이 가리거나 함닉한 바가 있다. 마음에 만족하는 못함이 있으면, 반드시 기운이 따라서 막히고 주리게 된다. 말에서 논박되는 것이 있어 마음에서 구하면 병의 원인을 알 수 있고, 마음에서 만족하지 못하여 기운에서 구하면 병의 증세를 알 수 있다. 그러나 원인은 병 이전에 있고, 증세는 병든 이후에 있다. 병을 치료하는 자는 증세에서 구하지 않는 것은 오히려 괜찮다고 할 수 있지만, 원인에서 구하지 않은 것은 크게 잘못 되었다. 이는 맹자의 지언知言 · 양기養氣의 학문과 마치 각궁角弓이 반대로 펼쳐지는 것과 같다.

夫志, 氣之帥也; 氣, 體之充也. 夫志至焉, 氣次焉. 故曰: 持其志, 無暴其氣.

대저 지志는 기氣의 장수이고, 기는 몸에 충만한 것이다. 대저 지는 지극한 것이고 기는 그 다음이다. 그러므로 말하길 '그 지志를 잘 유지하여 그 기氣를 난폭하게 함이 없어야 한다.'고 했다.

조기: 지志는 마음이 염려하는 바이고, 기氣는 형체에 충만하여 희로喜怒가 된다. 지志가 기氣를 통솔 · 운행한다. 지志는 지극히 중요한 근본이고, 기氣는 그 다음이다. 포暴는 난亂이다.

주자: 만일 그것을 지극하게 논한다면, 지(志: 心+之)는 진실로 마음이 가는 것(心之所之)이며, 기의 장수가 된다. 그러나 기氣 또한 몸에 충만하여 의지의 졸도가 된다. 그러므로 지는 진실로 지극한 것이 되고, 기는 그 다음이니, 사람이 진실로 마땅히 경敬하여 그 지志를 지켜야 하지만, 또한 그 기氣를 배양하기를 다하지 않을 수 없다. 대개 그 안과 밖 · 근본과 말단이 교대로 상호 배양하니, 이것이 곧 맹자의 마음이 일찍이 동요하지 않기를 기필하지 않아도 자연히 동요하지 않을 수 있었던 대략이다.

다산: "지志는 장수이고, 기氣는 졸도이다"라는 주자의 정의는 바꿀 수 없다. 다만 후세의 이기설理氣說을 혼합하여 말하면, 크게 잘못될 수 있다. 원래 우리 인간이 생장·양육·운동·지각하는 것은 오직 혈血·기氣 두 가지에 달려있다. 그 형질形質을 논하면 혈은 거칠고 기는 정하고(血粗而氣精), 혈은 둔탁하고 기는 예리하다(血鈍而氣銳). 무릇 희로애구喜怒哀懼의 발현은 모두 마음이 발현하여 지가 된다(心發爲志). 이에 지는 기를 부리고(志驅氣) 기는 혈을 부리니(氣驅血), 이때 안색에 나타나서 사체에 도달한다. 지志는 기의 장수이고, 기氣는 혈을 거느린다. 무릇 몸에 충만한 것은 무엇인가? 곧 기氣이다. 이 기氣가 사람의 몸 가운데 있는 것은 마치 유기游氣가 천지의 가운데에 있는 것과 같다. 그러므로 저것도 기氣라 하고, 이것 역시 기라 한다. 모두 이기의 기(理氣之氣)와 같지 않다(이기가理氣家들은 형질이 있는 모든 것을 기氣라 했다). 무릇 부동심의 방법은 그 지志를 잘 유지하는 것이 첫 번째 일이고, 기氣를 난폭하게 함이 없는 것이 그 다음 공력이다. 능히 이 두 가지를 할 수 있다면, 거의 부동不動할 수 있다. 그러므로 지志가 첫째이고, 기氣는 그 다음이라고 말했다. 포暴란 급하다(急)·빠르다(疾)이다. 부동심의 방법은 먼저 마땅히 그 지를 잘 유지하여 안정되게 하고, 이제 그 기를 제재하여 급하거나 빠르지 않게 해야 한다. 그런 뒤에 희로우구喜怒憂懼가 안색에 불필요하게 나타나지 않고, 성패成敗·이둔利鈍·사생死生·화복禍福이 그 마음을 동요하기에 부족함이 있게 된다.

"旣曰 '志至焉, 氣次焉', 又曰 '持其志無暴其氣' 者, 何也?"
曰: "志壹則動氣, 氣壹則動志也. 今夫蹶者趨者, 是氣也, 而反動其心."

"이미 '지는 지극한 것이고, 기운은 그 다음이다'고 하시고, 또 '그 지를 잘 유지하여 그 기운을 난폭하게 함이 없어야 한다.'고 하신 것은 무슨 뜻입니까?" 말하기를 "지가 한결같으면 기운을 움직이게 하고, 기운이 한결같으면 지를 움직이게 한다. 지금 저 넘어지거나 달리는 것은 기운이지만, 도리어 그 마음을 움직이게 한다."

주자: 맹자는 '지志가 향하는 것이 전일專ㅡ하면, 기氣가 진실로 의지에 따른다. 그러나 기가 있는 곳이 전일하면 지 또한 도리어 움직이게 된다. 예를 들면 사람이 넘어지거나 달리면 기가 오로지 거기에 있어 도리어 그 마음을 움직이게 하는 것과 같으니, 이미 그 지를 잘 유지하되, 또한 반드시 그 기를 난폭하게 함이 없어야 하는 것이다'고 말했다. 정자가 말하기를, '지가 기를 움직이게 하는 것은 열에 아홉이고, 기가 지를 움직이게 하는 것은 열에 하나이다.'고 했다.

조기: 가다가 넘어지는 자는 기가 막혀서(氣閉) 스스로 잘 유지할 수 없기 때문에 지기志氣가 전도顚倒된다.

다산: 허신이 『설문』에서 궐蹶은 도跳라고 하였으니, 궐蹶과 추趨는 도약하는 자(躍者)와 달리는 자(走者)를 말한다. 바야흐로 도약하거나 달리는 자는 그 마음이 안정될 수 없다. 이런 까닭으로 기가 움직이면 마음 또한 수반되어 움직인다. 가다가 넘어진 자는 본래 기가 움직인 것이 아니고, 또한 도약하는 자와 대비가 성립되지 않으니, 아마도 본뜻이 아닌 듯하다. 달리는 자는 앞서 가기에 급하고, 도약하는 자는 위로 가기에 급하다.

"敢問夫子惡乎長?" 曰: "我知言, 我善養吾浩然之氣."

(공손추가 말했다.) "감히 여쭙겠습니다. 선생님께서는 어떤 장점이 있으십니까?" (맹자가) 말했다. "나我는 말을 알며(知言), 우리의 호연지기(吾浩然之氣)를 잘 기른다(善養)."

주자: '지언知言'이란 마음을 다하고 본성을 알아(盡心知性) 무릇 천하의 말에 그 이치를 지극히 궁구하여, 그 시비득실이 그렇게 된 까닭을 알지 않음이 없는 것이다. 호연浩然은 성대하게 흘러 움직이는 모습이다. 기氣는 곧 이른바 몸에 충만한 것이니, 본래 호연하지만 기름(養)을 잃어버렸기 때문에 굶주리게 된다. 오직 맹자만이 그것을 잘 길러서 그 처음을 회복했다. 대개 오직 말을 알면(知言) 저 도의에 밝아서 천하의 일에 의혹되는 바가 없고, 기를 기르면(養氣) 저 도의에 짝하여 천하의 일에 두려할 것이 없게 되니, 이것이 대임大任을 담당하여도 마음을 동요하지 않게 하는 것이다. 고자의 학문은 이것과 정반대가 되니, 그 부동심不動心은 거의 또한 어두워 깨침이 없고, 성급하게 돌아보지 않았을 뿐이다.

다산: 고자가 '말에서 얻지 못 하면 마음에서 구하지 말라'고 한 것에 대하여 '나는 말을 안다'고 하였다. 고자가 '마음에서 얻지 못하면 기운에서 구하지 말라'고 한 것에 대해 '나는 우리의 호연지기를 잘 기른다.'고 했다. 한 번은 말(一言), 한 번은 기(一氣), 그리고 저와 내(彼我)가 상호 대조되었다. 그렇게 되는 까닭은 마음이 곧지 못하면 기가 왕성하지 못하고, 기가 왕성하지 못하면 말이 장엄하지 못하다. 여기서 강구하고자 하는 것은 부동심이지만, 양기養氣 · 지언知言이 그 지도리가

된다. 이것이 이 한편의 요지이다.

조기가 말하길, "(지언知言이란) 내가 남의 말을 들으면, 그 사람이 실제로 무엇을 지향하는지 알 수 있다는 것이다."고 했다(주자의 주석 또한 거의 같다). 내가 살핀다. 지언知言이란 '언어의 근본이 마음에 있음을 안다(知言語之本在心)'는 뜻이다.

"敢問何謂浩然之氣?" 曰: "難言也. 其爲氣也, 至大至剛, 以直養而無害, 則塞于天地之間閒."

(공손추가 말했다) "감히 여쭙겠습니다. 무엇을 호연지기라 합니까?" (맹자가) 말했다. "말하기 어렵다. 그 기운이란 것은 지극히 크고 지극히 굳세어(至大至剛), 곧음으로 기르고 해침이 없으면 천지간에 충색한다."

주자: '말하기 어렵다難言'란 대개 그 마음이 홀로 체득하되, 형상이나 소리로 징험함이 없어 언어로 형용하기가 아직 쉽지 않다는 것이다. 그러므로 정자는 이 한마디 말을 보면 맹자는 실제로 호연지기를 지니고 있었음을 알 수 있다고 말했다. 지대至大는 처음 한량限量이 없음이고, 지강至剛은 굴복·동요할 수 없다는 것이다. 대개 천지의 바른 기운(正氣)을 사람이 얻어 태어났으니, 그 체단體段이 본래 이와 같다. 오직 그 스스로 돌이켜서 응축하면 그 기른 바를 얻지만, 또한 작위하거나 해치는 것이 없으면, 그 본체가 어그러지지 않아서 충색하여 간담함이 없게 된다.

其爲氣也, 配義與道; 無是, 餒也. 是集義所生者, 非義襲而
取之也. 行有不慊於心, 則餒矣. 我故曰, 告子未嘗知義, 以其
外之也.

(맹자가 말했다.) 그 기운이란 의義·도道에 짝이 되니, 이것이 없으면
위축된다. 호연지기는 의를 모아서(集義) 생겨나는 것이지 의가 (밖에
서) 엄습했다고 취해지는 것이 아니니, 행하고서 마음에 흡족하지 않
음이 있으면 주려든다. 그러므로 (나는) '고자는 일찍이 의義를 알지 못
한다.'고 했는데, 그는 의를 외적인 것으로 여겼기 때문이다.

주자: 짝한다(配)는 것은 합하여 도와줌이 있다는 뜻이다. 의義란 인심
의 제제(人心之裁制)이고, 도道란 천리의 자연(天理之自然)이다. 뇌餒는 굶
주리고 부족하여, 기운이 몸에 충만하지 않음이다. 사람이 능히 이 기
운을 양성할 수 있으면, 그 기운이 도의에 합하고 도와주어 그 행위가
용결勇決하게 되어, 회의하거나 꺼리는 바가 없게 한다. 만일 이러한
기운이 없으면, 일시적으로 한 것이 비록 반드시 도의에서 나온 것이
라고 할지라도, 그 몸에 충만하지 않는 바가 있으면 또한 의구疑懼함을
면하지 못하여 훌륭한 일을 하기에 부족하다.

집의集義는 선을 축적한다(積善)는 말과 같으니, 대개 매사가 모두 의義
에 합당하게 하고자 하는 것이다. 습襲은 엄습掩襲하여 취하는 것이다.
기운이 비록 도의와 짝할 수 있지만, 그것을 기르는 시초에 매사가 모
두 의에 합당하여 스스로 돌이켜 항상 곧은 까닭에 부끄러워할 것이
없어 기운이 마음 가운데에서 자연적으로 발생하는 것이지, 단지 하나
의 일을 행하였는데 우연히 의에 부합하여 곧 외부에서 엄습하여 얻은

것이 아니라는 말이다. 겸慊은 유쾌함·만족함이다. 행한 것이 하나라도 의에 합당하지 않아 스스로 돌이켜서 곧지 않다면 마음에 만족하지 않아 그 몸에 충만하지 않음이 있다는 것이니, 그렇다면 의는 어찌 밖에 있는가? 고자는 이러한 이치를 알지 못하고. 이에 인은 안이지만 의는 밖에 있다(仁內義外)고 하였으니, 필시 의를 모아서 호연지기가 생겨나게 할 수 없었다는 말이다.

다산: 주자朱子는 「답여자약서答呂子約書」에서 말했다. "만일 그대가 깨우쳐준 것과 같이 '시是'가 도의道義를 가리켜서 '만일 이러한 도의가 없으면, 기氣가 곧 주리게 된다'는 말이라면, 맹자는 마땅히 그 아래에 몇 마디 말을 덧붙였을 것이고, 그 아래의 '시집의소생의是集義所生矣'라는 말 또한 불필요한 것이 된다."

주자의 뜻은 '호연지기가 없으면 몸이 주린다'는 것이고, 여자약의 뜻은 '도의가 없으면, 기가 주린다.'는 것이다. 이는 하나의 송안訟案이다. 일찍이 가만히 생각해 보니, 몸이 주리는 것(體餒)은 군자가 우려할 것이 아니다. 오직 이러한 의를 모으고 선을 쌓는 공덕이 이르지 않는 바가 있으면, 안으로 병들고 밖으로 부끄러워서 나약하게 저절로 막혀서 기氣가 주리게 되니, 이것이 군자가 부끄러워하는 것이다. 맹자는 집의集義를 생기生氣의 근본이라고 했지만, 주자는 양기養氣를 의를 행하는 보조(行義之助)라고 하였으니, 그 선후본말이 전도된 듯하다. 원래 저 호연지기란 단순히 생겨나지도 않지만, 억지로 배양할 수도 없다. 오직 도에 근거하고 의를 행함으로 나날이 쌓고 다달이 축적하여 마음이 넓고 몸이 펼쳐져서, 하늘을 우러러 보거나 땅을 굽어보아 부끄러움이 없게 된다. 이에 빈천이 근심하게 할 수 없고, 위무가 굴복시킬 수 없어, 기氣가 천지에 충색하는 데에 이르게 된다. 만일 기氣를 기르려는 사사로운 의도가 있어 기를 업으로 삼으면 곰과 새처럼 양생법의 하나로 숨을 내쉬고 들이마시는 것을 제외하고는, 기를 기르는 데에 종사하는 바가 없게 된다. 싹을 뽑아 올려 (억지로) 성장을 돕는 것(揠苗助長)을 경계한 이유가 바로 여기에 있다. '의가 밖에서 엄습했다고 취해지는 것은 아니다(非義襲取)'는 구절 또한 이 뜻을 거듭 밝힌 것이다. 주자가 어떤 이유에서 여자약의 설명을 확고하게 거부했는지 알지 못하겠다. 배配란 합함이니, 호연지기는 모름지기 도의에 의해 생겨나고·길러지니, 서로 떨어질 수 없다는 것을 말한다.

조기는 말하길, '집集은 섞음雜이다. 소리 없이 적을 잡는 것을 습襲이라 한다'고 했다. 주자는 『집주』에서 말하길, '집의集義란 적선積善과 같다'고 했다.

호연지기는 하루아침에 생겨나는 것이 아니라, 반드시 인을 축적하고 의를 누적하여(積仁累義) 배양함에 해가 없는 다음에야 그 기가 이루어진다. 조기의 주석은 잘못되었다. 이 기는 도의가 이룬 것이니, 위의 지기의 기(志氣之氣)와 비교해 보면, 또한 한 층 넘어서니, 기氣라고 명명하는 것은 부당한 듯하다. 그러나 신神·형形은 묘합妙合하니, 살찜과 수척함이 서로 연관된다. 마음이 넓으면 몸이 펴지고, 욕심이 넘치면 눈동자가 흐려지고, 아름다움이 마음 가운데 있으면 윤기가 얼굴에 나타나서 등에 넘치며, 부끄러움이 마음 안에 있으면 땀이 나고 안색이 붉어지니, 모두 신·형 묘합의 명확한 증험이다. 오늘 하나의 의를 행하고, 내일 또 하나의 의를 행하여 의가 이미 축적되고, 기가 이것에 의해 길러지면, 이에 그 체력의 광대함이 비록 천지에 충색될 수 있다고 할지라도, 신·형이 묘합하여 항상 머물러 있는 바, 끝내 형구形軀 안에서 분리되지 않아야 이에 기氣라고 명명할 수 있게 된다.

必有事焉而勿正, 心勿忘, 勿助長也. 以為無益而舍之者, 不 耘苗者也; 助之長者, 揠苗者也. 非徒無益, 而又害之.

(호연지기를 기르는 자는) 반드시 종사함이 있되 미리 기필(正=豫期)하지 말고, 마음에 잊지도 말며, (억지로) 조장하지도 말아야 한다. 호연지기를 무익하다고 해서 버려두는 자는 비유하면 싹을 김매지 않는 것과 같고, 호연지기를 억지로 조장하는 자는 비유하면 싹을 뽑아 올리는 것과 같으니, (억지로) 조장하면 단지 무익할 뿐만 아니라 또한 해치게 된다.

조기: 사람이 인의仁義의 일을 행하면 복이 반드시 그 안에 있으니, 미리 기필하지 말아야 한다고 말했다.

주자: 기를 기르는 자(養氣者)는 반드시 의를 모으는 데에 종사하되 그 효과를 미리 기필(正=預期)하지 말고, 혹 아직 충만하지 않으면 단지 마땅히 종사할 것이 있다는 것을 잊지 말고, (의도를 지니고) 인위적으로 조장助長하지 말아야 하니, 이것이 곧 의를 모으고 기를 기르는 절도節度이다.

다산: (물정勿正의) 정正이란 화살을 쏘는 자가 정곡에 맞추기를 기필하는 것이다. 이 절은 곧 호연지기를 기르는 현묘한 비결(玄訣)이다. 호연지기는 엄습하여 취할 수 없고, 단지 도의를 쌓아서 그 자연에 맡기는 것이 근본 방법이다. 만일 (호연지기에) 종사해야 할 때에는 스스

로 기期·필必하여 호연지기를 발현하는 것을 강요한다면, 이것이 이른바 싹을 뽑아 올리는 것(揠苗)이다. 그러므로 맹자가 경계하여 말하기를, '반드시 종사함이 있을 때에는 기필할 바를 먼저 설정하지 말고(勿先設正), 단지 마음 안에서 바르고 곧은 도리를 잊지 말고(心勿忘), 절대로 조장하여 싹을 뽑아 올리는 잘못을 범하지 말라.'고 하였으니, 이것이 호연지기를 기르는 방법이다. 뜻이 깊고, 오묘하도다! 몸소 행하여 마음으로 체득한 자가 아니라면, 무엇으로 이런 경지에 들어갔겠는가? 조기의 주석은 갑자기 복을 바라고 복을 구하는 설을 내세웠으니, 우원하고 비루함이 심하다.

"何謂知言?"曰:"詖辭知其所蔽, 淫辭知其所陷, 邪辭知其所離, 遁辭知其所窮. 生於其心, 害於其政; 發於其政, 害於其事. 聖人復起, 必從吾言矣."
"말을 안다는 것은 무슨 뜻입니까?" (맹자가) 말했다. "치우친 말에는 그 가려진 바를 알고, 음탕한 말에는 그 빠져 있는 바를 알고, 사악한 말에는 그 괴리된 바를 알며, 회피하는 말에는 궁한 바를 안다는 것이다. (이 네 가지 말은) 말하는 그 사람의 마음에서 나와서 그 정치(政治)에 해를 끼치며, 정치에 펼쳐지면 그 일에 해가 된다. 성인께서 다시 나오시더라도 반드시 나의 말을 따를 것이다."

주자: 피詖는 편파偏陂이고, 음淫은 방탕放蕩이고, 사邪는 사벽邪僻이고, 둔遁은 도피逃避이다. 이 네 가지는 상호 원인이 되니, 말의 병통이다. 폐蔽는 차격遮隔이고, 함陷은 침닉沈溺이고, 이離는 반거叛去이고, 궁窮

은 곤굴困屈이다. 네 가지 또한 상호 원인이 되니, 마음의 과실이다. 사람의 말은 모두 마음에서 나온다. 그 마음이 바른 이치에 밝고 가려짐이 없어진 뒤에야 비로소 그 말이 평정平正 · 통달通達하여 병통이 없어지게 되지만, 진실로 그렇지 않으면 반드시 이 네 가지 병통이 있게 된다. 그 말의 병통에 즉即해서 그 마음의 과실을 알고, 또한 그 정사에 해가 됨이 결정적이어서 바꿀 수 없다는 것을 아는 것이 이와 같으니, 마음이 도리에 통하고 천하의 이치에 의혹됨이 없지 않다면, 그 누구 능히 이것을 할 수 있겠는가?

조기: 네 가지 종류의 말은 내가 들으면, 그 추향하는 바를 능히 알 수 있는 것들이다.

다산: 고자가 '말에서 얻지 못하면 마음에서 구하지 말라'고 한 것과 맹자가 '말에서 얻지 못하면 반드시 마음에서 구하라'고 한 것은 완전히 상반된다. 파詖 · 음淫 · 사邪란 말에 잘못이 있는 것이니, 이른바 말에서 얻지 못한 것(不得於言)이다. 말이 치우치면 그 마음이 가려진 바가 있음을 알고, 말이 음탕하면 그 마음이 빠진 바가 있음을 알고, 말이 사악하면 그 마음이 위반된 바가 있음을 알 수 있으니, 이른바 '말에서 얻지 못하면 반드시 마음에서 구하라'는 것이다.

마음이 곧지 않으면 기氣가 왕성하지 않고, 기가 왕성하지 않으면 주장(辭)이 씩씩하지 못한다. 이것은 필연의 이치이지만, 고자는 말하기를 '말에서 얻지 못하면 마음에서 구하지 말라'고 했으니, 이는 결단코 이치에 어긋나는 말이다. 말(言)이란 마음의 표지(旗)인데, 고자는 둘로 나누었으니, 어찌 통할 수 있겠는가? 맹자는 호연지기는 곧은 마음에서 생겨나고, 통창通暢한 말 또한 곧은 마음에서 생긴다. 그러므로 말하기를 '나는 말을 안다'고 하였고, '나는 기氣를 기른다'고 하였다. 요즘 사람들은 이 장을 읽으면서 언言과 기氣, 이 두 가지가 상하를 관통한다는 것을 알지 못하니, 무엇으로 이해하겠는가?

이치에 밝다(明理)고 하더라도 말(言)을 알 수는 없으니, 반드시 그 마음이 의를 지켜 정직하여(秉義正直) 가리거나 함닉하는 바가 없어진 뒤에야 비로소 치우치거나 음탕한 병통이 없어진다. 만일 호연지기가 집의集義에서 생겨난다면, 명리설(明理說: 주자의 이치에 밝아야 한다는 이론)을 만들 수는 없다

10장

『맹자』,
인간 본성의 선함을 증명하다!

1. 마음心이란?

『논어』에서 공자는 마음이란 성실히 운용하되, 인仁과 같은 미덕에 의거하면서 법도(矩:표준, 당위)의 제재를 받아야 한다고 말했다. 『대학』에서는 신체의 주재자로서 마음은 수신修身을 위해 바루어져야할 대상(正心)으로 정립되었다. 『논어』와 『대학』의 관점을 계승하면서, 맹자는 마음은 자기반성(思)[1]의 능력을 지닌 주체라는 점에서 여타 감관(이목지관)에 비해 탁월한(大) 존재이며, 나아가 동류로서 인간의 마음에는 동일하게 (기쁘게) 여기는 것(心之所同然者)이 있다(理와 義)고 주장하여, 유교의 심성론의 최초 정립자가 되었다.

전국 시대의 맹자는 당시 사회와 시대상을 통탄하고, 당시 인간들의 방심과 인간성 상실을 신랄하게 비판하고, 공자의 도를 계승·수호·실현함으로써 시폐를 극복하고자 했던 역사의식에 충만했던 인물이었다. 그의 위대성은 피폐한 인간 현상에서부터 인간 마음과 그 본성이 악하다는 부정적·비관적 결론에 도달한 것이 아니라, 악한 인간 현상은 선한 본 마음의 상실에 기인한다고 진단하면서 그 본성의 회복에 진력한 데에 있다. 맹자는 그 단서를 인간 마음의 자기반

---

1. 여기서 '자기-반성'이란 물론 '思'자에 해당한다. 梁澤波의 조사에 의하면, 『맹자』에서 '思'자는 총 27회로 '語詞' '思慮' '反思' 등 3가지 의미로 쓰였는데, 마음의 자기관계 혹은 마음과 그 본성과 연관해서 말할 때는 '反思'의 의미로 쓰였다. 梁澤波, 『孟子性善論研究』, 中國社會科學出版社, 1996, 111面.

성의 능력에서 찾았다. 즉 맹자는 우리 마음은 하늘이 부여한 자기반성의 능력이 있기 때문에, 이를 통해 그 큰 것(大體)을 정립한다면, 그 작은 것(小體)을 추구하여 미혹된 마음을 회복하여 대인이 될 수 있다고 했다(6상:11~15).

그렇다면 맹자가 말한 마음의 자기반성이란 무엇이며, 무엇을 어떻게 반성하여 그 본성을 확인한다는 말인가? 그것은 감관을 통해 이루어지는 경험적·객관적·대상적 관찰과 어떻게 다른가? 그런데 신체의 경우라면 몰라도, 마음이 문제되는 경우에는 우리 마음은 그 자신을 스스로 이해·주재하는 방법밖에 다른 방식이 없다. 즉 인식하는 주관이 주관밖에 있는 대상을 표상·모사하는 대상적 인식과 다르게, 마음의 자기인식의 경우에는 인식하는 자도 자기 마음이며, 인식되는 것 역시 자기 마음이다. 따라서 마음의 자기인식에서는 인식의 주체와 그 대상은 동일자의 다른 이름(異名)이며, 나아가 어느 정도 자기를 이미 알고 있음(선이해)이 틀림없다.[2] 그렇다면 여기에는 모종의 순환성이 내포되어 있다.

마음은 그 마음이 무엇인지를 알기 위해서는 우선 그 마음이 무엇인지를 알고 있어야 한다. 이는 분명 형식 논리적으로 순환성의 오류를 범하고 있는 것이 된다. 이러한 순환성은 이미 플라톤이 시적詩的

---

2. 후설 현상학에서 사유작용noesis과 사유대상noema의 상관관계 및 불교에서 말하는 始覺과 本覺의 일치(선불교의 公案에서 問卽答 答卽問), 그리고 특히 데카르트의 방법론적 회의에서 도달된 cogito와 cogitatum의 일치 등을 생각하라. 독일어의 '의식'을 가리키는 낱말인 Bewusstsein(이미 알고 있는 존재)라는 말은 바로 이런 사정에서 형성되었다고 할 수 있다.

으로 묘사한 바 있듯이,[3] 인간 인식 활동의 본질적인 한계인 동시에 적어도 인간의 자기이해에서 원동력이다. 그리고 바로 이런 사태를 현대 철학에서는 '해석학적 순환성hermeneutische Zirkel'이라고 말한다. 즉 적어도 인간 마음의 자기이해는 자신의 선이해와 '학學과 반성反省'의 상호 침투와 상호 보완하는 방식[4]으로 이해할 수밖에 없다.

그렇다면 마음이 자기반성을 통해 정립해야 하는 큰 것(大體)이란 무엇인가? 맹자에 따르면, 그것은 곧 마음의 본성인 인(仁義, 仁義禮智)이다.[5] 맹자가 "인은 사람의 마음이다(仁 人心也)" 혹은 및 "인은 사람의 편안한 집이다(仁 人之安宅也)"[6]고 말하여, 인이 바로 인간 마음의 본성, 혹은 단적으로 "'인간 그 자체'로서 인감 됨을 실현하는 길이다."[7]라고 말했다. 그래서 그는 "인의예지는 밖으로부터 우리를 녹여서 들어오는 것이 아니라, 우리가 본래 지니고 있건만, 반성하지 않을 따름이다. 그러므로 구하면 얻고 놓으면 잃는다."[8]라고 말했다. 요컨대 맹자에 따르면, 인간은 그 존재 의미가 되는 본성으로서의 인(仁義禮

----

3. Plato, Meno, 80d. "모든 인식은 이미 알고 있는 것이 알지 못하는 것이라는 것을 인식하는 데에서 출발한다."

4. 『논어』 2:15의 "學而不思則罔 思而不學則殆"라는 구절을 이를 잘 나타내 준다.

5. 『맹자』 4하:28. "孟子曰 君子所以異於人者 以其存心也 君子 以仁存心 以禮存心"

6. 맹자가 "인이란 인간이다(仁也者 人也)"(7하:16)라고 말한 것 또한 같은 의미이다. 인간의 본성이 마음에 있고, 그 본성이 仁(義禮智)에 있다면, 推移律에 의해 "인간 본성은 仁이다." 혹은 "仁이 인간의 본성이다."고 말할 수 있다. 그리고 『맹자』 4상:10의 '安宅'이란 표현은 '居仁'과 함께 맹자의 仁에 대한 존재론적 정의를 나타내는 가장 주목할 표현이다.

7. 『맹자』 7하:16. "孟子曰 仁也者人也. 合而言之 道也."

8. 『맹자』 7상:6. "仁義禮智非由外鑠我也 我固有之也 不思耳矣 故 求則得之 舍則失之"

智)을 본래 고유하게proper 갖추고 태어났으며, 그 본성은 하늘로부터 부여받은 능력인 자기반성에 의하여 정립할 수 있다. 이렇게 맹자에 따르면, 인간의 본성인 인의예지는 감관에 의한 경험적 관찰로 발견하는 것이 아니라, 마음의 자기반성 혹은 자기이해를 통한 자각의 정도에 따라 순환적으로 정립된다.

그런데 맹자는 이렇게 자기반성에 의해 확인된 마음의 본성인 인의예지를 '구하면 얻고, 놓으면 잃는 것이다'고 말한다. 즉 맹자가 말하는 마음에는 '求구하고 舍사하는 활동하는 마음'과 이렇게 '활동하는 마음이 지향하는 대상이 되는 본성(인의예지)'이 상호 내속 관계에 있다. 이렇게 활동하는 마음과 지향대상이 상호 내속하는 관계에 있기 때문에 마음은 자기반성을 할 수 있는 것이다. 즉 지향적인 마음은 그 작용에서 그 본성이 무엇인지를 이미 알고 있기 때문에, 자기반성을 했을 때에 그 본성(인의예지)에 충실하게 성실했으면 즐거움이 더 클 수 없지만, 그렇게 하지 못하여 만족하지 못하면(不慊) 호연지기가 쭈그러들게(餒) 된다.

마음의 본성으로서 인(의예지)은 활동하는 인간 마음이 창조한 것이 아니라 하늘이 우리에게 소여한 것이며(天之所與我者), 따라서 맹자가 말하는 인간 본성은 마음에 내재하는 실재적인 것ontological reality이다. 그러나 이 측면을 너무 과장해서 맹자의 성性을 적어도 서양철학의 의미에서 '변화로부터의 논증'에서 나온 불변의 실체substance(그것이 존재하기 위하여 다른 어떤 것도 필요로 하지 않는 것)로 해석하지는 말아야 한다. 왜냐하면 맹자는 분명 "구하면 얻고 놓으면 잃는 것"이 바로 마음의 본성이라고 말하고 있기 때문이다. 즉 만일 맹자가 말한 성이 불변의 실체라면, 구하고 놓는 마음의 활동과는 상관없이 항상 불변의 것으로 남아 있어야 하지만, 맹자는 그런 것으로 제시하지 않았다. 다음 구절이 그 증거이다.

그러므로 구하면 얻고 놓으면 잃는다고 말한 것이니, 혹 어떤 사람은 다른 사람보다 두 배 노력하고, 어떤 사람은 다섯 배 노력하며, 어떤 사람은 헤아릴 수 없을 정도로 노력하는 것은 자신이 본래 품부 받은 재질을 완전히 확충하지 못했기 때문이다.[9]

오곡은 종자의 아름다운 것이지만, 참되게 익지 못하면 피만도 못하다. 대저 인仁 또한 익숙히 함에 달려 있을 뿐이다.[10]

맹자가 말하는 성性은 이미 주어져 있는 '존재론적인 실재성'일 뿐만이 아니라, 또한 '실존적 실현과정'으로 정립되는 것이다. 환언하면 맹자는 인성과 그 내용인 인의예지를 '비유외삭아야非由外鑠我也'·'아고유지我固有之'·'인개유지人皆有之'라고 표현하여 모든 인간이 지니고 태어난 존재론적 실재성이라고 규정한 동시에 실존적 실현과정으로 제시했다.[11] 만일 전자인 존재론적 실재성만을 강조한다면 맹자가 말

----

9. 『맹자』 6상:6. "故曰 求則得之 舍則失之 或相倍蓰而無算者 不能盡其才者也"
10. 맹자』 6상:19. "孟子曰 五穀者 種之美者也 苟爲不熟 不如荑稗 夫仁 亦在乎熟之而已矣"
11. 뚜 웨이밍(정용환 역), 「도덕적 자기 개발에 대한 맹자의 생각」 『뚜웨이밍의 유학강의』, 청계, 1999, 85-103쪽 참조.

하는 인간 본성은 불변의 실체가 되어 버려 실천해야 할 이유가 없게 되며, 후자(실존론적 실현 과정)만을 강조하면 행동주의적·문화론적[12] 의미를 지니게 되어 인간의 본성으로서 그 존재론적 근거를 상실하게 된다. 이 양자는 맹자에게서 하나이면서 둘이고 둘이면서 하나인 관계로 통일되어 있다.

맹자가 말하는 성性은 단순한 실체가 아니라고 하는 점은 철학적으로 보았을 때 중요한 의미를 지닌다. 이 점은 유가가 지닌 기본 세계관으로 보았을 때에도 그 타당성은 인정된다. 동動이 배제된 정靜이나, (변變)역易이 전제되지 않은 상常(不易)은 적어도 유가들의 사전에는 존재하지 않는다. 천·지, 인人·물物, 심·신, 남·여, 부·자, 군·신 등은 모두 음양의 상관 개념으로 일자 없는 타자는 공허한 추상에 지나지 않는다.[13] 따라서 아我는 항상 타他를 전제로 한다. 이는 공자와 증자에서 '서恕'(如 + 心 : 推己及人)로 나타났다. 맹자의 마음(心)에는 몸(身)의 개념이 동반되어 있으며,[14] 심신관계는 지志와 기氣의 관계로 나타났다. 맹자는 "기氣를 몸에 꽉 차 있는 것이라면 지志는 기氣

----

12. 맹자의 인성을 행동주의적·실용주의적·도구주의적으로 해석한 글로는 다음을 참조. R. T. Ames, The Mencian Conception of Ren xing人性 : Does it Mean "Human Nature," ed. Henry Rosemount, Jr, Chinese Text and Philosophical Contexts － Essays Dedicated to A. C. Graham, Open Court, 1991. I. Bloom, "Mencian Argument on Human Nature(Jen－hsing)," Philosophy East and West, Vol 44 · N 1, UH Press.
13. 신오현, 「유가적 인간 이해 : 초인 이념으로서 君子의 개념」, 『자아의 철학』, 문학과 지성, 1987, 232～233쪽 및 236쪽.
14. 김형효 교수는 유가에서의 심신관계는 '心身不二而不一'이라고 말했다. 김형효, 「고대 신화에 나타난 한국인의 철학적 사유」, 『한국철학사』상, 동명사, 1987, 42-45쪽.

의 장수라고 하며, 지를 잡아서 기氣를 난폭하게 하지 말라(持其志 無暴其氣)."고 한다. 왜냐하면 "지志가 전일하면 기氣가 움직이고, 기가 전일하면 지가 움직이고 …… 지금 넘어지는 자와 달리는 자, 이는 기이나 도리어 그 마음이 동요되기 때문이다."고 말한다. 이렇게 맹자는 지志와 기氣의 분리를 거부하고, 양자는 상호 보완·완성되는 것이라고 주장한다. 그런데 지志를 잡아 기氣를 난폭하게 하지 말라는 것은 무엇을 말하는가? "무엇을 호연지기라고 하는가?"라는 공손추의 질문에 맹자는 '말하기 어렵(難言)'고 전제하고 나서 다음과 같이 설명했다.

> 그 기氣됨이 지극히 크고 강대하여 정직함으로써 기르고 해침이 없으면, 하늘과 땅 사이에 꽉 차게 된다. 그 기氣됨이 의·도와 짝하니, 이것이 없으면 굶주리게 된다. 이는 의를 모아서 생기는 바니 의가 (외부로부터) 엄습하여 취한 것이 아니다. … 내가 그러므로 말하기를 고자는 일찍이 의를 알고 못했다고 말한 것이니, 의를 밖이라고 간주했기 때문이다.[15]

환언하면, 맹자에게서 심心은 신身과 논리적으로 불가분적으로 연관된다. 이는 지志와 기氣의 관계로 표현되는데, 이 양자는 현실에서 지지持志와 양기養氣의 방식으로 상호 보완·완성되는 관계이다. 그

---

15. 『맹자』 2상:2. "其爲氣也 至大至剛 以直養而無害 則塞于天地之間 其爲氣也 配義與道 無是 餒也 是集義所生者 非義襲而取之也 … 我故 日 告子未嘗知義 以其外之也."

런데 그 지志의 지향대상은 인의仁義와 연관된다는 점에서 지지持志는 곧 인仁에 기거하고 의義로 말미암는 것이다. 따라서 지지持志에 의한 양기養氣, 혹은 이 양자의 조화로운 함양은 곧 맹자가 말하는 방심을 수렴하는 '존심存心'이란 뜻이며, 존심存心은 그 마음의 본성인 인의의 양성을 의미한다. 다시 말하면 심心과 지志의 개념 속에는 이미 신身과 기氣의 개념이 내포되어 있기 때문에, 이 양자는 통일로서 그 동적 성격을 유지하게 된다. 따라서 마음은 고정된 실체가 아니라, 부단히 방심을 수렴하는 존심의 방식으로 그 존재 의미를 지니며, 그 마음의 본성인 인의예지 역시 그 자체 실체가 아니라, 존심存心·양성養性의 방법으로 부단히 보존·실현되어야 하는 것이다.[16]

이렇게 모든 인간이 이미 지니고 태어난 본성(仁)은 현실에서는 오직 방심放心을 수렴하는 존심과 양성으로 실현되는 것이다. 이는 앞서 인용한 "오곡은 종자의 아름다운 것이지만, 진실로 익지 못하면 피만도 못하니, 대저 인仁 또한 익숙히 함에 달려 있을 뿐이다"고 말한 것과 연결된다. 즉 맹자는 마음과 인仁을 곡식과 그 종자의 관계로 비유했었다. 이 비유를[17] 통해 맹자가 말하는 것은 무엇인가? 곡식

----

16. 『맹자』 7상:1. "孟子曰 盡其心者 知其性也 知其性 則知天矣 存其心 養其性 所以事天也"

17. 『논어』에서 仁을 비유함에 있어 공자는 주로 공간적·정향적인 비유를, 그리고 증자는 여행에 비유하면서 자기-훈육과 절제 등을 강조하여 실천의 지난성을 말하였지만 결코 비관론적(pessmistic)이지는 않았다. 이와 비교해서 맹자는 仁을 식물·나무·생장하는 곡식 등 유기체에 은유하면서 성장·실현·성숙을 강조하면서, 모든 인간이 仁을 성장·실현·성숙시킬 수 있는 내적 에너지를 확신시키는 데에 초점을 두었다. 다시 말하면, 공자와 증자는 仁의 보존과 지속을 강조했다면, 맹자는 자연적 과

(心)의 본성인 그 종자(仁)는 정상적인 발양조건에서 살아나서 실현實現 (realization, embodiment: 속이 차고 영글어 생명의 핵심을 들어냄) 되는 것이다. 이것이 의미하는 것은 곡식의 종자(오곡)는 그 자체 오곡의 성性을 간직하고 있지만(이는 외적 환경과 아무런 상관이 없다), 그 자체 독립된 실체가 아니라 부단히 현실적인 환경과 연관하여 보존·성장·실현되어야 하는 것이다. 맹자는 이를 송나라 사람의 비유를 들면서, 종사함이 있으면서도 마음에서 그 효과를 미리 기약하지도·잊지도·조장하지도 말라(心勿正·勿忘·勿助長也)고 했었다. 이는 맹자가 인仁을 사람의 마음 혹은 사람으로, 의義는 사람의 (바른) 길이라고 말한 것과 연관된다. 인仁이란 그 글자의 구성(人+二)에서 나타났듯이 사람과 사람의 관계, 즉 단적으로 인간人間, 곧 인간 본성을 의미한다면 의義는 인仁의 외표外表로 사람이 가야 할 바른 길을 의미한다.[18]

정에서 仁의 자연스런 실현에 초점을 두었다. 이에 대한 좀 더 자세한 논구로는 다음을 참조하라. I. Bloom, "Three Vision of Jen," Meeting of Mind : Intellectual and Religious Interaction in East Asia Tradition of Thought, eds. I. Bloom and J. A. Fogel. Columbia Univ Press, 1997.

18. 신오현, 「사람이란 무엇인가?」, 『자아의 철학』, 문학과 지성, 1987, 16쪽. 그리고 김형효, 앞의 책, 111-117쪽 참조.

2. 인성人性의 증명

맹자가 확인 · 정의한 인성은 감관을 통해 경험적으로 관찰된[1] 것이 아니라, 이념 규정적으로 정립된 것이다. 즉 맹자가 정립한 인간본성은 하늘이 부여한 것으로 요순과 같은 성인에서부터 길거리의 일반인에 이르기까지, 모든 인류가 고유하게 공유하고 있는 것이다. 따라서 맹자의 인성은 그 인성을 지니지 않는 한 인간을 표본으로 제시함으로 반증 · 부정될 수 있는 '경험적 일반화'가 아니라, 일종의 선험적 논증을 통해 정립된 것으로 보편성을 지닌다. 그렇기 때문에 맹자는 도처에서 인성을 수식하는 어구로서 '인개유지人皆有之' '아고유지我固有之'라는 언명을 사용했다.[2]

이러한 일종의 선험적 논증은 아마도 맹자 본인에게서는 마치 물이 아래로 흐르는 것처럼 너무도 자명한 것일 수도 있었겠지만, 일상인들은 납득하기 어려운 것이었다. 그런데 『맹자』를 보면, 맹자는 그 대적자들 뿐만 아니라, 자신의 제자들마저도 설득시키지 못하고 있기도 하다. 그래서 맹자는 일상인이 납득할 수 있도록 몇 가지 예증을

- -

1. R.T. Ames는 이런 입장을 취하면서, 맹자가 말하는 인성의 동일성은 '가족-유사성'(familly-resembalance)에 지나지 않는다고 말한다. 앞의 논문, 161쪽. 그러나 이러한 지적은 결코 타당하지 않다고 우리는 생각한다. 왜냐하면 맹자는 분명 人'皆'有之와 같은 표현을 사용하기 때문이다.
2. 『맹자』 3상5, 5상:6, 6상:8, 6상:10, 6상:17, 7상:1, 7상:15 등.

구성하였는데, 그 가운데 대표적인 것이 바로 다음 구절이다.

그러므로 무릇 동류同類하는 것은 대부분 서로 유사하니, 어찌 홀로 사람에 있어서만 의심하리요, 성인도 우리와 동류이다. … 그러므로 말하기를, 입이 맛에 있어서 즐김을 같이 함이 있으며, 귀가 소리에 있어 들음을 같이함이 있으며, 눈이 색에 있어서 아름다움을 같이 함이 있다. 마음만 홀로 같이 그렇게 여기는 것이 없겠는가? 마음의 같이 그렇게 여기는 것은 무엇인가? 이理와 의義를 말한다. 성인은 우리 마음의 같이 그렇게 여기는 것을 먼저 터득했을 따름이다. 그러므로 이理와 의義가 우리 마음을 기쁘게 함은 초식 동물과 곡식 동물이 우리 입을 기쁘게 함과 같다.[3]

맹자는 인간 감각의 공통적인 기호로부터 (초감각적인) 마음의 동일성을 유비類比하여 제시하고 있다. 이에 대해 김형효는 「실재론적 유비개념에 의하여 성선性善의 보편성을 유추함」이란 주제로 다음과 같이 말했다.

맹자 사상의 전체적 구도에서 보면, 그가 감각적 실재론 보다 정신적 실재론을 겨냥하고 있고, 감각적 지각 행위에 불신을 두고 있는 것은

----

3. 『맹자』 6상:7. "故凡同類者 擧相似也 何獨至於人而疑之 聖人 與我同類者 … 故曰 口之於味也 有同耆焉 耳之於聲也 有同聽焉 目之於色也 有同美焉 至於心 獨無所同然乎 心之所同然者 何也 謂理也義也 聖人 先得我心之所同然耳 故 理義之悅我心 猶芻豢之悅我口."

사실이다. 그러나 그는 정신적 실재의 보편성을 이해시키기 위하여, 경우에 따라 필요하면 감각적 실재의 보편성을 가시화可視化하여 정신적 실재의 불가시성不可視性을 유비적으로 암시하고 있다.[4]

그런데 맹자가 '감각적 실재의 보편성'을 가시화하여 정신적 실재의 불가시성을 유비 추론했다는 구절에 대해서는 약간의 의문을 가진다. 왜냐하면 맹자는 '감관이 지닌 기호의 공통성'에서 감관으로 확인되지 않는 우리 마음이 지닌 '정신적 실재의 공통성 혹은 공통된 기호'를 유추한 것으로 보이기 때문이다. 이 문제는 표현상의 문제로 차치하고, 위의 지적에서 "정신적 실재의 보편성을 이해시키기 위하여, 경우에 따라서는"이라는 지적은 탁월한 해석이라고 생각된다. 다시 말하면, 상기의 구절은 맹자가 '심지소동연자心之所同然者'가 있음을 일반인에게 방편술로 환기시킨 것이지, 맹자의 이론 전체가 이 유비 추리에 근거해 있다고 간주한다면 맹자의 심성론은 그 기반이 너무도 허약해진다. 왜냐하면 이 유비 추리는 수학적인 비례식, 예컨대 '2:3=3:X'일 경우, 여기서 'X'는 정확하게 규정할 수 있지만, 감각적 기호와 심적 기호와의 유비는 이런 방식과 그 질을 달리하기 때문이다. 게다가 '역사적 상대주의'와 '문화적 상대주의', 그리고 인식론적 무정부주의가 상당히 횡행하고 있는 오늘날의 관점에서 보면 우리 감관에 공통된 기호가 있다는 맹자의 주장 또한 단지 '가족-유사성'은 지닌다고 할 수 있지만, 보편성을 지닌다고 말하기 어렵다. 따

----

4. 김형효, 『맹자와 순자의 철학사상 : 철학적 사유의 두 원천』, 삼지사, 1990, 50−52쪽.

라서 맹자의 주장은 '심지소동연자心之所同然者'에 대한 문제제기, 혹은 일반인들에게 관심을 환기시키는 것이 될 수 있을 지라도, 문제의 해결책을 제시했다고 할 수 없다.

그렇다면 맹자는 이런 유비 추리만을 제시한 것인가? 결코 그렇지 않았다. 맹자가 제시하는 탁월한 예증인 이른바 「유자입정」의 경우를 만나게 된다.

사람은 모두 차마 못하는 마음이 있다. 선왕이 차마 못하는 마음이 있어 이에 차마 못하는 정치를 폈으며, 차마 못하는 마음으로 차마 못하는 정치를 펴면, 천하를 다스림은 손바닥 위에 놓고 운행하는 것처럼 쉽다.

사람이 모두 차마 못하는 마음이 있다고 말하는 근거는, 지금 사람이 갑자기 어린아이가 장차 우물로 들어가려고 하는 것을 보고 모두 깜짝 놀라는 측은지심이 있으니, 이는 어린아이의 부모와 친교를 맺고자 해서도 아니며, 향당과 벗들에게 칭찬을 듣기 위해서도 아니며, (잔인하다는) 소리가 싫어서도 아니다. 이것으로 보면 측은지심이 없으면 사람이 아니며, 수오지심이 없으면 사람이 아니며, 사양지심이 없으면 사람이 아니며, 시비지심이 없으면 사람이 아니다. 측은지심은 인의 단서이며, 수오지심은 의의 단서이며, 사양지심은 예의 단서이며, 시비지심은 지의 단서이다.

사람에게 이 사단四端이 있음은 사체四體를 지니고 있는 것과 같으니, 사단을 지니고 있으면서 스스로 (인의예지를) 행할 수 없다고 하는 자는 스스로를 해치는 자요, 그 임금이 (인정仁政을) 시행할 수 없다고 하는 자는 그 임금을 해치는 자이다. 무릇 우리에게 있는 사단을 모두 넓혀서 채울 줄 안다면(擴而充之) 마치 불이 처음 타오르고, 샘이 처음 나오는 것과 같을 것이니, 진실로 능히 채우면 족히 사해를 보호할 수 있고, 진실로 채우지 못한다면 부모도 족히 섬길 수 없다.[5]

서양 철학사에서 절대적인 영향력을 미친 플라톤『국가론』에 나오는 동굴의 비유에 비견될 정도로 유가사상에서 획기적인 장을 마련한 것으로 평가되는[6] 이 논변을 요약해 보면 다음과 같다.

① 모든 사람은 공통된 '불인인지심不忍人之心'을 지니고 있다 – 전제.
② 옛 선왕은 그 공통된 마음으로 정사를 펴서 평천하를 이루었으며, 현재 또한 그럴 수 있다.
③ 모든 사람은 어린아이가 우물에 빠지려는 것을 보면, 깜짝 놀라 측은히 여기면서 구하려는 마음을 갖는다. 이로 보아 모든 사람은 불인인지심不忍人之心이 있다 – 전제의 증명.

----

5. 『맹자』2상:6. "孟子曰 人皆有不忍人之心 先王 有不忍人之心 斯有不忍人之政矣 以不忍人之心 行不忍人之政 治天下 可運之掌上 所以謂者 今仁 乍見孺子將入於井 皆有怵惕惻隱之心 非所以內交於孺子之父母也 非所以要譽於鄉黨朋友也 非惡其聲而然也 由是觀之 無惻隱之心 非人也 無羞惡之心 非人也 無辭讓之心 非人也 無是非之心 非人也 惻隱之心 仁之端也 羞惡之心 義之端 辭讓之心 禮之端也 是非之心 智之端也 人之有四端也 猶其四體也 有是四端而自謂不能者 自賊者也 爲其君不能者 賊其君者也 凡有四端於我者 知皆擴而充之矣 若火之始然 泉之始達 若能充之 足以保四海 苟不充之 不足以事父母."
6. I. Bloom, "Mencian Argument on Human Nature(Jen-hsing)," Philosophy East and West, Vol 44 · N 1, UH Press, 29-33쪽 참조.

④ 그 공통된 '불인인지심不忍人之心'은 순수 인간적인 동기에서 유래했다.

⑤ 측은지심은 일련의 사단(수오지심, 사양지심, 시비지심) 중의 하나 이다 - 추가 논변.

⑥ 사단은 우리가 사체四體를 지니고 있는 것만큼 모든 인간에 예외 없 이 공통적으로 분명히 존재한다 - 결론.

⑦ 사단이 분명히 있음에도 스스로 인仁에 기거하고 의義에 말미암을 수 없다고 하는 사람은 스스로를 해치는 자며, 자신이 섬기는 임금 이 인정仁政을 행할 수 없다고 하는 자는 그 임금을 해치는 자이다.

⑧ 우리에게 있는 사단을 확충하면 너무나도 자연스럽게 최상의 성취 를 가져올 수 있으나, 그렇지 못하면 최소한의 인간적인 것도 이룩 할 수 없다.

전제에서 맹자는 모든 사람은 타인에 대한 동정심인 '불인인지심' 을 지니고 있다고 말했다. 그 마음은 '타인에 대한 동정심'이라는 점 에서, 타인의 삶에 대해서는 무관심하고 자신의 생물학적 몸을 절대 시한 양주의 위아주의와 구별된다. 또한 그 동정심은 타인으로부터 어떤 보상을 받기 위한 계산에서 나온 것이 아니라, 순수 인간적인 마 음에서 무조건적 자발적으로 우러나온다. 다시 말하면, 진정한 인간 적인 동기는 자기 이익의 계산에 토대를 두고 있는 것(공리주의)이 아니 라, 인간 마음의 고유성에서 피어나는 동정심이다. 바로 이 점에서 맹 자의 주장은 그 동기를 이익의 계량에서 찾은 묵자와도 구별된다.

맹자는 측은지심을 필두로 하여 '사단'이 있음을 증시하고, 이 사단 이 모든 인간에게 공통적이라는 사실은 인간이 사체四體를 지니고 있는 것과 같이 분명한 것이라고 말했다. 이렇게 분명히 사단을 지니고 있음에도 불구하고 이를 실현할 수 없다고 하는 자는, 맹자의 관점에서는 인간으로서 자신의 존재의미를 포기한다는 점에서 스스로를 해치는 자기-파괴적인 자라고 말할 수밖에 없다. 사단을 확충하여 실현한다면 족히 사해도 보존할 수 있고, 그 반대의 경우는 인간의 가장 기본적인 의무인 부모도 섬기는 일도 할 수 없다. 그러면 확충이란 말은 무슨 뜻인가? 이는 '사단四端'의 '단端'을 주자처럼 '단서端緒'로, 아니면 다산 정약용처럼 '단초端初'로 해석할 것인가 하는 것과 직간접적으로 연관된다.

다산의 해석을 따르면, 사단을 시발점으로 해서 외부로 확장함이 확충이다. 이는 문맥상 확충 대상이 실존하는 사단이란 점에서 일견 타당해 보인다. 그러나 이런 의미로만 해석한다면, 자칫 인간에 본래적으로 주어져 있는 존재론적 실재성으로서의 성(仁義禮智)을 놓치고, 실존론적 실현 과정의 성만을 강조하는 결과를 초래할 수 있지 않을까? 앞서 우리는 맹자의 성은 존재론적 실재성인 동시에 실존론적 과정이라고 지적하였다. 외적으로 발현된 것은 그것이 제아무리 사해를 보존하는 공능을 발현한다고 하더라도 인仁 자체는 되지 못한다. 다시 말하면 사단을 통해 외적으로 그 공능을 최대한으로 발현한다고 하더라도 그것은 '막근莫近(於仁)' 혹은 '인지방仁之方'이 될 수 있을지라도 인자체는 아니라는 것이 맹자의 성性(仁義禮智)에 대한 우리의 해석이다.[7]

- -

7. 『설문』에서는 '端'을 나타내는 '山而'를 "物初生之際"라고 되어 있는데, 이를 받아들인다면 '端'은 '初生'이란 뜻이다. 다산은 '端'을 '端初'로 해석하면서 주자의 해석을 논박했다.

주자의 해석을 따라 '사단四端'의 '단端'을 '단서端緒'로 해석한다면, 인의예지와 사단은 체용관계로서, 인간이 본래적으로 갖추고 있는 본성인 인의예지를 사단을 실마리로 확충해 나가는 것이 강조된다. 그렇다면 체용관계란 무엇인가? 체용관계를 마음의 관계, 즉 마음 자체(體)와 마음 씀(用)의 관계로 살펴보자. 마음이란 실로 묘한 것이어서 마음을 쓰는 것도 마음이며, 마음이 쓰여지는 것도 마음이므로 마음은 곧 자기 관계로 존재하는 것이다. 다시 말하면 마음은 마음을 쓰는 어디에나 함께 있고, 마음이 쓰여지는 때에 언제나 거기에 있다. 마음 자체와 그 작용은 자기관계로서 하나이면서 둘이고, 둘이면서 하나이다. 성리학자들이 즐겨 사용한 이른바 체용일원體用一源이란 표현은 이런 관계를 나타낸다. 단도직입적으로 주자식 해석에서는 사덕四德은 성性이고 사단四端은 정情이다. 그런데 인간의 정情은 생물적인 욕구에서 발현된 것도 있기에, 순선한 사단을 실마리로 그 체인 사덕을 온전히 실현하도록 부단히 노력하는 것이 바로 확충이다.

　이 해석에 따르면, 인간 마음의 내면에 초점이 모아진다. 즉 마음이 마음을 쓰는 자기관계에서 본래적 마음과 생물적 본능의 영향을 받은 마음 간에 대립·모순이 발생하여 자기부정, 자기극복, 자기분열을 수행함에 있어 마음은 자신의 마음 씀이 본래의 마음답지 못함을 스스로 알며, 보다 더 마음다운 마음이 무엇인지를 반성하여 알고 발전하는 능력 또한 자체 안에 갖고 있다. 이러한 부단한 자기극복, 자기분열을 통해 마음이 진정한 자기다운 본래 마음에 다가가는 것이 확충이다. 이는 『맹자』가 "호연지기는 집의集義의 소생으로 의義는 외부에서 엄습하여 하루아침에 생겨나는 것이 아니라, 행하고서 마음에 거리낌이 있으면 주리게 된다. … (내가) 고자는 의를 알지 못했다고 말한 것은, 의를 밖에 있는 것으로 여겼기 때문이다. … 종사하되 마음에서 미리 예기하지 말고, 잊지 말고, (억지로) 조장하지 말라"(2상:2)라고 말한 구절과 연관된다.

이 논변에서 다시 한 번 확인할 수 있는 것은 양주와 묵자에 대한 맹자의 중도적인 지양의 방법이다. 양주의 위아주의爲我主義는 개인적 생生/성性에 절대적인 의미를 부여하여 공동체로서 인간적인 삶을 무시하였다. 이에 반해 묵자의 겸애주의兼愛主義는 인간의 내면에 전혀 관심을 기울이지 않고 이익에 동기를 두고 타인이 선호하는 반응에 따라 행동을 하는 것에 도덕 행위의 초점을 둠으로써 인간의 본성의 문제를 남겨 두고 있다. 현대적인 용어로 양주가 개인 실체론(사회 명목론)을 주장하였다면, 묵자는 사회 실체론(개인 명목론)을 주장했다. 이에 비해 맹자는 인간이 지니는 타인에 대한 자발적 감정에 주목함으로써 ① 그 감정을 불러일으킨 인간의 내적 인성을 추론·확인하고 ② 그 내적 인성이 타인에 대한 동정심으로 발현된다는 점에서 인간들 간의 인간적인 통합적 유대성을 지니고 있음을 설명했다.

맹자는 "인간의 개인성은 타인 즉 사회를 향하고 있다."는 점과 "사회는 개인의 인간성에 기반한다."고 주장했다는 점에서 '개인의 사회성'과 '사회의 개인성'을 동일 근원의 두 양상으로 파악한다. 이점에서 맹자가 말하는 인성이란 마음의 자기반성에서 확인됨과 동시에 실체가 아니라 존심·양성의 방식으로 현실에서 타인과의 관계에서 확충·실현되는 것이라고 하겠다. 맹자의 진정한 인성에서 나오는 도덕적 동기는 묵자의 이익에 근거를 효용성을 사소한 것으로 만들어 버리는 동시에, 양주에 의해 주장된 독거적인 위아爲我를 해체시킨다. 맹자가 말하는 인간성(도덕적 에너지)에서 나온 인간간의 상호적 동정심은 타올라 묵자적인 계산을 불살라 버리며, 그 넘치는 원천은 양주의 고유한 정원을 휩쓸어 버린다.[8]

맹자가 말한 인성의 탁월한 예증인「유자입정의 비유」에 대해 다음과 같이 반론해 보자. 맹자는「유자입정」의 경우를 통해 '측은지심' 혹은 '불인인지심'이라고 불려지는, 자발적으로 발현되는 순수하게 선한 감정(仁之端)이 있음을 확인시켜 주고, 이를 통해 우리에게 인仁이 있음을 추론하였다. 일단 이점을 받아들여 인으로 대표되는 인간의 본성을 확보하였다고 가정해 보자. 그런데 맹자는 이 측은지심이외에, 수오·사양·시비지심이 있음을 아무런 증명 없이 추가하고, 이를 사체四體가 있음과 같다고 말한다. 맹자는 양지良知·양능良能을 논하는 구절에서도 이와 유사한 태도를 보인다(7상:15). 그러면 이런 수오·사양·시비지심이 있음은 어떻게 정당화되는가? 이 문제는 그렇게 어렵지 않게 해결될 수 있다. 우리의 일상사를 반성해 보면 우리는 수없이 이런 경우를 경험하기 때문이다. 즉 유자입정의 경우에서 측은지심을 확보했듯이, 나머지 삼단三端의 경우에도 그와 유사한 예증을 구성·제시하는 것은 그렇게 어렵지 않다.

그렇다면 다음과 같이 반론해 보자. 왜 '순선한 감정'은 '사단' 밖에 없으며, 따라서 인성은 왜 사덕만을 그 내용으로 하는가? 우리는 그보다 더 많은 순선한 감정을 지니고 있다고. 그렇지만 이 문제에 대

---

8. I. Bloom, 앞의 논문, 31쪽.

답하기도 그렇게 어렵지 않다. 왜냐하면 『중용』의 희로애락 혹은 『예기』「예운」의 희로애구애오욕이 감정의 총화(七情)를 대별한 것이듯이, 사단 또한 순선한 감정의 총화를 단순히 대별한 것이라고 말하면 반론은 해소된다.

이제 다음과 같이 질문을 할 수 있다. 위 논증에서 맹자는 사단을 지니고 있지 않으면 사람이 아니라고 말했다. 과연 이 주장은 정당화될 수 있는가? 그런데 만일 이 주장을 '사실 기술적'인 측면에서 인간을 평가한 것이라면, 이 주장은 정당화되기 어렵다. 현실의 인간은 사단에 반하는 감정을 지닐 때가 허다하기 때문이다. 게다가 다소 극단적인 실례이지만, 의식이 없는 '식물인간' 역시 우리는 여전히 그를 아직 '인간'이라고 말하지만, 사단이라고 칭해지는 순선한 감정을 드러내고 있다고 말하기는 어렵다. 맹자가 이러한 주장을 할 때, 그는 분명 사실 기술적인 측면에서의 인간을 규정한 것이 아니다. "사단이 없으면 인간이 아니다"고 맹자가 말한 것은 인간에 대한 '사실적인 기술'이 아니라, '이념적인 규정'이다. 그렇다면 맹자의 이 논변이 선결문제 요구의 오류를 범하고 있다는 혐의를 벗어났다고 말하기는 힘들다. 왜냐하면 우리의 본심·양심 혹은 인(仁)과 같은 인간의 이념을 먼저 전제하지 않는다면, 우리에게 자발적으로 우러난 감정을 가지고 그것을 인성의 '단(端)'이라고 말할 수는 없을 것이기 때문이다. 또한 다음과 같이 반론할 있을 수도 있을 것이다. "사실에서는 사실만이 도출되지 이념이 제안되지 못한다."는 후설E. Husserl의 주장을 우리가 받아들인다면, 비록 순선하다 할지라도 분명히 경험적인 사실인 사단四端으로부터 인간의 이념을 추론하는 것은 어떤 측면에서 올바른 논증은 될 수 없다. 만일 이러한 반론이 정당화된다면, 맹자의 이 비유는 비록 강력한 예증이라고 할 수는 있지만 완벽한 논증이라고 할 수는 없다. 그렇다면 맹자의 이 유명한 「유자입정의 예증」 또한 일상인들에게 단지 관점 전환을 유도하는 하나의 방편으로서만 받아들여야 한다.

3. 성선性善의 의미

　맹자는 "인성人性이란 선善하다."고 말했다.[1] 그렇다면 "성이 선하다"는 말은 무슨 뜻인가? 몇 가지 해석이 제안되었다.

　크릴은 "성性이 선善하다."는 말은 동어반복이라고 했다. 즉 선이란 성의 특징을 지칭하는 동어반복적인 형식 용어라는 것이다.[2] 그렇다면 맹자가 진정 '선'이란 말을 그렇게 사용하였는가? 맹자는 성선이라는 말을 단순한 언어적 사용이 아니라, 인의예지라는 윤리적 속성이 이미 인간에게 갖추어져 있다고 존재론적으로 말하지 않았는가? 즉 맹자는 인간의 본성이 인의예지를 그 내용으로 지니기 때문에 선하며, 우리 마음은 그 선한 본성을 지향한다고 분명히 말하지 않았는가?

　다른 한편, 라우는 "성이 선하다."는 말은 "도덕적 행위자로서 인간이 선악·시비를 구분할 수 있는 능력을 지니고 있다"는 의미라고 한다.[3] 그러면 성악性惡이란 인간이 선악을 구분할 수 없다는 의미가 될 것이다. 분명 맹자는 이런 주장을 한 적이 있지만,[4] 이것이 맹자가 말

----

1. 맹자가 性善을 말한 대표적인 구절로는 3상:1, 6상:2, 6상:6 등을 들 수 있다.
2. H. G. Creel, Chinese Thought from Confucius to Mao Tse-tung, Univ of Chicago Press, 1953, 88–89쪽.
3. D. C. Lau, "heories of Human Nature in Mencius and Shyuntzyy," Bulletin of the School of Oriental and African Studies15, 1953, 548–50쪽.
4. 물론 맹자는 인간이 선·불선을 판단할 수 있는 능력이 있음을 인정했다. 『맹자』 6상:14. "所以考其善不善者 豈有他哉 於己 取之而已矣"

한 성선에 대한 완전한 설명이 될 수는 없다. 왜냐하면 맹자는 고자와의 논변에서 성선은 단순한 판단의 문제가 아니라, 마치 물이 아래로 흐르듯이 우리 안에 선을 지향하는 본성이 분명히 존재한다고 말했기 때문이다.

나아가 전패영傅佩榮은 맹자가 말한 성선이란 "인성이 선을 지향한다(선하게 될 수 있다)는 의미이지, 본래 선한 것은 아니다."고 주장한다.[5] 그런데 "성선이 인간이 선하게 될 수 있다."는 의미라면, 맹자의 성선설은 고자의 선악무기설과 무엇이 다른가? 바로 이점에서 유술선劉述先은 맹자의 관점은 성이 본래 선하다는 주장이라고 말한다.[6] 그리고 어떤 사람들은 단지 용어 사용·해석의 문제일 뿐이라고 단언하기도 한다.[7] 여기서 우리는 일단 결론을 잠시 유보하고, 이러한 해석들을 참조하면서 문제의 『맹자』원문(6상:6)을 살펴보기로 하자.

공도자가 물었다. "① 고자는 말하길, '성은 선함도·불선함도 없다. ② 어떤 사람은 말했다. 성은 선할 수도, 불선할 수도 있다. 그러므로 문왕과 무왕이 일어나면 백성들이 선을 좋아했고, 유왕과 여왕이 일어나면 백성들이 난폭함을 좋아했다.' ③ 또 어떤 사람은 말하길, '성이

---

5. 傅佩榮, 『儒家哲學新論』, 新亞書院研究所, 1993, 78-81쪽, 101-103쪽, 173-181쪽, 186-194쪽.

6. Liu Shu-hsien, "Some Reflections on Mencius's View of Mind-Heart and Human Nature," Philosophy East and West 46, UH Press, 1996, 58-60쪽.

7. Kwong-loi Shun, Mencius and Early Chinese Thought, Stanford Univ Press, 1997, 212쪽.

선한 사람도 있고, 불선한 사람도 있다. 그러므로 요임금 시대에도 상이 있었으며, 고수라는 아버지에게 순임금이 있었다.' … 지금 선생님께서 '성은 선하다'고 말하시니, 그러면 저들은 모두 틀렸습니까?"

맹자가 말했다. "내약기정즉가이위선乃若其情則可以爲善 내소위선야乃所謂善也. 불선不善을 하는 것으로 말하면 재才의 죄가 아니다. 측은지심은 사람이 모두 지니고 있으며, 수오지심은 사람이 모두 지니고 있으니. … 측은지심은 인이요, 수오지심은 의요. … 인의예지는 밖으로부터 우리를 녹여서 들어온 것이 아니라, 우리가 고유하게 지니고 있건만 생각하지 않을 따름이다. 그러므로 구하면 얻고 버리면 잃는다고 하는 것이니, 혹 (사람마다 선악의 차이가) 서로 배가되고 다섯 배가되어 계산할 수 없는 것은 그 재才를 다 실현하지 못했기 때문이다. (그러므로)『시경』에서 말하기를 '하늘이 뭇 사람을 내니, 물이 있으면 법칙이 있도다. 백성들이 떳떳함을 지니고 있는지라, 이 아름다운 덕을 좋아한다.' 공자께서 말씀하시길, '이 시를 지은 사람은 도를 알 것이다. 그러므로 물이 있으면 법칙이 있으니, 백성이 떳떳함을 지니고 있으니 이 아름다운 덕을 좋아한다.'"[8]

---

8. 『맹자』 6상:6. "公都子曰 告子曰 性 無善無不善也 或曰性可以爲善 可以爲不善 是故 文武興則民好善 幽厲興則民 好暴 或曰有性善 有性不善 是故以堯爲君而有象 以瞽瞍爲父而有舜 以紂爲兄之子 且以爲君而有微子啓王子比干 今曰性善 然則彼皆非與 孟子曰 乃若其情則可以爲善矣 乃所謂善也 若夫爲不善 非才其罪也 惻隱之心 人皆有之 羞惡之心 人皆有之 恭敬之心 人皆有之 是非之心 人皆有之 惻隱之心仁也 羞惡之心義也 恭敬之心禮也 是非之心智也 仁義禮智 非由外鑠我也 我固有之也 弗思耳矣 故曰求則得之 舍則失之 或相倍蓰而無算者 不能盡其才者也 詩曰天生蒸民 有物有則 民之秉夷 好是懿德 孔子曰 爲此詩者 其知道乎 故有物必有則 民之秉夷也 故好是懿德."

여기에는 맹자의 성선설과 그에 경쟁하는 다른 입장에 대한 종합적인 대조가 가장 잘 나타나 있다. 공도자에 의해 보고된 맹자와 다른 세 입장을 요약하면 다음과 같다.

① 고자가 주장한 성性은 선하지도 악하지도 않다(善惡無記說)는 생물학주의

② 인성은 역사적 상황에 의존해서 선·불선으로 나누어진다는 환경주의

③ 어떤 사람은 선하게 태어나고, 다른 어떤 사람들은 악하게 태어난다는 태생적 불평등주의

이런 입장들에 대해 맹자는 ①의 생물학주의는 모든 사람이 유사하다는 것은 인정하나, 인간에게는 생물적인 욕구를 넘어선 본래적인 성이 있다는 것을 보지 못했으며, ②와 ③의 주장은 선한 본선에 결부된 불선不善의 요인을 함께 보았다고 할지라도 인간 마음의 동일성(心之所同然者)과 유사성 혹은 인간에게 공통된 성이 그 마음에 갖추어져 있다는 것을 보지 못했다고 비판했다. 즉 여타 다른 존재자와 구별되게 모든 인간이 공통적으로 지닌 타인에 대한 무조건적·자발적인 반응(四端)과 그 내적 근거(四德)가 있다는 것을 이러한 입장들은 설명하지 못한다는 것이다.

②에 대한 반론은 주로 「고자」 6상:7에 나타나 있다. 여기서 맹자는 풍년이 들었을 때와 흉년이 들었을 때의 인심의 차이를 말하면서도 그것은 재才의 차이가 아니라고 말한다. 그리고 곡식 파종의 예를 들

면서, 환경(우로, 배양, 가꾸는 사람)의 차이에 의해 다르게 성숙할 수 있으나, 종자가 달라서 그런 것은 아니라고 말한다. 그런 후에 '동류'라고 말하는 근거가 분명 존재하고, 인간 또한 그런 근거가 존재한다는 것을 의심할 수 없으며, 따라서 성인 또한 우리와 동류라고 선언한다. 나아가 그는 신체 및 이목구비가 지닌 기호의 유사성에 유비하여, 마음 또한 '소동연자所同然者'로서 이理와 의義를 지향한다고 주장했다. ②의 환경주의 논변은 맹자 또한 상당 부분 인정한다. 그러나 인성이 환경으로 완전히 환원될 수 있다는 관점은 거부했다.

「고자」 6상:8은 맹자의 또 하나의 유명한 비유가 제시된 이른바 「우산장牛山章」이다. 여기서 맹자는 울창했던 우산이 무자비하게 벌목하여 민둥산이 되었지만, 그 산의 본성이 본래 그렇게 나무가 없는 것은 아니라고 말했다. 즉 인간 또한 내외적 다양한 요인에 의해 방심함으로써 인의의 본성을 잃어버려 마치 금수처럼 되었다고 할지라도, '인간의 실정(人之情)'이 본래 그런 것은 아니라는 것이다. 여기서도 맹자는 인간이 공유한 진정한 본성을 암시했다. 그 이하(고자6상:9~17)에서도 맹자는 주로 마음의 조절에 대해서 말하면서, 유사한 논지를 피력한다. 여기서 그는 장기·활쏘기 등의 비유를 들어, 후천적인 지식이 다른 결과를 가져온 것이 아니라, 오히려 우리는 동일한 마음을 지니고 태어났지만 그 마음을 사용할 때의 집중 혹은 의지의 사용 방법에 의해 후천적인 학습 능력의 차이가 있었다는 점을 강조한다. 이는 ③의 태생적인 인간의 불평등성에 대한 것으로, 맹자는 이를 전적으로 거부했다고 하겠다.

가장 논란되는 것은 맹자가 성선性善을 말하고 있는 "내약기정칙가

이위선乃若其情則可以爲善 내소위선야乃所謂善也. 불선不善을 하는 것으로 말하면 재才의 죄가 아니다."라는 구절의 해석이다. '내약乃若'에서 '약若'을 '순順'으로 해석하기도 하지만, 레게와 양백준楊伯峻에 따라 '무엇에 관한 한as far as … concerned'으로 해석하는 것이 『맹자』 4상:28(乃若所憂則有之)과 연관해서도 무난하다. '기其'는 '가이위선可以爲善'의 주체로서 '인人'을 의미한다는 데에 별반 이견이 없다. 그렇다면 '기정其情'은 인정人情 즉 6상:8의 '기인지정야豈人之情也'에 따라 '인지정人之情'이 된다. 그런데 문제는 '정情'의 해석과 연관하여 발생한다. 주자는 체용론에 의해 '정情'을 '성지동性之動'으로 해석하였고, 대부분의 영역본 또한 주자의 집주를 참조하여 성性의 현실화activation인 'emotion' 혹은 'feeling'으로 해석했다. 그러나 "경으로 경을 해석한다."는 입장에서 볼 때, 이 해석은 『맹자』의 어느 곳에서도 지지해 줄 용례가 없다는 약점을 지닌다. 먼저 3상:4에 "부물지부제夫物之不齊, 물지정야物之情也"라는 구절이 나온다. 여기서는 '실정實情'이란 뜻이다. 4상:18의 "성문과정聲聞過情 군자치지君子恥之"에서 정情은 성聲과 대비되는 실정實情의 의미인데, 주자 또한 그렇게 주석했다. 따라서 6상:8의 "기인지정야豈人之情也"의 정情 역시 '실정實情'을 의미하며, 단지 성性과 교호적인 용법으로 해석될 가능성을 완전히 배제할 수는 없다(趙岐, Lau)고 하겠다. 따라서 『맹자』에서 '정情'은 ① 실정實情을 의미하며, 단지 제한적인 의미에서 ② '성性'과 교호적인 사용될 가능성이 있다.[9]

----

9. 牟宗三, 『心體與性體』 3권, 正中書局, 民國57~58년, 416쪽. Kwong-loi shun, 앞의 책, 214-215쪽.

그렇다면 왜 맹자는 성선의 의미를 해명하는 결정적인 이 구절(乃 若其情則可以爲善 乃所謂善也)에서 그 자신 그렇게 자주 사용했던 성性(36 회)이 아니라, 드물게 사용했던 정情(4회)이란 용어를 썼을까? 도대체 '실정實情'이란 무엇인가? 그것은 '사물이 진실로 그러한 방식the way things really are or what is genuinely in him'이다. 그런데 실정은 사물의 집 합적인 특성을 나타내는 것은 아니다. 실정이란 어떤 집합의 개별 구 성원이 현실적으로 획득한 집합의 특성, 즉 여기서는 인간성의 실제 라는 의미이다. 이에 비해 성性이란 집합의 보편적인 성질을 말한다. 맹자는 인간이 보편적으로 지닌 성이 다른 환경적인 제 영향에 의해 해를 입어 그 실현이 다르게 나타날 수 있다고 하더라도, 개별적인 인간이 지니고 있는 인간의 실정을 문제 삼고 있다. 즉 '정情'이란 개 별적·구체적 인간으로서의 인간이 천성天性으로 품부 받은 '인간성 의 실제'를 의미한다.

다음으로 '가이可以'라는 말을 살펴보자. '가이可以'란 『논어』와 『맹자』 에서 조건이 충족되면 할 수 있다는 뜻으로 사용되었다.[10] 즉 필요조 건이지, 충분조건을 말하지 않는다. 따라서 "모든 인간은 가이可以 선 할 수 있다."는 명제는 성립하지만, 그 역은 성립하지 않는다. 이는 아마 맹자가 구별한 불능不能과 불위不爲와도 연결될 수도 있다(1상:7). 맹자는 흥미롭게도 그 언제나 "인간은 모두 '가이可以' 요순이 될 수 있다." 혹은 "지방백리地方百里로도 '가이可以' 인정仁政을 실행할 수 있 다."고 말했지만, "능能히 그렇게 할 수 있다."고 말하지는 않았다. 맹

----

10. 『논어』 4:2, 6:21, 7:17, 14:2. 『맹자』 1상:5, 1상:7, 2하:8, 3상:5 등 참조.

자는 단지 "가이可以한데도 불능不能하다고 말하는 것은 자기를 해치는 자이다."고 말했을 따름이다.

왜 맹자는 단지 '가이可以'한데도 '불능不能하다'고 말하는 자는 자기를 해치는 자라고 말하고, 가이可以하므로 능能하다는 적극적인 주장을 하지 않은 것인가? 아니면 맹자는 이미 가이可以에서 능能으로 이행(즉 不能하다고 말하는 것은 자기를 해치는 자라고 했으므로 能하다고 했다고 단정할 수도 있다)한 것인가? 그런데 이런 예는 『묵자』에도 나타난다. 묵자 또한 "'자기 부모' '나의 동생'을 더 많이 사랑하기 때문에 겸애를 실천할 능能이 없다."고 말하는 사람에게, 맹자와 마찬가지로 불능不能과 불위不爲는 다르다고 지적하면서, "잘 판단하면 가이可以 겸애할 수 있다."고 말하면서도, "능能히 겸애할 수 있다."고는 표현하지 않았다.[11]

여기서 '가이可以'란 '현실적인 필요·충분한 능력ability'이 아니라, '선천적인 가능성capacity'을 의미한다.[12] 그렇다면 이제 문제의 원문, "내약기정즉가이위선乃若其情則可以爲善 내소위선야乃所謂善也"를 해석해 보자. '내약乃若'은 '무엇에 관해서'란 뜻이며, '기其'는 '사람'을 가리키는 대명사이며, '정情'은 '인지정人之情'으로써 "개별적인 인간이 품부받은 실정"이며, '가이可以'는 현실적인 실천 능력이 아니라, '선천적 가능성'을 의미한다.

그러면 '재才'란 무엇인가? 연결된 6상:7에서 맹자는 "풍년에는 자

----

11. 『묵자』16:52~53, 16:24, 16:36 등 참조.
12. Kwong-loi Shun, Mencius and Early Chinese Thought, Stanford Univ Press, 1997, 216쪽 참조.

제들이 많이 착하고, 흉년에는 많이 포악한 것은 하늘이 내린 재才가 다른 것이 아니라, 그 마음을 함닉했기 때문이다."고 말했다. 또한 위의 인용문에서도 "그 재才를 온전히 실현하지 않았기 때문이다"고 했다. 하늘이 내린 것으로 우리 마음과 연관되는 '재才'란 무엇을 말하는 것인가? 이는 "그 마음을 다하는(盡) 자는 그 성性을 알고, 그 성性을 아는 자는 하늘을 안다. 그 마음을 보존하여 그 성을 기르면 하늘을 섬기는 조건이 된다."(7상:1)는 언명과 연관된다. '재才'[13]란 하늘이 내린 '초생지질初生之質'로서, 우리가 함닉했을 때 없어지는 마음의 자질이며, 그 자질을 잘 발휘했을 때 비로소 존심·양성을 통한 사천事天이 가능해 진다고 할 수 있다. 따라서 저 두 구절은 "개별적인 인간이 인간으로서 품부 받은 실정에 관해서 말한다면, 도덕적으로 선하게 될 수 있는 가능성이 있으니, 불선으로 말한다면 인간 마음이 하늘로부터 부여받은 재질(초생지질)의 죄가 아니다."로 해석할 수 있다.

맹자는 "개별적인 인간이 품부 받은 실정으로 말한다면, 선하게 될 수 있다(可以善)."고 말하고, 예증을 시도한다. 여기서도 맹자는 모든 인간이 사단四端을 지니고 있다는 사실을 지적한다. 그런데 여기서도 사단과 사덕의 관계가 문제로 등장한다. 「2상:6」의 「유자입정의 비유」에서 사단을 예시하면서 맹자는 그것을 확충하면 최고의 공효(사해의 보존)를 이룰 수 있다고 말했었다. 그런데 여기서 맹자는 사단을 사덕

---

13. 재才는 屮(싹 날 철)+一(가로 획)으로 구성되어 싹(屮)이 땅(一)을 비집고 올라오는 모습을 그린 지사문자로 위대한 재주를 형상화했다. 단단한 땅을 비집고 올라오는 새 싹의 힘겨운 모습에서 겨우(재纔)라는 뜻도 나왔다. 이후 능력을 갖춘 유능한 사람을 뜻한다.

인 인의예지와 직접 동일시한다(측은지심은 인이다 등). 왜 그랬을까? 다소 논란의 여지가 있겠지만, 다음과 같은 추측이 가능하다. 2상:6은 정치에 관한 담론으로 주로 인정仁政의 근거와 그 실현에 관한 논의였다. 그래서 그는 사단의 확충을 통한 사해의 보존을 말했었다. 그런데 여기서의 주제는 '성性'이다. 바로 이 점에서 맹자는 사단을 곧바로 인의예지와 동일시하면서, 무조건적·자발적으로 발현된 사단이 곧 군자의 본성인 인의예지라고 말했다고 생각된다.

이제 맹자가 말한 성선性善의 의미를 다시 한 번 정리해 보자. 맹자에서 악惡이란 인간 자질의 잘못이 아니라, 함닉함으로써 품부된 성을 왜곡하거나 온전히 실현하지 못한 것과 연관된다. 맹자는 악을 그 자체 고유 본성을 지닌 것이 아니라, 선의 결핍 내지 왜곡으로 보았다. 허위는 존재하기 않거나 진리의 결핍이라는 점에서, 허위를 인식한다는 것은 결국 진리와 다른 허위를 인식하는 것이 아니라 단지 진리를 인식하는데 실패함을 의미한다. 진리를 가리키는 그리스어 '아레테이아aletheia'가 '가려 있지 않음'을 뜻하는 것은 바로 이런 사정을 말해준다. 그래서 하이데거M.Heidegger는 『진리의 본질에 관하여』의 곳곳에서 '진리의 본질'을 '비은폐성의 현존'이라고 주장했다. 유가에서 진리 자체는 하늘(天) 혹은 자연이다. 이 하늘(자연)의 요소가 위 『시경』의 구절에 보이듯이, 칙則·이彝·덕德으로 인간에게 품부되어 있다. 생생불이生生不已하는 하늘의 도는 원元·형亨·이利·정貞의 덕으로 운행되며, 이러한 하늘의 도를 품부 받은 인간의 덕은 인·의·예·지로 표현된다. 맹자가 인仁을 사람의 편안한 집이라고 묘사한 것은 바로 이런 근거에서 비롯되었다. 인仁은 인간의 본래 기거할

곳, 즉 인간의 참된 본성의 덕이기 때문이다. 그런데 선이란 천의 도를 그대로 계승하는 것이다(繼之者善). 다시 말하면, 인간이 하늘로부터 부여받은 인간의 본성을 남김없이 실현하여, 하늘의 화육작용에 동참하는 것이 맹자에게서 선善이 된다. 따라서 악惡이란 이 부여받은 인간 본성을 왜곡하거나 온전히 실현하지 못하는 것이다. 맹자가 제시하는 악이란 인간이 부여받고 태어난 '재才'(初生之質)를 온전히 실현하지 못하는 데에서 발생한다.[14]

그렇다면 우리 인간은 왜 타고난 본성의 자질을 온전히 실현하지 못하고, 수많은 악업惡業을 짓게 되는 것인가? 이에 대한 맹자의 설명은 두 가지로 귀결되는데, 이는 앞서 인용한 『맹자』 6상:11~15에 그 단서가 나타나 있다. 맹자는 '이목지관'(感官)이 반성할 능력을 결여하고 있기 때문에, 물物에 현혹·이끌려져(引之), 물화되어 버리기 때문이라고 말했다. 즉 감관의 욕(過欲)에 의해 외적인 물(賤, 小)을 추구한 나머지, 그 큰 것을 망각함으로써 타고난 마음의 재才를 온전히 실현하지 못할 수 있다는 것이다. 그런데 맹자는 감관의 욕망을 전적으로 부정한 것은 아니었다. 감관의 욕 또한 어떤 점에서 천성天性이라고 할 수 있으나, 그것이 추구하는 대상은 내 밖에 있는 것(在外者)이다. 따라서 그것을 얻는 데에는 필연적인 명(運命)이 있다(7하:24). 맹자는 이러한 필연적인 명(운명)에 단순히 부림만 당할 것이 아니라, 진정한 인간 본성(天命=使命)을 자각하여 자율적으로 실천함으로써(존심·양성으로 수신하여) 입명立命·정명正命하라고 권고한다(7상:1~2).

----

14. 『맹자』 6상:6. "或相倍蓰而無算者 不能盡其才者也"

맹자에 따르면, 우리 인간에게는 두 가지 종류의 명命 혹은 성性이 있다. 명命에는 운명(요수, 생사 등)과 사명(인간의 본성구현: 자기실현)이 있다. 성性에도 '자연적인 신체적 욕망·욕성(식·색·안일의 추구)'과 인간다운 마음의 본성(性＝心＋生: 인의예지)이 있다.

여기서 맹자는 사명(인간본성 실현)을 자각·구현하기를 온전히 다하고, 운명(요수, 생사)을 기다리라고 권고한다. 인간다운 본성(인간다운 의미)의 구현을 위해서는 자연적인 신체적 욕망·욕성(生)은 반성적 능력을 지닌 인간 마음이 그 욕망을 주재·통제(心＝主宰)되어 적절하게 기능하도록 하여야 한다는 것이다. 즉 신체적·자연적 욕망을 절멸絶滅하는 것이 아니라, 우선 과욕寡欲을 통하여 마음을 보존하고(7하:36), 마침내 자연적 신체적 욕성이 인간의 본성실현과 완전히 일치하는 '천형踐形'의 경지(존재＝당위)에 도달해야 한다는 것이다.[15]

타고난 재才를 온전히 실현하지 못하는 원인으로 맹자가 제시하는 요인에는 인간의 신체적·생물학적 욕망만은 아니다. 맹자는 또한 외적 요인으로 '불량한 사회 환경'을 제시한다(6하:7). 같은 종자라도 기후·날씨·토지의 비옥도에 따라 그 결실이 천차만별이듯이, 인간 또한 선한 본성을 지니고 태어났지만, 생활을 영위할 수 있는 정치적·경제적 환경이 조성되지 않는다면 일반인들의 경우 마음의 고유한 기능인 '반성'(思)의 작용을 발휘하지 못해 마음을 함닉하여 악하게 전락할 수 있다(1상:7). 그래서 맹자는 민생의 안정을 통치의 우선 과제로 제시했다. 왜냐하면 죽음을 면하기도 힘든 두려운 상태에서 예

---

15. 『맹자』 7상:38. "孟子曰 形色 天性也 惟聖人然後 可以踐形."

의로 다스린다는 것은 생각하기 어려운 일이기 때문이다.[16]

그런데 맹자가 말하는 인성은 인간에 대한 사실적인 기술이 아니라, 이념적인 규정이다. 맹자도 인정하듯 이러한 이념적인 인간 본성은 인간에게서 아주 드문 것이기에, 오직 군자만이 자각 · 보존 · 실현하면서 삶을 영위할 따름이다. 즉 대부분의 인간은 인간다운 본성을 보존하지 못하고 살고 있는 것이다. 바로 여기에서 수도修道의 방법이 요구된다. 맹자가 제시한 수도의 방법은 존심 · 양성이다. 즉 모든 생물적 욕구를 지니고서 현실을 살아가는 우리 인간이 참된 인간이 되어 가는 길은 자기반성을 통해 참다운 자기 본성을 발견하고 그 본성에 기거하고(居仁) 그 본성이 지시하는 바른 길을 가는 것(由義)이다. 이것이 바로 하늘을 알고(知天) 하늘을 섬기게 되어(事天), 마침내 하늘의 화육작용에 동참하게 되는(天人合一) 우주적 존재로서의 인간의 자기정립이자 자기실현이다.

---

16. 『맹자』 1상:7, "此惟救死而恐不瞻 奚假治禮義哉" 이상의 논의로는 다음을 참조. 徐復觀, 中國人性論史, 臺北商務印書館, 民國73, 176–177쪽.

11장

맹자와 고자,
인성을 두고 최초로 논쟁하다!

"인간, 혹은 인간 본성이란 무엇인가?" 하는 물음은 인간의 자기 해명이라는 점에서, 그리고 인간이 제기한 다른 모든 물음의 전제가 된다는 점에서 가장 중요한 근본 문제이다. 그런데 "인간 본성이란 무엇인가?" 하는 근본 물음은 ① 무엇을 인간 본성으로 규정할 것인가? ② 그렇게 규정된 인간 본성은 선천적으로 주어진 것인가, 아니면 후천적·경험적으로 습득되는 것인가? ③ 인간 본성이 선천적으로 주어진 것이라면, 선한 것인가(성선설)·악한 것인가(성악설)·중성적이거나(무선악설) 선악이 섞여 있는 것인가(선악혼재설)? ④ 인간 역시 자연계의 일부일 뿐인데, 오직 인간에게만 고유한 본성을 거론하는 것이 과연 의미 있고 정당한 질문이 될 수 있는가? 하는 여러 질문들을 제기하게 만든다.

고대 중국에서 이러한 인성론에 관한 최초 논변은 맹자와 고자 간에 있었다. 물론 이 논변은 한 당사자인 맹자 측의 일방적 기록이라는 점에서 일정한 한계를 노정하고 있지만, 인성론 논쟁의 기본논점들이 잘 드러나 있다는 점에서 많은 주목을 받아왔다. 그런데 이 논변은 많은 고찰이 있어 왔음에도 불구하고, 많은 오해와 아직 해결하지 못한 여러 문제가 있다. 그래서 이 논변을 다시 한 번 살펴 몇 가지 오해들을 비정하고, 현대적인 의미에서 다시 평가할 계기를 모색해 보고자 한다.

1. 논변의 진행과정

『맹자』에는 "맹자와 고자의 논쟁"은 4라운드로 나누어 제시되어 있다. 차례대로 살펴보자.

❶라운드

고자: 성性은 버들과 같고, 의義는 (버들로 만든) 그릇과 같다. 인성과 인의의 관계는 버들과 그릇의 관계와 같다.

맹자: 그대는 능히 버들의 성性에 따라서 그릇을 만들 수 있겠는가? 장차 버들을 해친 뒤에 그릇을 만들 것이다. 장차 버들을 해치고 그릇을 만든다면, 또한 사람을 해치고서 인의를 행한다는 것인가? 천하 사람들을 몰고 인의에 화를 끼칠 것은 필시 그대의 말일 것이다.[1]

고자는 버들을 가지고 장인이 임의로 그릇을 만들듯이, 인간의 경우에도 중성적인 인성에 인의를 지닐 수 있도록 인위적으로 교육할

----

1. 『맹자』: 6상:1. "告子曰 性 猶杞柳也 義 猶桮棬也 以人性爲仁義 猶以杞柳爲桮棬 孟子曰 子能順杞柳之性而以爲桮棬乎 將戕賊杞柳而後 而爲桮棬也 如將戕賊杞柳而以爲桮棬 則亦將戕賊人以爲仁義與 率天下之人而jit義者 必子之言夫."

수 있다고 주장했다. 즉 고자는 버들에서 인위적인 가공을 거쳐 그릇이 만들어지듯, 인의는 후천적 인위로 만들어지는 것이라고 말했다. 이에 대해 맹자는 우선 인성을 버들로 사물로 표상하고, 인의(위의 논변을 보면 고자告子는 의義만을 외적 인위적인 것으로 말하고 있다)를 가공된 그릇처럼 또한 사물로 표상하는 것은 잘못이라고 반론했다. 맹자의 생각을 간접적으로 표현하면, 인성으로부터 인의가 샘솟음은 마치 빛으로부터 빛이 저절로 퍼지는 이치, 즉 인성의 자기확산과 다른 것이 아니다.[2] 그래서 맹자는 버들을 그릇으로 만들기 위해서는 버들을 해치면서 인위적인 조작을 통해 그릇을 만든다는 점에서, 사람의 본성과 인의의 관계를 거기에 유비하는 것은 필시 사람의 본성을 해치고 인의를 행한다는 뜻으로 귀결될 수 있기에 올바른 유비가 될 수 없다고 거부한다. 즉 맹자는 "인의는 인성을 왜곡함으로써 인위적으로 형성된다."는 고자의 주장을 인성 본성을 해치는 중대한 도전으로 간주한다.

맹자는 자연적인 인성에 어떤 외적 조작을 통해 인의를 행한다는 입장을 거부했지만, 고자는 인위적인 무엇을 부가해야 인의가 된다고 주장했다. 즉 고자에 따르면, 타고난 인성이란 가치중립적·무규정적 어떤 재질에 불과하다. 이 재질이 어떤 이상적인 작품(仁義)이 되는 것은 장인의 인위적인 솜씨에 달려있다. 이에 반해 맹자는 이상적인 작품(仁義)이란 인간의 타고난 본성의 자기실현이라고 주장한다.[3] 이 타고난 본성을 자발적으로 제대로 드러나게 하면 이상적인 작품

----

2. 김형효, 『맹자와 순자의 철학사상 : 철학적 사유의 두 원천』, 삼지사, 1990, 46쪽.
3. 『맹자』 6상:6. "仁義禮智 非由外鑠我也 我固有之也."

(仁人, 義人)이 된다는 것이다.[4] 맹자는 인간의 본성을 그 자체로 가치를 지닌 인의로 보았기 때문에, 인성을 조작하여 인의를 구현한다는 고자의 주장을 비판했다.

맹자의 주장은 다소 비약이 있다고 할 수도 있다. 고자는 단지 무규정적인 재료인 버들(가치중립적인 인성)을 장인이 재단하여 그릇(仁義)을 만든다고 말했을 뿐, 버들(인성)을 해치고 그릇을 만든다고 말하지 않았다. 진정 버들로서 그릇을 만든다고 하는 것이 버들을 해치고 그릇의 이념을 모독하는 것인가? 대리석으로 조각 작품을 만드는 것이 반드시 대리석을 해치고 조각의 이상을 모독하는 것인가? 이런 점들에 대해서는 다소 논란이 있을 수 있겠다. 그렇지만 맹자가 이렇게 주장한 까닭은 다른 데에 있다. 즉 그가 "그대는 능히 버들의 성에 따라서 그릇을 만들 수 있겠는가? 장차 버들을 해친 뒤에 그릇을 만들 것이다"고 고자에게 반문했듯이, '버들과 그릇의 관계'와 '인성과 인의의 관계'는 동일한 유비관계가 아니라는 것이다. 버들과 그릇은 다른 본성을 지닌 별개의 사물이며, 따라서 버들이 그릇으로 전화하기 위해서는 버들의 본성을 해치고 그릇의 본성을 구현해야 한다. 그런데 인간 본성과 인의의 관계는 인간 본성이 곧 인의이기 때문에, 인성을 잘 구현하면 외적·인위적인 조작을 가하지 않아도 인인(仁人)·의인(義人)으로 교육할 수 있다는 것이다. 따라서 이 구절에서 맹자와 고자의 논쟁은 단순히 입장의 차이만 들어낼 뿐이라고 하겠다.

---

4. 『맹자』4하:19. "舜… 由仁義行 非行仁義也."

❷ 라운드

고자: 성性은 여울물과 같다. 동쪽으로 터놓으면 동쪽으로 흐르고, 서쪽으로 터놓으면 서쪽으로 흐르니 인성에 선·불선의 구분이 없음은 물의 흐름에 동·서의 구분이 없는 것과 같다.

맹자: 물은 진실로 동·서의 구분은 없다고 할 수 있지만, 위·아래의 구분도 없는가? 인성의 선함은 물이 아래로 흐르는 것과 같으니, 사람(의 본성)은 선하지 않음이 없으며, 물은 아래로 흐르지 않음이 없다. 지금 물을 쳐서 뛰어오르게 하면 이마를 지나게 할 수 있고, 격하여 가게 하면 산에 있게 할 수 있지만, 이것이 어찌 물의 성이겠는가? 그 세가 그렇게 한 것이다. 사람이 불선을 행함은 그 성격이 또한 이와 같은 것이다.[5]

고자는 여울물이 동·서로 흐르는 것은 물의 본성이 아니라 사람이 물길을 어느 쪽으로 트는가에 달렸듯이, 인성 또한 중성적인 것으로 후천적인 교육 여하에 따라 선·악으로 현실화된다고 주장했다. 이에 대해 맹자는 물이 동·서로 흐를 수 있고, 심지어 낮은 곳에서 높은 곳으로 튀게 할 수도 있지만, 이는 어디까지나 외세에 의한 강제이지 물의 본성이 본래 그런 것은 아니라고 한다. 물의 본성은 어디까지나 높은 곳에서 낮은 곳으로 흐르는 것이며, 사람 또한 외적 환

---

5. 『맹자』 6상:2. "告子曰 性猶湍水也 決諸東方則東流 決諸西方 則西流 人性之無分於善不善 也 猶水之無分於東西也 孟子曰 水信無分於東西 無分於上下乎 人性之善也 猶水之就下也 人無不善 水無有不下 今搏而躍之 可顏 激而行之可使在山 是置水之性哉 其勢 則然也 人之可 使爲不善 其性 亦猶是也"

경에 의해 불선을 행할 수 있지만, 타고 난 본성은 어디까지나 물이 낮은 곳으로 흐르듯 선을 지향한다고 맹자는 주장한다. 요약하면, 고자는 인성이란 정향 없이 환경에 의해 선·악으로 나누어져 현실화된다고 주장했다. 반면에 맹자는 강제나 왜곡이 없으면 성은 어디 까지나 선을 지향한다고 말했다.

여기서 먼저 고자의 주장을 살펴보자. 고자의 지적대로 여울물은 사람이 어느 쪽을 터놓는가에 따라 동·서로 흐를 수 있다. 그런데 여울물이 동·서로 흐를 수 있는 것과 사람의 본성에 선·불선의 구분이 없음은 어떤 직접적인 유비 관계가 성립하는가? 여울물이 동·서로 흐르는 것은 후천적인 환경에 의한 것으로 그 자체 가치중립적이다. 그러나 선·불선은 가치론적인 개념이다. 그렇다면 이 양자는 아무런 유비적 연관성이 없지 않는가? 인성이란 타고난 것이다. 따라서 물의 경우 타고난 본성은 맹자의 지적대로 아래로 흐르는 것, 혹은 습한 기운 등과 같은 것이 물의 본성(德)이 아니겠는가? 바로 이 점에서 맹자의 지적은 핵심을 찌른 것이라 하겠다.

다음으로 살펴볼 것은 맹자의 지적대로 물은 분명 자연적인 상태에서는 아래로 흐르지만, 사람의 본성 또한 과연 왜곡이 없다면 자연적인 상태에서 선을 지향하는가 하는 점이다. 사람은 자연적인 상태에서 식·색·안일과 같은 욕망을 자연스럽게 추구하지 않는가? 물이 아래로 흐르는 본성을 지닌다면, 사람이 식·색·안일의 욕구를 추구하는 본성을 지녔다고 할 수는 없는 것인가? 그러나 이 점은 인간의 본성을 무엇으로 정의하는가? 하는 점에 달려 있다. 즉 인간의 본성을 (여타 동물과 구별되는) 가치론적으로 선한 것에 한정시킨다면,

이러한 지적은 맹자의 관점을 직접 논파한 것이 되지는 않는다. 여기서도 제기될 수 있는 문제는 다음과 같은 것이다. 사람의 본성을 가치론적으로 선한 것에 한정시키고, 사람은 본성은 자연적으로 선을 지향한다고 하자. 그러나 과연 이와 유비되는 물이 아래로 흐르는 것 또한 가치론적으로 선한 것이라고 할 수 있는가? 물이 아래로 흐르는 것은 선한 것이 아니라, 가치중립적이지 않는가? 이 점은 상당히 많은 논란이 있을 수 있다. 만물은 타고난 자기의 본성의 이치에 따라, 순리대로 살아가는 것이 선하다는 형이상학적인 많은 언명들이 있어왔기 때문이다.

❸라운드

이제, 고자와 맹자는 고자의 성性에 대한 정의, 즉 '생지위성生之謂性'이란 명제를 두고 논란을 벌인다. 이 장은 결정적으로 중요하다. 왜냐하면 이 전의 두 장은 단지 성의 개념을 비유를 통해 간접적으로 제시했지, "그것이 무엇이다"고 정의하지는 않았기 때문이다. 해석의 논란이 많은데, 대부분의 논자들은 다음과 같이 해석한다.

6상3: 告子曰 生之謂性
고자가 말했다. "태어난 것을 일러 본성이라 한다."
孟子曰 生之謂性也 猶白之謂白與 曰然 白羽之白也 猶白雪之白, 白雪之白 猶白玉之白與. 曰然

맹자가 말했다. "'태어난 것을 본성本性이라 한다?'는 것은 (어느 것이든) 흰 것이면 희다는 말과 같은가?" 고자가 말했다. "그렇다." (맹자가 말했다) "그렇다면 흰 깃털이 흰 것은 흰 눈이 흰 것과 같고, 흰 눈이 흰 것은 흰 옥이 흰 것과 같은가?" (고자가 말했다.) "그렇다"

然則犬之性猶牛之性 牛之性猶人之性與.

(맹자가 말했다.) "그렇다면 개의 본성은 소의 본성과 같고, 소의 본성이 사람의 본성과 같은가?"

대략 이렇게 해석한 다음 여러 논자들은 맹자의 논변에 논리적 비약이 있다고 지적한다. 대표적인 사례 두 가지만 인용해 보겠다.

맹자의 질문은 논리가 비약하고 있다. 각 사물에 있어 흰 것은 하나의 속성이고 객관적인 사실로서 그것이 흰 깃이든, 흰 눈이든, 흰 옥이든, 그것이 희다는 점에서는 분명히 같다. 그러나 각 사물이 타고난 것을 그 사물의 본성이라고 말했다고 해서, 그 본성이 각 사물마다 같다는 것은 성립할 수 없다. 왜냐하면 무엇을 그 사물의 본성이라고 할 것인가 하는 것은 보는 사람마다 달라, 객관적인 사실의 모습을 하고 있지 않기 때문이다. 인성론이라는 것도 바로 사람의 본성을 무엇으로 볼 것인가? 하는 것이 논의의 초점이고 보면, 각기 다른 유들 간에 같은 성을 말한다는 것은 어불성설이다.[6]

----

6. 홍원식,「인간의 본성에 관한 논쟁 - 고자와 맹자, 맹자와 순자간의 논쟁」,『논쟁으로 보는 중국철학』, 예문서원, 1994, 53쪽.

맹자의 논의에는 분명히 논리적 비약과 억지가 있다. 자신의 주장을 합리적 과정과 절차 없이 내뱉듯이 퍼붓고 있는 것이다. … 맹자는 완벽한 형식을 갖춘 고자의 명제 속에… 허무주의적 메시지를 읽었던 것이다. 그가 논박하고 싶었던 것은 기실 이것이었다. 그의 논리적 조작은 그가 본래 표명하고자 의도했던 바에 비추면 부차적인 의의를 지님을 염두에 둘 필요가 있다.[7]

고자와 맹자가 살던 BC 4세기에서는 여기서 중요한 낱말인 ① 생生[8]과 성性이 분명하게 구분되지 않았으며, ② '생生'이 파생적인 의미인 '성性(心+生)'을 낳았다는 점에서 '성지위성生之謂性'이란 정의는 당시 일반 경향이었다고도 할 수 있다.[9] 그런데 맹자는 이에 대해 다른 정의를 내리고자 했다. 여기서 맹자의 반론 중 결정적인 것은 '생지위성야生之謂性也 유백지위백여猶白之謂白與'에서 앞의 '백白'과 뒤의 '백白'의 차이다. 이 양자가 같은 뜻, 즉 단순히 '흰 것을 희다고 말하는 것이냐'고 해석한다면 이는 단순한 분석적 진리로서, 그 이하 맹자의 논변은 분석적 진리의 확인을 통해 '사람의 성이 개와 소의 성과는 다르다'는 것을 이끄는 말이 되기 때문에, 단연코 비약이라고 할 수도 있다.

---

7. 한형조,『주희에서 정약용으로－조선 유학의 철학적 패러다임 연구』, 세계사, 1996, 161-162쪽.
8. 생生은 "나오다는 뜻으로, 풀과 나무가 흙에서 솟아나온 것을 본뜬 모양(生進也 象草木生土)"에서 형성되었다. 땅 속에 잠재되어 있던 것이 현실화 되어 있다는 의미이다.
9. Kwong-loi Shun, Mencius and Early Chinese Thought, Stanford Univ Press, 1997, pp. 1-20 참조.

그런데 먼저 이 문제에 골몰한 흥미로운 해석 하나를 소개하고자 한다. 돕슨과 니비슨은 이 문제에 대한 해결의 단서를 그 앞의 '생지위성生之謂性'이란 명제에서 찾으면서[10] 이 구절에 대한 해석을 시도하고 있다. 이들은 생지위성生之謂性의 '생生'을 '태어난 것'으로, '성性'은 본성nature(무엇을 무엇이게 하는 것)으로 해석한다. 그리고 '유백지위백여猶白之謂白與'는 "흰 것이란 '희게 하는 것whiteness is the thing that whitens' 과 같다는 의미인가?"라고 해석한다. 이렇게 보면 전체 문맥은 다음과 같이 해석된다.

> 고자가 말했다. "태어난 것이 본성이다." 맹자가 말했다. "'태어난 것이 본성이다'는 것은 '흰 것이란 희게 하는 것과 같다.'는 말인가? (고자가 대답하여) 말하길, "그렇다." (맹자가 다시 말하기를) "흰 깃을 희게 하는 것과 흰 눈을 희게 하는 것과 같으며, 흰 눈을 희게 하는 것과 흰 옥을 희게 하는 것이 같은가?" (고자가 대답하여) 말하길, "그렇다." (맹자가 말했다.) "그렇다면, 개의 성(개이게 하는 것)과 소의 성(소이게 하는 것)이 같으며, 소의 성이 사람의 성과 같은가?"

이렇게 읽으면, 맹자의 논의는 비약과 억지가 상당히 약화된다. 이들은 아리스토텔레스의 범주론을 들어 주장의 타당성을 설명하고 있

---

10. W. A. C. H. Dobson, Mencius' A New Translation Arranged and Annotated for the General Reader, Univ of Toronto Press, 1963, p. 111. 및 D. S. Nivison, "Problem in the Mengzi : 6A:3-5," The Way of Corfucianism, open court, 1966, pp. 150—153.

는데, 상당한 설득력을 지닌다. 어쨌든 이 글을 서술한 맹자 측의 의도를 재구성하면, 다음과 같은 뜻이라고 생각한다.

맹자는 고자의 '생지위성야生之謂性也'란 명제가 추상적 개별자 혹은 개별자의 추상물(속성사례: trope)[11]과 보편자로서의 성性을 혼동하고 있다는 점을 지적했다. 고자가 말하는 '생生'이란 말은 '태어나서 현실적으로 지니고 있는 개별자의 추상태(속성사례)' 즉 '흰 깃의 흼' · '흰 눈의 흼' · '흰 옥의 흼' 등은 '개별적'인 존재자로서 독립적인 것이다. 깃 · 눈 · 옥 등에서 '공간상의 위치'를 점유하고 실현하고 있는 희다는 사실은 '희다'는 점에서는 질적으로 같지만, 그것은 공간상의 위치를 지니지 않는 보편자인 '흼 자체'와는 엄연히 구별된다. 그런데 고자의 '생지위성生之謂性也'(태어난 그대로가 바로 무엇을 무엇이게 하는 본성이다)라는 명제는 '(사실적으로) 흰 것은 (보편적인) 흼 (자체)이다'와 같다는 명제로 귀결될 수밖에 없다. 그래서 '흰 깃의 흼은 흰 눈의 흼과, 그리고 흰 옥의 흼과 같다'고 하는 입론에 동의한 것이다.

그렇다면 '흰 깃의 흼과 흰 눈 · 흰 옥의 흼은 같다'는 명제는 과연 무엇이 문제가 되는 것일까? 앞서 홍원식이 주장했듯이, "각 사물에 있어 흰 것은 하 나의 속성이고, 객관적인 사실로서 그것이 흰 깃털이든 흰 눈이든 흰 옥이든, 그것이 희다는 점에서 같고," 따라서 "맹자의 질문이 논의가 비약하고 있는 것"은 아닐까? 앞서 지적했듯이,

---

11. '흰 종이의 흼, 사과의 붉음 등을 속성사례 혹은 추상적 개별자라고 하는데, 이는 'trope'의 의역어이다. 이 개념은 20세기 초 D.C. Williams, G. Stout. K.Campbell, J. Bacon등과 같은 호주의 형이상학자들이 주장한 것이다. 이에 대해서는 다음을 참조. 김재권(하종호 역), 『물리계 안에서의 마음』, 철학과 현실, 1999. 21−22면. 주7.

흰 깃의 흼은 흰 눈과 흰 옥의 흼 등과 '희다'는 점에서는 같다. 그러나 (사실적인) 흰 '깃'의 흼과 흰 '눈' 및 흰 '옥'의 흼은 '개별자'의 추상물로서 상호 구별되는 독립적인 것이기 때문에 결코 같을 수 없다. 바로 이렇게 흰 깃의 흼, 흰 눈의 흼, 흰 옥의 흼 등과 같은 것은 개별자의 추상물이기 때문에, 상호 같은 것일 수 없다는 점, 그리고 이러한 개별자의 추상물은 바로 그 개별자에 국한되는 것으로 공간 초월적인 보편자(흼 그 자체)와 구별된다는 것을 고자의 '생지위성야'라는 명제는 해명해 주지 못한다. 이렇게 현실적으로 존재하는 개별자의 추상물을 보편자로 간주하여 흰 깃의 흼·흰 눈의 흼·흰 옥의 흼 등을 무차별적으로 같다고 한다면, 급기야 모든 인·물의 성은 동일하다고 하는 논리로 귀결될 수밖에 없다는 것이 고자의 입론에 대한 맹자 비판의 요지이다. 맹자의 주장은 공간초월적인 보편자로서 '무엇을 바로 그 무엇이게 성性'은 '현실에 존재하는 개별자의 추상물(생물학적 특성)'로 환원될 수 없다는 것이다.

주자는 고자가 말하는 '생生'을 '지각운동'으로, 그리고 '백지위백白之謂白'을 "모든 사물의 흰 것을 같이 희며, 차별이 없다고 말하는 것이냐."[12]라고 해석했다. 주자의 이런 해석은 고자와 맹자가 논쟁하고 있는 전후 맥락(특히 고자가 식색食色을 성性이라고 규정한 것)에서 본다면 상당히 타당한 해석이라고 판단된다. 주자가 해석한 맹자의 고자 논파과정을 요약하면 다음과 같다.

----

12. 『맹자집주』 6상:3 참조.

① 모든 인물은 고유한 구별되는 성性을 지니고 있다 : 이것은 고자와 맹자 둘 모두 전제하고 있다.

② 고자는 지각운동이 성性이라고 말했다.

③ 그런데 개든 소든 사람이든, 모든 인물은 다 지각운동을 지닌다.

④ ②와 ③이 성립한다면, 모든 인·물은 (지각운동을 하기 때문에) 성性에서 차이나지 않는다.

⑤ 그런데 ①의 전제와 ④의 결론은 모순되며, 따라서 ①의 전제가 성립하려면, ④의 결론을 가져온 결정적인 역할을 한 ②는 논박되어야 한다.

성性을 생물학적인 것으로 주장한 고자는 흰 깃의 흼이든, 흰 눈의 흼이든, 흰 옥의 흼이든 희다는 점에서 같다고 말하고, 그것을 가능하게 하는 보편자로서 공간초월적인 성性을 보지 못했다. 게다가 사물의 본성을 단순히 생물적인 것으로만 보았기 때문에 본성을 규정하는 결정적인 기준인 종차를 보지 못하고, 현실적으로 흼을 구유하고 실현하고 있는 개별자를 종차에 상관없이 무차별적으로 모두 같다고 말했다. 그래서 그는 궁극에 가서는 개든, 소든, 사람이든 각각 그것이게 하는 성性 또한 같다고 말 할 수밖에 없었으며, 맹자는 바로 이 점을 논박하였다. 즉 맹자는 흰 눈과 흰 깃 그리고 흰 옥 등이 실현하고 있는 흰 것은 같은 흰 것이지만, 눈·깃·옥 등이 종적으로 다른 개별자라는 점에서 그것들이 종적으로 다르다고 생각했다. 바로 이점에 근거하여 맹자는 개를 개이게 하는 개의 성性과 소를 소이게 하는 소의 성, 그리고 사람을 사람이게 하는 사람의 성이 다르다는 부정적인 답

변을 유도함으로써 성(무엇을 바로 그 무엇이게 하는 것)이 현실에서
생물학적으로 타고난 추상물을 넘어서는 보편자임을 암시했다.

❹라운드

고자: 식색食色이 성性이니 인은 안이지 밖이 아니며, 의는 밖이지 안
이 아니다. (중략) 저들이 (나보다) 어른이므로 내가 어른으로 여기는
것이며, 나에게 (나보다) 어른다움이 있는 것이 아니다. 저것이 흰 것
이기 때문에 내가 희다고 하여, 밖에 흰 것을 따르는 것과 같다. 그러
므로 밖이라고 한다.

맹자: (…) 늙은 말을 나이 많게 여김(長馬之長)과 나이 많은 어른을 어
른으로 섬김(長人之長)은 다름이 없는가? 또한 나이 많음(長者)이 의義인
가? 나이 많음으로 대우함(長之者)이 의인가?

고자: 나의 아우는 사랑하고 진나라 사람의 아우는 사랑하지 않으니, 이
는 나를 위주로 기쁨으로 삼은 것이다. 그러므로 안이라고 한다. 초나라
사람의 어른을 어른으로 섬기고, 또한 나의 어른을 어른으로 섬기니, 이
는 어른 됨을 위주로 기쁨으로 삼은 것이다. 그러므로 밖이라고 한다.

맹자: 진나라 사람의 불고기를 좋아함이 나의 불고기를 좋아함과 다른
것이 없다. (…) 그렇다면 불고기를 좋아함 또한 밖에 있는가?[13]

----

13. 『맹자』 6상:4. "告子曰 生之謂性 告子曰 食色 性也 仁內也 非外也 義外也 非內也 孟
子曰 何以謂仁內義外也 曰彼長而我長之 非有長於我也 猶彼白而我白之 從其白於外

고자는 생물학적 욕구를 성(性)으로 규정하고, 그 욕구는 내적인 것이므로 '안(內)'이라고 말했다. 그렇지만 그는 행동인 의(義)는 그 준거 대상이 외부에 있기에 '밖(外)'으로 보아야 한다고 말했다. 이에 대해 맹자는 늙은 말은 존경하지 않지만 어른을 존경한다는 점, 즉 같은 '장(長)'이라는 경험적 사실에 대해서 도덕 평가가 다른 것은 그 덕성이 인간 '안'에 있음을 입증한다고 반문했다. 즉 맹자는 경험 사실 그 자체에 의(義)가 있는 것이 아니라, 그 사실에 대해 우리가 합당하게 평가·대우함이 바로 의라는 것이다. 그런데 이 논변에 대한 김형효의 다음과 같은 흥미로운 지적이 있다.

'인내의외(仁內義外)'의 고자 생각과 그것을 반박하는 맹자의 주장은 다음과 같이 그 논리의 전개과정에서 사고의 불일치라는 오류를 범하고 있다고 여겨진다. 왜냐하면 고자의 생각에 따라 나이 많음(長), 흰 것(白) 그리고 의(義)가 외재적인 것이라고 인정해 보자. 그렇다면 고자는 인(仁)이나 의(義)와 같은 개념도 외재적인 객관적 실재라고 인정했어야할 것이다. … 또한 맹자의 경우에도 논점의 불일치를 지적 할 수 있다. 말의 흰 것과 사람의 흰 것이 다 같이 외재적 실재를 지니고 있다면, 장인지장長人之長도 장마지장長馬之長과 같은 뜻에서 의미상 다르지 않고

也 故謂之外也 我長之 我以彼爲長也 我白之 我以彼爲白也 曰 異於白馬之白也 無以異
於白人之白也 不識 長馬之長也 無以異於長人之長歟 且謂長者義乎 長之者義乎 曰吾
弟則愛之 秦人之弟則不愛也 是以我爲悅者也 故謂之內 長楚人之長 亦長吾之長 是以
長爲悅者也 故謂之外也 曰耆秦人 之炙 無以異於耆吾炙 夫物則亦有然者也 然則耆炙
亦有外歟"

같은 시간의 흐름의 산물임을 인정했어야 할 것이다. 그러나 맹자는 장마지장長馬之長은 객관적 실재인데, 장인지장長人之長은 그럴 수 없다고 주장하였다. 장인지장長人之長은 객관적 표상이 아니라, 우리 의식의 내면적 흐름에서 생기는 체험의 질서에 속한다고 본다면, 사람의 나이든 말의 나이든 그 나이를 아는 의식의 흐름에서는 아무런 차이가 있을 수 없다. 이렇게 볼 때 맹자든 고자든, 자기 논리의 전개에 일관성이 부족하고….[14]

우리는 이 지적을 다음과 같은 예시를 들어 평가해 보자.

① '나이 많은 말의 나이 많음(長馬之長)'이든 '연세 높은 어른의 연세 높음(長人之長)'이든 간에 객관적으로 존재하는 외재적인 '나이 많음(長)' 자체가 존경의 대상이다: 객관적 실재론—장長은 로크Locke식으로 보면 제1성질이다.

② '장마지장長馬之長' 혹은 '장인지장長人之長'은 객관적인 대상의 성질이긴 하지만, 이는 주관이 인식하기 이전에는 단순한 어떤 힘(質料)에 지나지 않는다. 따라서 '장長'이란 우리 주관이 지닌 오성의 선험적 범주에 의해 구성되는 것이라고 밖에 할 수 없다: 칸트의 선험적 실재론(구성설) 혹은 로크의 제2성질.

③ '장마지장長馬之長'과 '장인지장長人之長'에서 '장長'은 객관적 실재의 성질로 보거나 혹은 우리 주관의 선험적 범주에 의한 구성으로 보든

---

14. 김형효, 앞의 책, 49쪽.

간에 같은 '장長'이라는 점에서 차이는 없다. 그렇지만 우리는 '장마지 장長馬之長'은 공경하지 않지만, '장인지장長人之長'은 공경한다. 이것으로 볼 때 우리가 공경하는 것(義)은 '장長'이라고 하는 대상 자체에 있는 것이 아니라, 우리 주관이 장長으로 대우함에 있다고 말할 수 있다: 후 설E. Husserl의 선험적 구성주의.

이러한 3가지 예시들 중 고자의 입장은 ①로 해석될 소지가 있다. 그런데 맹자는 분명 ①의 입장을 거부한다는 점에서는 ②의 입장에 있다고 가정해 보자. 그렇다면 우리는 오성의 선험적 범주(量, 質, 關係, 樣相) 중 장마지장長馬之長과 장인지장長人之長에서 '장長' 그 자체는 '양'의 범주에 의해 같은 것으로 평가하게 된다. 즉 30년 된 말이든, 30살 먹은 사람이든 같은 나이로 판단하게 된다. 우리가 볼 때, 위의 김형효의 지적은 이런 입장에서 맹자의 논변을 비판한 것으로 보인다. 그렇다면 맹자는 진정 이런 이론을 기반으로, '의내義內'를 주장하였는가? 일견 맹자가 백마지백白馬之白과 백인지백白人之白의 차이가 없다고 인정한 점에서 그렇다고 말할 수도 있다. 그러나 이는 대상적인 측면에 제한되어야 하는 것으로 보인다.

물론 대상적인 측면에서 볼 때, 말이 흰 것과 사람이 흰 것은 똑같이 희다는 점에서는 차이나지 않는다. 그리고 장마지장長馬之長과 장인지장長人之長 또한 똑같은 장長이라는 점, 즉 대상적인 측면에서는 차이나지 않을 수도 있다. 그러나 우리는 윤리적인 측면에서 나이 많은 늙은 말은 공경하지 않지만, 연세 많은 어른은 어른으로서 공경한다. 맹자 입론의 초점은 바로 여기에 놓여 있다. 즉 인간은 대상을 단순히 무차별적으로 수용하여 단순히 똑같이 기준으로 획일적으로 평가하는 것이 아니라, 그 대상을 의미체로서 적극 구성하여 가치론적으로 평가한다는 것이다. 다시 말하면, 맹자가 말하는 '의내義內'의 논거는 김형효의 지적처럼 "사람의 나이든 말의 나이든, 그 '나이를 아는' 의식의 흐름에 차이가 없다"는 것이 아니라, '그 대상이 무엇'이냐에 따라 같은 나이이지만, 다른 의미와 가치를 부여하고(의미구성), 다르게 대우한다는 데에 놓여 있다. 바로 이점에서 맹자는 '사람의 연세 높음'과 '말의 나이 많음' 즉 사람과 말에 대한 우리의 도덕 판단이 다르다고 주장한 것이다. 이렇게 맹자는 ③의 선험적 구성주의의 입장을 견지하고 있으며, 맹자의 논리전개 방식이 일관성이 없다는 지적을 결코 받아들일 수 없다고 판단된다.

이때 발생한 문제는 맹자가 말하는 인성을 어디까지로 한정할 것인가 하는 점이다. 맹자가 말하는 인성이 고자가 말하는 생물학적인 것에 덧붙여 우리 마음이 같이 그러한 것(心之所同然者)를 더한 것인가? 아니면 심지소동연자心之所同然者만이 맹자가 말하는 진정한 인성인가 하는 점이다. 이와 연관하여 브름은 전자로 보고 위 논변을 다음과 같이 평가한다.

맹자의 답변은 고자의 성性 개념이 완전히 잘못되었다는 형식이 아니다. 맹자는 열정적으로 논변함에도 불구하고, 성性이 고자가 가정했던 것과 다른 어떤 것, 즉 더 지고한 어떤 것이라는 암시는 없다. 단지 고자가 말했던 것보다 "더 많은 것"이라는 것을 주장한다. … 고자의 견해는 맹자의 관점(성性을 생물학적이면서 도덕적 혹은 그레이엄의 용

어로 사실적이면서 규범적인 측면의 복합체로 봄)보다 더 단순하다.[15]

그런데 이 문제는 그렇게 단순하지 않다. 이는 결국 『맹자』에서 가장 난해한 7하:24로 우리를 인도한다. 그 원문은 다음과 같다.

① 口之於味也 目之於色也 耳之於聲也 鼻之於臭也 四安佚也 性也 有命焉 君子不謂性也

② 仁之於父子也 義之於君臣也 禮之於賓主也 智之於賢者也 聖人 之於天道也 命也 有性焉 君子不謂命也.

이 구절의 의미를 문자로만 개략적으로 살펴보면, "입 · 눈 · 귀 · 코 · 사지와 맛 · 색 · 소리 · 냄새 · 안일의 관계에는 성이나 (거기에는) 명이 있기에, 군자는 성性이라고 위謂하지 않는다. (이와 대비해서) 인 · 의 · 예 · 지 · 성인과 부자 · 군신 · 빈주 · 현자 · 천도의 관계는 명이나 (거기에는) 성이 있기에 군자는 명이라고 위謂이라고 하지 않는다."고 풀이할 수 있다.

글자 해석에서 ① '어於'와 관련하여 두 가지 해석이 있을 수 있다. 첫째, '어於'를 '관련하여 · 있어서'라고 해석할 수 있다. 그래서 감각 · 사지와 감각적 대상 · 안일, 그리고 후반부 역시 각각 대응하는 것으로 파악할 수 있다. 둘째, 전반부의 사지와 안일, 그리고 후반부

---

15. I. Bloom,, "Mencian Argument on Human Nature(Jerrhsing)", Philosophy East and West, Vol 44 · N 1, UH Press. 1997. p. 34.

에 성인과 천도를 연결시킨 것으로 보아 전반부는 감각의 이상적 대상을, 후반부의 인 · 의 · 예 · 지는 각각 인 · 의 · 예 · 지를 행하는 사람으로 해석할 수 있다.[16]

② '성인聖人'과 관련하여 '성聖'으로 고쳐야 한다는 주장이 있다. 주자는 『집주』에서 수정을 요구하는 사람의 말을 인용했지만, 다른 곳에서는 그대로 인용했다(『혹문』). 그런데 이러한 해석의 문제는 남겨두려 한다. 나름으로 모두 일장일단이 있기 때문이다. 여기서 중요한 문제는 맹자가 성을 논함에 있어 감각적인 것(생물학적인 것)과 도덕적인 것을 어떻게 대비하고 있는가? 하는 점이다. 다음과 같은 세 가지 해석이 제기되고 있으나 상충하지는 않는다.

㉠ 이 글을 군자를 지칭하는 하는 것으로 읽어 "군자는 감각과 그 대상의 관계를 성性이 아니라 명命이라고 하고, 윤리적 속성과 인간관계를 명命이 아니라 성性이라고 한다."고 읽을 수 있다.[17]

㉡ 감각적 추구를 명命이라고 하고, 윤리적 추구가 성性이라고 생각하는 사람들을 권고(훈계)하여, 전자보다 후자를 몰두하라고 하는 구절로 읽을 수 있다.[18]

- -

16. Kwong-loi Shun, 앞의 책, p. 203.
17. 이러한 해석을 한 사람들 중에서 또한 흥미로운 해석을 하는 사람들도 있다. 즉 '謂'를 '변명하다'고 읽는 방법이다. 이렇게 해석하면 다음과 같다. "君子는 감각 욕구가 性의 문제라고 변명하면서 감각적 추구에 빠지지 않으며 … 윤리적 추구가 命의 문제라고 변명하면서 윤리적 추구를 멀리하지 않는다." Kwong-loi Shun, 앞의 책, p. 204.
18. A. C. Graham, "The Background of the Mencius Theory of Human nature", Studies in Chinese Philosophy and Literature, The Institute of East Asian

ⓒ 진정한 성性이 무엇인가, 다른 대안적인 성性에 반대해서 우리는 어떻게 성性을 보아야 하는가를 말한다. 즉 여기서 맹자는 일차적으로 마음의 도덕적 성향에 의해 성性을 보고 있다는 지적이다. 이 제안에서는 우리가 앞에서 살펴보았던 (고자가 제안한) 경쟁하는 성性에 맹자가 반대하고 대안을 제시하는 것으로 해석한다.[19]

이 세 가지 제안은 모두 상충되지 않으면서, 의미상 큰 차이는 없다. 즉 맹자는 성性에 대한 자신의 입장을 개진하면서도, 일상적 의미의 성性으로 기술된 감각 욕구를 부정하지 않는다. 이 구절의 전반부에서 맹자는 군자의 입장을 기술하기 이전에 감각적 욕구와 연관해서 성을 말했다. 그러나 "진정한 (군자의) 성"에 대한 입장에서는 여타의 관점과 자신의 관점을 명확히 구별했다. 따라서 "생물학적 욕구"와 "맹자가 말한 군자의 성"과 연관해서, 다음과 같이 결론 내릴 수 있다. 맹자는 생물학적 욕구로서의 성이 존재한다는 사실을 부정하지 않았지만, 그러한 생물학적 욕구로서의 성보다 더 높은 (군자가 말하는) 인간적인 성을 상정했으며, 그것은 우리 마음의 같이 그렇게 여기는 바(心之所同然者)이다. 즉 맹자는 '심지소동연자로서의 성' 곧 인의예지를 군자는 '진정한 성이라고 말한다.'고 했다. 이러한 해석은 다음 구절의 지지를 받는다.

Philosophies, 1986, pp. 38~39. D. S. Nivision, 앞의 책. p.136.

19. 唐君毅, 『中國哲學原論』(原性篇), 學生書局, 民國 78, 20~28面 참조.

사람이 날짐승과 들짐승과 다른 근거는 아주 드무니, 서민은 (그것을) 버리고 군자는 보존한다. 순임금은 뭇 사물에 밝아 인륜을 살펴서 인의로 말미암아 행했지(由仁義行) 인의를 (의도적으로) 행하지 않았다 (非行仁義).[20]

이 구절들에서 확인되는 "맹자가 생각한 진정한 인성은 다른 동물들과 공유하고 있는 성질은 우연성으로 배제하고, 오직 인간에게만 고유한 본성, 즉 (금수와 구별되는) '인간적'인 것만을 지칭한다."는 것이다. 즉 맹자는 고자(그리고 양생학파)의 생生/성性의 개념에서 눈을 돌려, 그 보다 차원 높은 규범적 의미의 성性만을 진정한 인성개념으로 제시한다. 이러한 인성은 감각적인 다양한 삶의 욕구보다 가치론적으로 우선한다. 인성이 생물학적인 인간의 차원을 넘어서 인간을 인간답게 하는 '인간의 의미'라면, 여타 생물학적인 감각적 욕구들은 여기에 종속되어야함은 당연하다. 맹자의 입장은 어디까지나 인간이 지닌 기본적인 생물적 욕구를 인정(이러한 것 역시 性에 속하긴 하지만 군자의 진정한 性은 아니다)하기 때문에, 인성과 생물적 욕망 간의 관계를 축차적인 것으로 생각했다. 맹자의 이러한 입장은 여러 곳에 나타나지만,[21] 가장 전형적인 예를 하나만 제시해 보겠다.

- -

20. 『맹자』 4하:19. "孟子曰 人之所以異於禽 幾希 庶民 去之 君子 存之 舜 明於庶物 察於 人倫 由仁義行 非行仁義也" 이 구절과 밀접하게 연관되는 것은 전술한 『맹자』 6상:3 의 "(중략) 然則犬之性 猶牛之性 牛之性 猶人之性與"라는 구절이다.
21. 『맹자』 3하:3, 6상:10, 6상:15, 6하:1, 7하:31 참조.

생선도 내가 원하고 곰 발바닥도 내가 원하는 것이지만, 이 두 가지를 함께 얻을 수 없으면 생선을 포기하고 곰 발바닥을 취하겠다. 생生 또한 내가 원하고 의義 또한 내가 원하지만 두 가지를 함께 얻을 수 없으면, 생을 포기하고 의를 취하겠다. 생 또한 내가 원하지만, 원함이 생보다 심한 것이 있다. 그러므로 구차하게 얻으려고 하지 않는다. 죽음 또한 내가 싫어하지만, 싫어함이 죽음보다 심함이 있다. 그러므로 환난을 피하지 않음이 있다. 그러므로 원함이 생보다 심함이 있으며, 싫어함이 죽음보다 심함이 있으니, 오직 현자만이 이 마음이 있는 것이 아니라, 사람이 모두 지니고 있지만 현자는 능히 잃지 않을 따름이다.[22]

여기서 우리는 맹자가 생각한 '진정한 인간의 본성'과 '생물학적 성향' 간의 차이를 여실히 알 수 있다. 다시 말하지만 맹자는 인간의 생물학적 성향들을 부정하지 않았다. 그러나 그는 인간의 식·색·안일에 대한 성향을 무조건적으로 긍정한 것이 아니라, 이는 어디까지나 인간의 인간됨의 의미(인성)에 종속되어야 하는 것으로, 즉 인성의 실현과 충돌했을 때 축차적으로 선택되어야 하는 것이라고 주장한다.[23]

----

22. 『맹자』 6상:10. "孟子曰 魚 我所欲也 熊掌 亦我所欲也 二者 不可得兼 舍魚而取熊掌者也 生亦我所欲也 義亦我所欲也 二者 不可得兼 舍生而取義者也 生亦我所欲 所欲 有甚於生者 故 不爲苟得也 死亦我所惡 所惡 有甚於死者 故 患有所避也 … 是故 所欲 有甚於生者 所惡 有甚於死者 非獨賢者有是心也 人皆有之 賢者 能勿喪耳."

23. 혹은 聖人이 되었을 때 人性과 생물학적 욕구는 충돌 없이 완전히 일치할 수 있는 것이라고 할 수 있겠다. 이는 『논어』에서 공자가 자신의 삶을 술회한 古稀의 경지, "마음이 하고자 하는 바를 쫓아도 법도를 넘지 않았다"에서 읽을 수 있거니와 『맹자』에도 유사한 구절(7상:38. "孟子曰 形色 天性也 惟聖人然後 可以 踐形.")이 있다.

2. 맺는말

앞에서 인성 및 인의에 대한 고자와 맹자 간의 논변을 살펴보았다.

이 논변에서 고자는 ① '성性'과 인의의 관계를 '버들'과 그릇 혹은 '여울물'와 그 흐르는 방향에 비유하면서, 결국 성性을 '식색'으로 예시하고 '생生' 개념으로 치환될 수 있는 선 · 불선이 없는 중립적인 것이며, ② 인은 '안'이지만, '의'는 '배권', '트는 쪽으로 흐르는 물'에 비유될 수 있는 것으로 곧 '밖'이라고 했다.

이에 대해 맹자는 먼저, '인의'는 인성을 왜곡함으로써 외적으로 부가되는 것이 아니라는 점을 암시한 다음, ① '성性'이란 물이 아래로 흐르듯이 선을 지향하며, '생生'이란 개념으로 단순히 치환될 수 없는 것으로 어떤 사물을 다른 사물과 구별되게 하는 고유한 어떤 것이며, ② '인의' 또한 경험적인 사실 그 자체가 아니라, 그 사실에 합당하게 평가 · 대우함에 있다는 점에서 '밖'이라고 주장했다.

맹자는 '우리 마음이 같이 그렇게 여기는 것(心之所同然者)'으로서 인성을 생물학적 자질과 구별되는 진정 인간적인 것으로 생각했다. 또한 인성이란 인간의 도덕적 행위를 이끌어 주는 동기로서, 생물학적 욕구는 여기에 규범적으로 종속되어야 한다고 주장했다. 즉 맹자가 말하는 인성은 ① 존재론적으로 궁극 존재인 천(天, 自然)에서 유래하며, ② 유(類 혹은 種)로서의 인간을 다른 존재자와 구분 짓는 인간적인 것이며, ③ 윤리학적으로 인간의 도덕 동기를 설명해 주면서 도덕 행위로 이끌어 주는 원천이며, ④ 가치론적으로 인의예지를 그 내용으로 하면서 선에 대한 규범적·기술적 정의를 제시해 준다.

따라서 앞의 서두에서 우리가 인성론과 연관하여 제기한 문제와 연관하여 맹자는 ① 인성을 인의예지를 내용으로 하는 것이라고 규정했으며, ② 이러한 인성은 하늘에 의해 선천적으로 주어진 것으로, ③ 가치론적으로 인성은 선한 것으로 선에 대한 규범적·기술적 정의를 제시해 주며, ④ 인간 역시 자연의 일부이지만 인간에게만 각별한 인성이 있다고 대답한 셈이다. 그리고 이 인성을 확인·보존하는 것이 (유가의 의미에서) 진정한 학문의 길임을 선언했다.

맹자의 이러한 인성론에 곧바로 반기를 든 사람은 순자荀子였다. 현실주의자 순자는 마음을 지각 및 판단기능으로 파악하고, 성性을 현실 인간의 생물학적 욕구로 정의함으로써 선왕이 창시한 예의 규범을 통한 교화를 강조하여 맹자의 '낙관론'에 제동을 걸었다. 순자의 입장은 어디까지나 심리주의적이라고 하겠다. 순자의 이러한 입장은 현실의 인간을 설명하는 데에는 상당한 장점은 지닌다. 그렇지만 "진정한 인성이란 무엇인가?" "도대체 선이란 무엇인가?" "왜 우리는 선해야 하는가?" "어떻게 악한 인성을 지니고 태어난 선왕이 인간을 위하여 예의 규범을 창시할 수 있었는가?" 하는 문제와 관련하여 상당한 난점을 지닌다. 왜냐하면 이념 규정적 차원을 사실 기술적 차원에서 정초하는 것은 결코 용이하지 않다는 점에서, 우리는 이념 규정적 차원을 정립함에 있어 우리는 또 다시 형이상학적 논변이 휘말리지 않을 수 없기 때문이다.

이러한 맹·순 이후 거의 1000여 년 동안 동중서董仲舒, 양웅楊雄,

한유韓愈 등과 같은 제현들이 출현하여 나름의 인성론을 전개했지만, 획기적인 이론을 제시하지는 못했다. 송대 신유가들은 당시 유가의 이론 체계로서는 상대적으로 정치했던 도·불의 인성론에 대항할 수 없었다. 바로 이런 이유에서 이들은 새로운 인성론의 정초를 모색하였는데, 그 결정적인 단서를 바로 맹자의 성선설에서 발견·발전시켰다. 그런데 신유학자들은 "맹자는 성이 선함을 말했지만, (성性의) 대본처만 보았을 뿐 기질지성氣質之性의 세부적인 측면에는 논의가 미치지 못했다. … 맹자는 단지 성만 논하고 기氣를 함께 논하지 않았으니, 온전하게 갖추지 못했다."[1]고 말하여, 맹자의 인성론을 유가의 정통으로 인정하면서도, 새로운 발전방향을 모색했다.

오늘날의 주도적인 심리철학은 (금수와 구별되는 고유한 인간의 본성을 정립하는) 맹자적인 인성론이 아니라, (생물학적·자연주의적인) 고자적인 입장을 취하고 있다. 진화론과 20세기에 행동주의 심리학이 발흥한 이래 인간과 동물간의 질적 차이, 본성간의 차이는 완전히 말살되었다. 즉 현대 주도적인 실증 심리학에서는 인간을 단지 '상대적'으로 보다 진화된 동물로 보거나 혹은 '인간의 사고'를 기껏해야 '작동하는 컴퓨터'에 유비하고 있을 따름이다. 우리가 볼 때, 이는 고자의 현대적 부활을 의미한다. 고자가 부활한 이 시대에 과연 맹자가 말한 인성은 진정 다시 의미 있는 재구성될 수 있을 것인가? 바로 여기에 인성을 상실하고 동물과 같은 본성을 지니는 것으로 파악되는 인간이 진정 부활할 수 있는 관건이 가로놓여 있다고 하겠다.

----

1. 『朱子語類』 4:92 참조.

에필로그

인공지능시대,
마음과 인간의 본성에 관한
유교적 관점의 의미

인공지능시대의 개막

인류는 증기기관의 탄생으로 인한 기계화의 1차 산업혁명, 내연기관과 전기를 이용한 대량생산의 2차 산업혁명, 그리고 전자정보기술에 의한 자동화의 3차 산업혁명을 거쳐, 이제 바야흐로 인공지능AI·사물인터넷·빅데이터 등으로 상징되는 정보통신기술을 기반으로 하는 4차 산업혁명시대에 진입하였다. 한국에서 4차 산업시대의 도래를 알리는 결정적인 사건은 바로 영국의 딥마인드사가 개발하고, 구글이 인수·가동했던 인공지능 프로그램인 알파고와 이세돌 9단의 바둑대결이었다(2016년 3월). 알파고의 승리로 끝났던 이 사건은 구글의 무인 자동차 시험주행 성공과 의료계의 IBM의 인공지능 컴퓨터 왓슨의 도입 등과 연계되어, 바야흐로 인공지능시대가 도래했다는 사실을 화려하게 알렸다. 인공지능은 앞으로 의료, 복지, 투자, 법률, 정책, 군사 등과 같이 고등 인지능력을 필요로 하는 분야에도 활용되어 상당부분에서 인간을 대신할 것으로 예상된다. 전문가들은 인공지능이 가져올 미래사회에 대해 유토피아적 기대를 하는 동시에 대량 실업이 가져올 디스토피아적 위기상황에 심각한 우려를 표명하고 있다.[1]

----

1. 『전자신문』 2016년 3월 12일, 『동아일보』 2018년 2월 22일 및 『한국경제』 2018년 2월

인공지능의 성격과 미래 발전에 대해서도 여러 가지의 견해가 있고, 심지어 상반되는 견해들도 있다. 일전에 저명한 심리철학자인 김재권은 한 인터뷰에서 "컴퓨터 공학이 발전하고 인간을 모델로 하는 사이보그 영화가 나오면서, 영국의 논리학자인 튜링이 제기했던 질문(기계가 생각할 수 있는가?)이, 철학자뿐 아니라 일반인의 호기심을 자극하고 있다. 생각하는 기계를 우리가 과연 만들 수 있을까?"라는 대담자의 질문에 다음과 같이 답하였다.

기계라는 말은 우리가 현재 또는 미래의 기술을 사용해 만들어내는 어떤 것이라는 의미를 갖는다. 만약 이런 의미라면, 나는 우리가 생각하는 기계를 만들 수는 없다고 생각한다. 우리의 기술이 마치 우리처럼 생각하고 대화하는 로봇을 만드는 단계까지 발전하지는 못할 것이다. 그러나 '우리에 의하여 만들어진다'는 단서를 빼면, 이 질문은 그 의미가 불분명해진다. 인간은 세포·분자·원자 등으로 만들어진 물질적 존재다. 나라는 존재도 세포 단위로 해체됐다가 재조합될 수 있다. 초인간적 기술자는 이런 일을 할 수 있을 것이다. 이런 초인간적 존재에게 나는 결국 하나의 기계에 불과하다. 물론 나는 생물학적으로 번식된 존재이므로 엄밀한 의미의 기계는 아니다. 그러나 번식되지 않고 공장에서 생산되었을 경우에도 나는 여전히 마음을 가지고 있을 것이다. 나는 어떤 천재에 의하여 만들어진 생각하고 느끼는 기계이었을 수도 있는 것이다. 우리 모두는 전능한 신에 의하여 지어진 기계일지

21일 기사 참조.

도 모른다.[2]

그런데 김재권은 "내가 물리주의자인 것은 세상에 있는 모든 것은 물질의 배열에 달려 있다는 의미에서다. 세상에서 모든 물질이 사라진다면 시공간이 사라지는 것이다. 의식이 실재한다면, 의식은 물질 세계에서 생겨나는 것이다."라고 주장한다는 점에서 물리적 인공지능에 의해 인간적 의식과 자아가 출현할 수 있다는 점을 배제하지 않는다고 하겠다. 그래서 과학기술계에서 김대식은 현재 기술발달 상황을 고려할 때, 약한 인공지능(인간은 비슷한 수준으로 정보를 견문각지見聞覺知하여 조합·이해하여 글을 읽고 기사를 쓰는 단계)은 30년, 강한 인공지능(독립성·자아·정신·자유의지가 있는 기계)은 50년 내에 도래한다고 예단했다.[3]

다른 한편 철학자 김상환은 알파고와 이세돌의 대국이후 개최된 긴급좌담회에서 다음과 같이 말했다.

공상과학 영화처럼 기계가 인간을 지배하는 일은 없을 것이라고 생각

----

2. 중앙일보, 2008년 3월 4일. 또한 「서울대 총동창신문」과의 인터뷰(2017년 11월 15일자) 참조. "의식이 있고, 지각이 있는 기계(명확한 의미로)가 존재할 수 있을까? 글쎄, 모르겠습니다. 하지만 우리가 어떻게 해당 기계가 의식이 있는지 아니면 없는지를 말할 수 있을까? 우리는 바위와 나무는 의식이 없고, 개나 고양이 기타 등등이 의식이 있다는 것은 말할 수 있습니다. 의식이 있고 정신적인 것이라고 부르기 위해서는, 그것이 세상에서 의도를 가지고 행동하고 움직이는 '행위인(agent)'이어야 한다고 생각합니다."
3. 김대식, 「인공지능이란 무엇인가?: 인간 vs 기계」, 동아시아, 2017, 305~350쪽 참조.

한다. 기계는 동기motivation를 지니고 있기 않기 때문이다. 생명체의 본능인 욕망이 없다는 말이다.

즉 그는 욕망의 유무 측면에서 인공지능과 생물적인 인간을 구별하면서, AI는 욕망이 없기 때문에 인간을 지배하지 못한다고 말했다.[4]

학계에서는 2016년 수원에서 열린 〈제4회 세계인문학포럼〉을 위시하여 인공지능기술의 토대와 본성, 인공지능기술의 파장에 대하여 활발한 논의를 벌이고 있다. 수천 년 동안 서양의 어떤 학파보다도 인간 마음에 대해 연찬했던 유·불·도로 대표되는 동양 철학계에서도 인공지능과 인간의 마음·인성·심성의 관계에 대해서는 많은 관심과 논의가 있어야 할 것이다. 특히 유교는 공자 이래 그 학파의 명칭(儒=人+需: 인간에게 필수적인 것)이 시사하듯, 항상 "인간의 근본이 무엇인가?"하는 물음을 제기하면서, 교학상장을 통해 인간다운 인간 혹은 인간의 이상을 정립·양성하려고 지난한 실천적 노력을 기울여 왔다. 인간에 의해 만들어진 인공지능의 시대에 인간 혹은 그 이상의 지적 작용을 수행할 수 있는 로봇이 만들어질 가능성과 함께, 이제 우리는 "무엇이 진정 인간을 인간답게 하는가?" 하는 물음을 다시 제기하면서, 그에 대한 물음과 대답을 새롭게 정립할 필요가 있다.

유교에서는 동기와 욕망의 유무에 의해 인간과 동물 혹은 인간과 사물(기계)이 구별되는 것이 아니라, 마음과 그 본성(심성)에 의해 존재자들이 층위별로 구별된다고 말해 왔던 바, 이러한 유교 심성론의 현

---

4. 중앙일보, 2016년 6월 29일, 「AI는 욕망 없어 인간 지배 못해…생각의 주도권 잡아야」.

재적 의미를 탐색할 필요가 있다. 주지하듯이 20세기의 저명한 철학자인 후설은 "최상의 의미에서 궁극적으로 정초된 철학적 인식에 이르는 필연적인 길은 '보편적 자기인식'이다. '보편적 자기인식'을 철저하게 수행하는 것이 철학 그 자체이다."[5]고 말했다. 후설의 이 말을 유교적으로 전유한다면, 보편적 자기universal Selbst란 바로 개별적·경험적 자아를 넘어서는 인간의 보편적인 심성을 의미하며, 따라서 유교철학의 정수는 바로 인간 심성의 해명에 놓여있다고 하겠다.

서양의 전통적인 이원론과 비판

서양철학의 플라톤에서 최소한 데카르트에 이르기까지 고전적인 영혼론에서는 영혼(정신)을 신체와 개념(차원)상 구분하고, 영혼의 이치를 형이상학적 차원에서 정초·해명하려 했다. 그런데 현대 진보한 과학[6]의 맥락에서 심신문제에 접근하는 심리철학자들은 고전적인 심신이론과 다른 방식, 즉 인간 마음을 신체와 분리시키지 않고 문제를 해결·해소할 수 있다고 한다. 그래서 고전적인 심성론에서 영혼psyche · 물리physis의 대비를 통해 해명되었던 인간의 자기 물음은 이제 '심적 현상'과 '신체 현상'이 어떻게 관계되어 있는지를 묻는 '심리철학'으로 전환되었다. 기실 현대 과학의 성과를 목도한 현대인들은

---

5. 에드문드 후설(이종훈 역), 『데카르트적 성찰』, 철학과현실사, 1993, 247~8쪽.
6. 신경생리학, 인공지능이론, 유전공학, 분자생물학 그리고 컴퓨터 과학 등

신체와 분리된 영혼은 미신적 '귀신'으로, 그리고 영혼 없는 신체는 단순한 '시체'로 치부해 버린다. 즉 영혼(마음, 의식)과 신체가 독립적 실체로 간주하는 이원론은 철학에서는 폐기되거나 종교적인 문제로 도외시되고 있다.

전통적인 이원론적 인간이해에 대한 전형적인 비판은 데카르트의 철학을 그 예로 들 수 있다. 데카르트는 '방법론적 회의' 과정에서 '과장된 회의'로 말미암아 실체이원론자로 잘못 이해되고 있지만, 그는 분명 '인간 자아'에 대한 최종 결론으로 이원론을 강력히 비판했다. 즉 데카르트에 따르면, "자연이 우리에게 가르쳐주는 모든 것에는 어떤 진리가 들어 있음에 틀림없기 때문에 정신과 육체의 현존은 확실하며, 인간 신체는 여타의 물체와는 달리 반드시 영혼과 결합되어야 하는데, 신체와 영혼의 결합은 스콜라철학자들이 주장하듯 선박 안에서 선박을 조종하는 조타수의 경우와는 다르게, 밀접하게 상호작용하고 있기 때문에 이 양자의 결합을 통해서만 '온전한 인간', '참된 자아'가 될 수 있다."고 말했다.

자연은 또한 아픔, 허기, 갈증 등과 같은 감각을 통해서, '내'가 마치 조타수가 배에 타고 있듯이 신체에 머무는 것이 아니라, 신체와 매우 밀접하게 연결되어 있다는 것을, 즉 '내'가 신체와 혼합되어 신체와 함께 하나의 전체를 이룬다는 것을 가르쳐 준다. 만일 이것이 사실이 아니라면, 나의 신체가 상처를 입는다 할지라도 오직 '사고하는 존재'일 뿐인 '나'는 전혀 고통을 느끼지 않을 것이다. 왜냐하면 '나'는 이 상처를, 마치 조타수가 자신의 배에서 무엇이 망가진 것을 보고 그러

한 사실을 인식하게 되듯이, 오직 지성을 통해서만 인식할 것이기 때문이다.[7]

현대 물리주의

나아가 현대 물리주의자인 김재권 또한 한 인터뷰에서 현대에서 이 원론이 받아들여질 수 없는 이유를 간명하게 말해주고 있다.

- '심신수반론'이란 무엇인가?

"X가 Y에 수반된다는 것의 의미는 Y가 고정되면 X가 달라질 수 없다는 뜻이다. 마음과 뇌의 관계가 바로 '수반'관계다. 뇌의 물리적인 속성이 고정되어 있다면, 정신적인 속성(의식, 무의식)도 고정된다."

- 몸과 마음이 분리되어 있다고 생각하는 전통적인 사유로서는 선뜻 수긍하기 힘들다.

"신체와 정신과의 관계는 뇌손상 환자에 대한 관찰에서 파악할 수 있다. 이런 증거들은 정신이 신체에 의존하고 있다는 사실을 충분하게 보여준다. 전통적인 믿음들이 경험적인 증거가 발견됨에 따라 부인되고 개선된 사례는 많다. 뇌와 같은 물리적 기반이 없이 존재하는 정신을 믿는 일은 '마술'을 믿는 것과 다름없다."[8]

----

7. G. Dicker, Descartes, Oxford, 1993, p.182
8. 동아일보, 2008년 8월 1일자, 21쪽.

김재권과 같은 방식으로 이원론이 비판된다면, 이제 현대 물리주의적 심리철학이 유일한 대안으로 등장한다. 여기서는 "'존재론적 물리주의ontological physicalism', 즉 시·공간 내에는 물리적인 소립자들과 그 집합들 이외에는 그 어떤 구체적 존재나 실재들이 없다"는 관점으로 심신문제를 출발한다. 즉 이들은 첫째, 이 세계에는 비물리적 존재나 실재가 독자적으로 존재한다고 가정해야할 필요충분한 근거가 있는가? 둘째, 비록 비물리적 실재가 독립적으로 존재하더라도 물리적인 공간 밖의 비물리적 실체가 '엄격한 물리적 법칙'의 지배를 받는 물리적 물체의 운동에 어떻게 영향을 끼칠 수 있는가? 라는 질문을 제기한다. 그리고 이 질문에 대해 부정적으로 답하면서, '존재론적 물리주의'를 심신관계에 관한 논의의 출발점으로 삼는다.[9] 이들은 '물리계 내에서 마음'을 찾으며, 이 물리계 내에서의 마음은 아무런 인과적 역할을 못하기 때문에 제거(소거, 수반, 환원)될 운명에 있다고 말한다.[10] 그러나 감각질感覺質 등과 같은 몇 가지 난제를 해소하지 못했기에, "물리주의는 완벽하지는 않지만, 거의 충분한 이론"[11]이라고 선언한다.

---

9. Torence E. Horgen, 「Physicalism(1)」, A Companion to Philosophy of Mind, Guttenplan(ed), Blackwell, 1994, p.471.
10. 김재권(하종호 역), 『물리계 안에서의 마음』, 철학과현실사, 1999, 215~8쪽 참조.
11. 김재권(하종호 역), 「물리주의, 안벽하지는 않지만 거의 충분한 이론」『물리주의』, 아카넷, 2007, 제6장 참조.

물리주의의 난점

인식의 대상은 언제나 그 인식하는 의식의 상관자이다. 이른바 '실재 자체'란 이미 인식 주관에 의해 매개된 '주관적 실재'일 따름이다. 존재의 실재성은 그 실재를 인식하는 우리 마음의 명료성에 상관된다. 즉 모든 인식대상은 지향하는 우리 마음의 상관자이다. 물리주의자들이 말하는 '물리적' 혹은 '물리적인 것'이란 근·현대 자연과학의 이념에 의해 요청된 추상적인 것일 뿐, 결코 이념 이전의 '생생하는 자연 그 자체'가 아니다. 이들은 '주관적' 특성들을 일관되게 제거하고 '순수 물리적인 것'에만 관심을 기우려 마음을 신체에 인과적으로 부착되는 보완물로 간주하거나 절단시켜 버렸다.

물리주의자들이 모든 유형의 주체성을 한갓 주관적인 것으로 치부하면서 실험과 관찰을 통해 '순수 객관성'을 이론적으로 규명한다고 말하지만, 여기에는 여전히 '소여된 것'을 '어떤 관점에서 바라보는 주관'이 불가분 개입된다.[12] 물리적 법칙 또한 그 자체가 절대적인 것이 아니라 지향하는 우리 의식의 상관자이며, '발견의 이차성'과 '관계의 상대성'을 면할 수 없다. 근원경험의 입장에서 보면, '세계'는 바로 그 세계를 의식하는 마음의 상관자일 따름이다. 요컨대 우리는 물리계 내에서의 마음이 아니라, 생생하는 자연 그 자체에서 마음의 문제를 논구해야 한다. 물리주의자들이 금과옥조로 삼고 있는 '물리계의 인과적 폐쇄성의 논제' 또한 근원경험의 입장에서 보면 추상의 산

----

12. 에드문드 후설(신오현 역), 『현상학적 심리학강의』, 민음사, 1992, 247쪽.

물일 따름이다.

실체론적인 '형이상학적 전제'나 혹은 과학주의자들이 파악하고자 하는 '과학적 이론의 세계' 이전에 우리가 마음을 쓰고 생활하는 인간의 직접 경험의 실존의 장이 우리 현실을 온전히 드러내며, 나아가 이론적 도식을 통하여 마음과 신체를 분리하기 이전의 본래의 근원적 통일적 인간이야 말로 '실체적 정신'이나 '물리적으로 환원된 마음' 그 이전의 온전한 인간의 실상이라고 할 수 없는가? 심신 문제에서 우리의 궁극적 귀의처는 바로 '형이상학적 전제'나 '자연과학적 이론화' 이전의 생생한 사태 자체로서 통일된 심신이 아닐까?

이미 아리스토텔레스에서부터 물리주의(유물론)에 대한 전형적인 반론이 있다. 아리스토텔레스는 데모크리토스적인 유물론을 비판하면서, 이 입장에서는 영혼을 신체 속의 신체로 간주하고 있는데, 이는 "마치 다이달로스가 아프로디테의 나무 조각에 수은을 넣음으로서 그것을 움직이게 한 것처럼" 신체를 움직이게 한 것과 같다고 했다.[13] 이렇게 심신관계에 대한 전통적인 이원론적 모델이 실증주의자들로부터 '기계 속의 유령ghost in the machine'으로 비판받았다면, 영혼(마음)을 미세한 입자 등과 같은 물질적인 신체로 보는 것은 '신체 속의 신체'로 비판받아왔다. 유물론에 대한 이러한 비판은 곧 다음과 같은 현대적 질문과 맥락을 같이 한다.

우리가 단지 한 다발의 신경세포들에 의해 조정되는 세포덩어리에 불

---

13. 에드문드 후설(신오현 역), 『현상학적 심리학강의』, 민음사, 1992, 247쪽.

과하다면, 또한 우리가 '사물이 아닌', 어쨌든 '우리'가 아닌 원자와 입자로 구성되었다면 행동하는 것이 무슨 소용이 있겠는가?[14]

인간과 동물의 차이 : 뇌 기능인가, 본성인가?

이제 우리는 다음과 같은 논제 중 하나를 선택해야할 처지에 놓여 있다.

> 우리들은 우리들의 결정이 의식(마음)에서 이루어지는지, …… (아니면) 의식이란 단지 뇌에서 기록원 역할을 하는 것에 지나지 않으며, …… (따라서) 결정과 감정은 우리가 그 움직임을 의식할 수도 없으며, 의식의 메커니즘에 의하여 통제할 수도 없는 신경세포에 의하여 계산되는 것인지?[15]

여기서 후자를 선택하면 물리주의로, 전자를 선택하면 유교의 마음과 그 본성에 관한 이론으로 나아갈 수 있다. "뇌라고 하는 물리적 기반이 없다면 마음(의식)이 신체를 움직이지 못한다는 것" 그리고 "뇌가 손상된 환자를 보면 정신이 신체에 의존한다는 사실을 알 수

---

14. 장프랑수아 르벨, 마티유 리카르(이용철 역), 『승려와 철학자』, 이끌리오, 2004, 211쪽.
15. 장프랑수아 르벨, 마티유 리카르(이용철 역), 같은 책, 99쪽.

있다"는 것 등은 물리주의자들이 자신들의 주장을 정당화해 주는 근거라고 생각하겠지만, 유교의 입장에서도 이 점을 인정할 수 있다. 현실적으로 분명 인간의 의식(정신)은 물리적인 뇌에 의존하여 출현한다. 그러나 비록 "의식이 뇌에 의존하여 출현다고 할지라도" 우리의 의식은 자율성을 지니고 뇌를 혹은 신체를 통제할 수 없는 것일까? 맹자가 마음이란 기관은 반성의 직능을 담당한다고 주장하면서, 마음의 신체에 대한 주재성을 확보하고자 한 것은 바로 이러한 이유에서다.

그런데 '물리주의 일원론'과 전통 성리학의 '기체일원－본성다원론'은 같은 '일원론'이라는 점에서 그 거리가 그렇게 멀지 않을 수 있다. 그 결정적인 차이는 무엇일까? 이점을 살펴보기 위하여 우리는 또다시 물리주의자 김재권의 인터뷰를 살펴보자.

－(심심문제를 연구하면서) 혹시 동양전통 사상인 이기론理氣論에 영향을 받았나?

"몇몇 학자들이 이기理氣의 문제를 심신의 문제와 결부시키려고 시도했다. 내가 보기에 이와 기 모두 정신적인 것의 다른 측면이다. 심신의 문제와 이기의 문제는 전혀 다르다."

－뇌를 가진 동물과 뇌를 가진 인간의 차이점이 무엇인가?"

"뇌의 능력에 차이가 있는 것일 뿐이다."(침팬지가 인간과 같은 능력의 뇌를 가졌다면 정신적 능력도 인간과 같았을 것이라는 설명이었다.)[16]

----

16. 한국일보 및 동아일보, 2008년 8월 1일자.

여기서 김재권이 성리학적 존재론에서 말하는 이기를 모두 정신적인 것으로 치부해 버린 대답은 고질적인 정신·물질의 이원론적 도식에 의한 선입견에서 나왔다고 판단된다. 그런데 유교에서 말하는 기란 정신·물질로 나누기 이전의 이 세상에 존재하는 유형·유위한 모든 것을 총괄하여 말한 것이다. 우리의 판단으로 물리주의자들이 주장하는 '물리적인 것'과 '기'의 차이는 다음과 같은 것에 있다.

우선 물리주의자들이 근·현대 자연과학의 이념에 충실하여 인과론을 근본원리로 판단하고, 순수 '물리적인 것'을 확보하기 위해, 그리고 '물리계의 인과적 폐쇄성의 원리'에 의해 '한갓 주관적인 것으로 치부되는 것'과 '물리계 내에서 인과적인 역할을 담지하지 못하는 것'을 일관적으로 배제했다는 데에 있다. 그런데 전통 유교의 성리학에서는 인과관계에서 모종의 역할을 하는 것만을 실재로 간주하지 않는다. 유교적 존재론을 대표하는 전통 성리학에서는 세계를 설명할 때에 물리적인 인과관계에서 상호 영향을 미치는 관계 항이 아니라, 만물의 존재 근거(소이연지고所以然之故)와 이 근거에 말미암아 마땅히 실현해야할 준칙(소당연지칙所當然之則)을 중시했다. 다시 말하면, 물리주의자들이 물리적인 원인–결과의 메커니즘을 찾고 있다면, 성리학자들은 이유(근거)–귀결의 관계, 즉 유형·유위한 만물에서 그 존재근거와 그 존재근거에 부합하기 위해 마땅히 구현해야 하는 당위규범을 찾아 실천함으로서 그 존재의미를 구현하고자 하였다고 하겠다.

그렇다면 여기서 두 번째 질문, 즉 "인간과 동물의 차이는 무엇인가?" 하는 것으로 나아가 보자. 이 질문에 대한 물리주의자들의 선택은 '뇌 능력의 차이'였다. 그렇지만 유교는 인간과 동물은 그 '본성'이

다르다고 주장한다. 일찍이 맹자는 "인간과 금수의 차이는 아주 드물다고 할 수 있는데, 대부분의 사람들은 그것을 버리지만, 군자만이 보존한다."[17]고 말하였다. 여기서 그 드문 것은 바로 동물과 구별되는 인간의 고유 본성이며, 그것은 인간 마음에 갖추어져 있다고 말했다.

맹자는 "본성이란 다름 아닌 생물학적인 것(生之謂性)에 지나지 않는다"는 자연주의자인 고자에게 그런 논리는 "개의 성과 소의 성이 같으며, 소의 성과 사람의 성이 같다"[18]는 논리로 귀결된다고 설파한 적이 있다. 그리고 이른바 「유자입정의 비유」를 통하여 선한 사단의 존재를 확인해 주었다. 성리학자들은 이를 계승하여 마음의 본성에 초점을 맞추고 그 존재를 증명하고자 하였다. 여기서 우리는 두 가지를 설명하고자 한다. 그것은 마음은 반성의 능력을 지닌 자기의식의 주체라는 것, 그리고 그 마음의 본성은 알 수 있다는 것이다.

마음, 반성의 능력을 지니는 자기의식

'자기의식'이란 우리의 관념이나 의지가 외적 조건에 의해 야기된다고 할지라도, 그러한 관념이나 의지가 자신의 것으로 의식하는 마

----

17. 『맹자』 4하 : 19. 孟子曰 人之所以異於禽獸者 幾希 庶民去之 君子存之.
18. 『맹자』 6상 : 11. 孟子曰 生之謂性也 猶白之謂白與 曰然 白羽之白也 猶白雪之白 白雪之白 猶白玉之白與 曰然 然則犬之性 猶牛之性 牛之性 猶人之性與.

음의 반성적 차원을 말한다. 맹자가 바로 이러한 주장을 하였으며, 성리학적 심성론에서도 이러한 자기의식의 가능성이 내포되어 있다. 왜냐하면 성리학에서 이치의 인식은 자연히 마음의 이치에 대한 인식을 포함하기 때문이다. 만일 인간 마음이 자각적이지 않다면, 즉 인식작용으로서의 자신을 인식할 수 없다면 혹은 의식적으로 존재하는 자기 자신을 의식할 수 없다면, 마음의 이치는 영원히 인간의 이해 범위를 벗어난 것이 되고 말 것이다. 그러나 주자는 우리 마음은 비록 자기 자신을 대상적으로 객관화하여 인식할 수는 없지만, '허령명각'한 마음 그 자체가 이미 앎이라고 말했다.[19] 주자의 이러한 관점은 "인간 의식은 언제나 그 무엇을 그때그때의 의식 대상으로 삼으며, 이때 이 '대상의식'은 언제나 동시에 '자기의식'을 수반하게 마련인데, 이러한 자기의식을 '전반성적 의식'이라고 부른다."고 말하는 현상학적 관점[20]을 나타낸 것이라고 할 수 있다.

그런데 여기서 인식론적인 난점이 제기된다. 그것은 곧 인간 마음에는 그 본성으로 이치가 가장 온전하게 구유되어 있지만, 소리도 형적도 없는 마음의 이치를 어떻게 알 수 있는가 하는 점이다. 이 문제와 연관하여 성리학자들은 현상학자들처럼 마음은 비록 대상화할 수 없지만 그 지향성, 즉 대상화하는 작용으로부터 분리될 수 없으며, 그 대상화하는 활동 속에서만 자신을 드러내고 그 작용을 전반성적으로 의식한다고 주장한다. 즉 지향적으로 대상화하는 활동성에 드

---

19. 『대학』[격물보망장] 참조. "蓋人心之靈 莫不有知"
20. 신오현, 『자유와 비극』, 문학과지성, 1979, 제2부 1장 참조.

러난 마음의 단서를 증험하고 '추론'하여 우리는 마음의 본성을 인식할 수 있다는 것이다.

그러나 사단四端이 아직 피어나기 전 이른바 혼연渾然한 전체는 소리와 냄새로 말할 수 없고, 모양으로서도 말할 수 없는데 무엇으로 찬연燦然하게 이와 같은 조리가 있음을 알 수 있겠는가? 대개 이치의 증험이란 바로 피어난 곳에 의존하여 나아가 증험할 수 있다. 무릇 만물에는 반드시 뿌리가 있다. 성性의 이치는 비록 형상이 없으나, 단서가 피어난 것에서 가장 잘 증험할 수 있다. 그러므로 그 측은으로 말미암아 반드시 인이 있음을 알고, 수오로 말미암아 반드시 의가 있음을 알고, 공경으로 말미암아 반드시 예가 있음을 알고, 시비로 말미암아 반드시 지가 있음을 안다. 본래 이치가 안에 없다면 어떻게 밖에 단서가 있을 수 있겠는가? 밖에 단서가 있음으로 말미암아 반드시 안에 이치가 있음을 속일 수 없다.[21]

요컨대 첫째, 눈은 눈 자체를 볼 수 없고, 거울이 거울 자신을 반추할 수 없는 것과 같은 이치로 마음은 마음 자체를 대상적인 것으로 결코 확인할 수 없다. 둘째, 마음 자체는 (대상적인 것으로 확인하

---

21. 『朱子大全』卷65,「尙書‧大禹謨」. 然四端之未發也 所謂渾然全體 無聲臭之可言 無形象之可見 何以知其燦然有條者此 蓋是理之可驗 乃依然就他發處驗得 凡物必有本根 性之理 雖無形 而端緒之發 最可驗 故由其惻隱 所以必知其有仁 由其羞惡 所以必知其有義 由其恭敬 所以必知其有禮 由其是非 所以必知其有智 使其本無是理于內 則何以有是端于外 由其有是端于外 所以必知有是理于內 而不可誣也.

려고 하는 한에서) 전혀 알 수 없는 것이거나, 혹은 비대상적인 절대적 · 자증自證적인 방식으로만 인식할 수밖에 없다(문즉답문即答 답즉문答即問)는 것이다.

그런데 이 논제에서 첫째는 논리적 진리라는 점에서 우리는 받아들어야 한다면, 둘째의 논제는 어떻게 받아들여야 할까? 현대 물리주의적 심리철학자들은 주로 마음 자체는 전혀 알 수 없는 것이라는 입장에서 마음을 물리적 신체로 환원, 소거하거나 혹은 수반적인 것으로 치부해 버린다. 그런데 유학자들은 마음이란 비대상적인 절대적 · 자증적인 방식으로만 인식할 수 있다고 주장한다. 즉 사단四端은 마음의 본성에서 '무조건적이며 자발적으로' 우러나왔기에 사실(경험)과 독립적이라는 의미에서 '순수'한 마음의 작용이다. 이 순수한 마음의 작용은 그 존재를 함축한다. 예컨대, 보는 작용이 있음은 눈의 존재를 함축하고 듣는 작용이 있음은 귀의 존재를 함축하듯이, 순수 마음의 작용은 그 존재를 함축한다. 이를 논리화 한 것이 바로 유교의 본체–작용이론이다. 요컨대 마음 자체(본성)와 그 작용은 체용의 관계로서 하나가 아니면서 둘도 아닌, 혹은 하나이면서 둘인 관계에 있다. 그러므로 우리는 '무조건적이며 자발적으로' 마음의 본성에서 발출한 사단이라는 순수 마음의 현상이 있다는 사실을 미루어 추론하여 그 마음의 본성인 사덕(仁義禮智)이 있음을 알 수 있다는 것이다. 이렇게 유교에서는 우리에게 그 본성이 있음을 인식할 수 있다고 말하였다.

그렇다면 "이러한 본성, 즉 이치가 도대체 어떤 의미가 있는가?"라는 물음이 제기될 수 있다. 이치란 소리도, 형상도, 냄새도 없는 것이며, 따라서 물리계에서 어떠한 인과적 영향을 행사하지 못하는 그야말로 무無적인 것으로 아무런 의미도 없는 것이 아니겠는가? 이러한 질문에 대해 성리학자들은 다음과 같이 답했다.

> 많은 사람들이 저 도리라고 하는 것을 하나의 실체가 없는 공허한 물건이라고 생각하고 있다. … (그런데) 배를 만들어 물위를 가고, 수레를 만들어 땅위로 가는 것과 같은 것들로 예를 들면, 지금 시험 삼아 여러 사람들이 힘을 합하여 배 한 척을 땅위에서 밀어 본다면 반드시 가게 할 수는 없을 것이니, 비로소 그때에야 배는 육지를 갈 수 없다는 것을 알게 될 것이다. 이것을 실체라고 하는 것이다.[22]

여기서 주자는 만물의 존재근거인 '이치'가 물리적인 세계에서 감관을 통해 확인되고 귀납－가설적으로 확증되는 물리주의적 인과법칙보다 어떤 점에서 더 근원적이며, 더 강력한 실체라고 주장했다. 요컨대 배(船)의 이치는 '물 위로 가는 것이다'고 가정할 때, "물위로 가야한다."고 하는 배의 당연지리當然之理는 배의 구성요소를 분해하여 살핀다고 하더라도 우리의 감관에 의해 관찰되지 않고, 실증적 근거에서 무의미한 공허한 것에 불과하다고 할 수 있다. 만일 "물 위로 가야 한다"는 배의 이치를 무시하고, 배를 땅 위로 가게 한다면 수십 명의 장정들이 그 일에 매달려도 거의 배를 움직이게 할 수 없을 것

22.『大學章句』經1章의 朱子細註. "(朱子曰) 人 多把這道理 作一箇懸空底物 … 如作舟行水作車行陸 今試以衆力 共推一舟於陸 必不能行 方見得舟不可以行陸也 此之謂實體."

이다. 바로 이와 같이 "배는 물 위로 간다(가야 한다)"는 것과 같은 방식의 배의 이치(본성)는 비록 배를 물리화학적으로 관찰하는 것으로 확인할 수는 없지만, 기실 인과율보다 더 근원적이며, 현실에서 더 강력한 영향력을 행사한다는 말이다.

어쨌든 유교 심성론의 정립자인 맹자는 ① 인의예지의 본성의 덕을 지니고 태어난 인간 마음은 반성의 능력을 지닌 주체적인 자기의식으로 자기 내의 본성을 인식할 수 있으며, ② 마음이 지닌 본성은 (금수와 구별되는) 인간의 존재근거가 되기 때문에 그 근거에서 귀결되는 준칙을 실현하여 그 본성을 구현할 때에 인간의 존재의미가 형성되며, 나아가 ③ 인간 마음은 신체와 유기적 통일성에서 상호작용을 통해 끊임없는 조화와 보완을 통해 그 본성을 구현함으로서 인간의 자기완성을 이룰 수 있다고 주장했다. 맹자의 이 주장이 정당하다면, 유교 심성론은 현대 물리주의 심리철학의 한계를 규명하는 중요한 관점을 제시하고 있다고 할 수 있다.

참고문헌 _

| 저서 |

K. McLeish(eds),, Key Ideas in Human Thought, Prima Publishing, 1995.

Lycan. W. G, Blackwell Companion to Philosophy, N. Bunnin and E. P. Tsui-James(ed), Blackwell Publishers LTD, 1996.

Olberding, Amy(eds), Dao Companion to the Analects, Springer, 2014.

S. Guttenplan(ed.), A Companion to the Philosophy of Mind(CPM), Blackwell, 1994.

Shen, Vincent(eds), Dao Companion to Classical Confucian Philosophy, Springer, 2014.

Wing-tsit Chan, Neo-Confucianism, Etc. : Essays, Oriental Society, 1969.

Wing-tsit Chan, The Evolution of the Confucian Concept Jen" "Neo-Confucianism, Etc. : Essays by Wing-tsit Chan, Oriental Society, 1969.

Wing-tsit Chan," Chinese and Western interpretation of Jen(Humanity), Journal of Chinese Philosophy 2, D. Reidel Publishing Company, 1978.

가지보부유키(이근우 역), 『침묵의 종교 유교』, 경당, 2002.

금장태, 『인과예 – 다산의 논어해석』, 서울대출판부, 2006.

김기주 · 황지원 · 이기훈 역주, 『공자성적도』, 예문서원, 2003.

김대식, 『인공지능이란 무엇인가? : 인간 vs 기계』, 동아시아, 2017.

김동인 · 지정민 · 여영기 역, 『세주완역논어집주대전』1-4, 한울아카데미, 2009.

김석진, 『대산대학강의』, 한길사, 2006.

김석진 · 신성수, 『대산중용강의』, 한길사, 2004.

김수길, 『집주완역 중용』, 대유학당, 2001.

김승혜, 『원시유학』, 민음사, 1994.

김용옥, 『중용한글역주』, 통나무, 2011.

김재권(하종호 역), 『물리주의』, 아카넷, 2007.

김재권(하종호, 이선희 역), 『심리철학』, 철학과현실사, 1997.

김충열, 『중국철학산고』 I, II, 온누리, 1988.

──── , 『김충열교수의 중국철학사1 :중국철학의 원류』, 예문서원, 2006.

나타지마 다카히로(신현승 역), 『잔향의 중국철학:언어와정치』, 글항아리, 201.

남상호, 『孔子의 詩學』, 강원대출판부, 2011.

──── , 『육경과 공자인학』, 예문서원, 2003.

남회근(설순남 역), 『맹자와 공손추』, 부키, 2014.

데카르트(이현복 역), 『제일철학에 관한 성찰』, 문예출판사, 2006.

로저 트그리(최용철 역), 『인간 본성에 대한 철학적 논쟁』, 간디서원, 1996.

劉澤華(장현근 역), 『중국정치사상사:선진편(上)』, 동과서, 2002.

린타탕 외(강진석 역), 『공자와 맹자에게 직접 배운다』, 휴머니스트, 2004.

미유라 쿠니오(김영식 · 이승연 역), 『인간주자』, 창작과비평사, 1996.

바오펑산(이연도 역), 『공자전』, 나무의철학, 2013.

박성규 역, 『논어집주: 주자와 제자들의 토론』, 소나무, 2011.

박완식 편저, 『중용』, 여강, 2005.

──── , 『대학 대학혹문 대학강어』, 이론과실천, 1993.

박홍식 편, 『다산 정약용』, 예문서원, 2005.

백민정, 『정약용의 철학』, 이학사, 2008.

벤쟈민 슈월츠(나성 역), 『중국고대사상의 세계』, 살림, 1996.

보브아르(홍상희 박혜영 역), 『노년』, 책세상, 2007.

사마천(김기주, 황지원, 이기훈 역주), 『공자세가 · 중니제자열전』, 예문서원, 2003.

사명중(김기현 역), 『유학과 현대세계』, 서광사, 1998.

서경요 · 김유곤, 『조선조 유학자의 중용읽기』, 문사철, 2009.

徐復觀, 『中國人性論史』, 商務印書館, 민국76年.

소공권(최명, 손문호 역), 『중국정치사상사』, 서울대 출판부, 2002.

小野澤精一 외(김경진 옮김), 『氣의 사상』, 원광대출판부, 1993.

송석구, 『율곡의 철학사상연구』, 형설출판사, 1996.

송영배, 『중국사회사상사』, 한길사, 1986.

수징난(김태완 역), 『주자평전』상, 역사와비평사, 2015.

슈테판 츠바이크(정민영 역), 『에라스무스 평전』, 2006.

신오현 편, 『인간의 본질』, 형설출판사, 1984.

신오현, 『자아의 철학』, 문학과지성사, 1986.

───, 『절대의 철학』, 문학과지성사, 1993.

───, 『철학의 철학』, 문학과지성사, 1988.

신정근, 『사람다움의 발견』, 이학사, 2005.

신창호, 『敬이란 무엇인가』, 글항아리, 2018.

아리스토텔레스(김진성 역주), 『형이상학』, 이제이북스, 2007.

안외순, 『정치, 함께 살다』, 글항아리, 2016.

안재원, 『인문의 재발견』, 논형, 2016.

楊祖漢(황갑연 역), 『중용철학』, 서광사, 1999.

梁澤波, 『孟子性善論研究』, 中國社會科學院博士論文文庫, 中國社會科學出版社, 1996.

우준호, 『삼강오륜의 현대적 조명』, 이화, 2007.

위중(이은호 역), 『상서尙書 깊이읽기』, 글항아리, 2013.

劉若愚(이장우 역), 『중국시학』, 명문당, 1994.

이동철 외 2인 엮음, 『21세기의 동양철학』 을유문화사, 2009.

이병도, 『율곡의 생애와 사상』, 서문당, 1979.

이상익, 「율곡 이기론의 삼중구조」, 『기호성리학연구』, 심산, 2000.

이승환, 『유가사상의 사회철학적 조명』 고대출판부, 1998.

李恩江 賈玉民 主編, 『說文解字』, 「德」, 中原農民出版社, 2000.

이중텐(유소영 역), 『정치를 말하다』, 중앙books, 2000.

이충구, 『한자부수해설』, 전통문화연구회, 1998.

이황·기대승(임헌규 역), 『사단칠정을 논하다』, 책세상, 2014.

임종진, 『무엇이 의로움인가』, 글항아리, 2015.

임헌규, 『3대주석과 함께 읽는 논어』1~3, 모시는 사람들, 2010.

──, 『공자에서 다산 정약용까지』, 파라아카데미, 2019.

──, 『유교인문학의 이념과 방법』, 파라아카데미, 2019.

──, 『주자의 사서학과 다산 정약용의 비판』, 파라아카데미, 2020.

장곤장, 「정다산과 다자이·다이의 『논어』해석 비교연구」, 『다산학』 8.

張垈年(김백희 옮김), 『중국철학대강:하』, 까치, 1998.

장대년(박영진 역), 『중국윤리사상연구』, 소명, 2012.

장립문 주편(권호 역), 『도』, 동문선, 1995.

장복동, 『다산의 실학적 인간학』, 전남대출판부, 2002.

장승구, 『정약용과 실천의 철학』, 서광사, 2001.

장영란 풀어씀, 『플라톤의 국가, 정의를 꿈꾸다』, 사계절, 2008.

장영란, 『플라톤의 교육』, 살림, 2009.

장-프랑스아 르벨 외(이용철 역), 『승려와 철학자』, 이끌리오, 2004.

장현근, 『중국의 정치사상:관념의 변천사』, 한길사, 2016.

전관응 감수, 『불교학대사전』, 홍법원, 2001.

전남대호남학연구소 역, 『국역여유당전서』 전주대출판부, 1986.

전병술, 『심학과 심리학』, 모시는사람들, 2014.

전손(백종석 역), 『선진유학』, 학고방, 2009.

정규영(송재소 역주), 『다산의 한평생-사암선생연보』, 창비, 2014.

정동호 외, 『철학, 죽음을 말하다』, 산해, 2012.

정병련, 『다산사서학연구』, 경인문화사, 1994.

정약용(이지형 역), 『역주 맹자요의』, 현대실학사, 1994.

──(이지형 역주), 『논어고금주』1-5., 사암, 2010.

──(이지형 역주), 『역주논어고금주』1-5, 사암, 2010.

정약용(실사학사경학연구회 편역), 『다산과 대산·연천의 경학논쟁』, 한길사, 2000.

──(실사학사경학연구회 편역), 『다산의 경학세계』, 한길사, 2002.

──(실사학사경학연구회 편역), 『다산과 석천의 경학논쟁』, 한길사, 2000.

───── (이지형 역), 『역주매씨서평』, 문학과지성사, 2002.

정일균, 『다산사서경학연구』 일지사, 2000.

정태현 · 이성민 공역, 『역주논어주소』, 전통문화연구회, 2014.

丁學游(허경진 · 김형태 역), 『시명다식』, 한길사, 2007.

주희(임헌규 역), 『인설』, 책세상, 2003.

周桂鈿(문재곤 외 옮김), 『강좌중국철학』, 예문서원, 1992.

陳大齊(안종수 역), 『공자의 학설』, 이론과실, 1996.

진래(안재호 역), 『송명성리학』, 예문서원, 1997.

───── (전병욱 역), 『양명철학』, 예문서원, 2003.

진순(김영민 역), 『북계자의』, 예문서원, 1993.

진영첩(표정훈 역), 『주자강의』, 푸른역사, 2001.

채인후(천병돈 역), 『공자의 철학』, 예문서원, 2000.

천웨이핑(신창호 역), 『공자평전』, 미다스북스, 2002.

최영찬 외, 『동양철학과 문자학』, 아카넷, 2003.

湯可敬 撰, 『說文解字今釋』, 岳麓書社, 2005.

馮友蘭(박성규 역), 『중국철학사』 까치, 1999.

풍우란(정인재 역), 『간명한 중국철학사』, 형성, 2010.

플라톤(박종현 역주), 『국가 정체』, 서광사, 1997.

何晏 注, 邢昺 疏(정태현, 이성민 역), 『역주논어주소』1~3, 전통문화연구회, 2012.

하영삼, 『한자어원사전』, 도서출판3, 2014.

허룽이(박삼수 역), 『맹자의 왕도주의』, UUP, 1997.

허진웅(전남대중국문학연구실 옮김), 『중국고대사회』, 지식산업사, 1993.

慧能(퇴옹 성철 역주), 『돈황본단경』, 장경각, 1987.

황경식, 『덕윤리의 현대적 의의』, 아카넷, 2012.

황준지에(최영진 · 안유경 역), 『동아시아유교경전해석학』, 문사철, 2009,

| 논문 |

Bloom. I, "Three Visions on jen," Meeting of Mind, eds. I. Bloom & J. A. Fogel. Columbia Uni Press. 1997.

Graham. A. C. "The Background of the Mencius Theory of Human Nature." Studies in Chinese Philosophy and Literature, The Institute of East Asian Philosophies, 1986.

Wing-tsit Chan, "Chinese and Western interpretation of Jen(Humanity)", Journal of Chinese Philosophy 2, D. Reidel Publishing Company, 1978.

Wing-tsit Chan, "The Evolution of the Confucian Concept Jen," Neo-Confucianism, Etc. : Essays by Wing-tsit Chan, Oriental Society, 1969.

강봉수, 「공자의 윤리사상 다시 읽기 – 仁개념의 재조명을 중심으로」, 『윤리연구』84, 2012.

강정인, 「德治와 法治: 양자 兼全의 필요성을 중심으로」, 『정치사상연구6』, 2002 봄.

김기주, 「공자의 정치적 이상사회, '正名'의 세상」, 『동방한문학』43, 2010.

김기철, 「논어의 '素以爲絢兮로 본 詩經 衛風碩人의 인물묘사」, 『중국학연구』70, 2014.

김상래, 「仁과 禮에 대한 연구 –『논어』를 중심으로」, 『온지논총』15, 2005.

김선민, 「『예기』「예운」편에 나타난 禮와 天의 관계」, 『중국교대사연구』21, 2009.

김언종, [육경사서에 대한 다산의 기본 인식], 『다산의 경학세계』, 한길사, 2002.

──, 「정다산의 주자『논어집주』비판(1)」, 『민족문화연구』29, 1996.

──, 「정다산의 주자『논어집주』비판(2)」, 『대동문화연구』31, 1996.

──, 「정다산의 주자『논어집주』비판(3)」, 『중국학보』40, 1999.

──, 「정다산의 주자『논어집주』비판(4)」, 『어문논집』47, 2003.

──, 「정다산의 주자『논어집주』비판(5)」, 『한국교육연구』20, 2004.

김영주, 「공자와 노자의 天·鬼神·道개념과 그 사회사상적 의미」, 『사회사상과문화』24, 2011.

김인규, 「공자의 정치사상」, 『한국철학논집』14.

김철운, 「孔子의 '앎'(知) : 人道의 실현」, 한국양명학회, 『양명학』 제37호, 2014.

김충열, 「해체위기에 직면한 유가 전통가정을 지키는 길」, 『유교사상연구』 20.

김형중, 「『논어』의 '德' 개념 고찰」, 『중국학논총』 32, 2011.

김형철 · 문병도, 「유가와 칸트의 도덕판단 방법론 비교연구」, 『철학연구』 77, 2003.

류준필, 「『논어』경학에서의 '學'개념과 그 인식 층위」, 『한국한문학연구』 45.

문석윤, 「『논어』에서 '知'의 의미(知字淺釋)」, 동양철학연구회, 『동양철학연구』 제18집, 1998.

문석윤, 「선진(先秦) 유학(儒學)에서 지(知)와 인식(認識)의 문제」, 한국철학회, 『철학』 제 76집, 2003.

박성규, 「공자의 정명의 의미」, 『철학연구』 84, 2009.

빈동철, 「고대 중국의 '天'은 '上帝'와 동일한 개념인가?」, 『공자학』 30, 2016.

서세영, 「『논어』에 나타난 배움의 의미」, 석사학위논문, 한국외국어대학교, 서울, 2009.

石永之(이승모 역), 「공자 정의사상 및 그 현대의의」, 『퇴계학』 18.

송정희, 「공자의 天에 관한 연구」, 『중국학보』 18, 1977.

송창기, 「'思無邪' 詩敎의 재평가」, 『어문학논총』 13, 1994.

심승환, 「공자의 교육사상에 나타난 배움(學)과 사고(思)의 관계에 대한 고찰」, 『교육철 학』 47, 2010.

안외순, 「君子와 市民 그리고 '시민의 군자화'」, 『동방학』 10, 2004.

───── , 「'좋은 삶'과 孟子의 仁政論」, 『동양고전연구』 37, 2009.

안재원, 「인문학(humanitas)의 학적 체계화 시도와 이에 대한 비판에 대해서 : ars개념 을 중심으로」, 『서양고전연구』 39, 2010.

안현수, 「공자의 시 · 예 · 악의 사상」, 『국민윤리연구』 13, 1982.

엄연석, 「도덕적 이상의 관점에서 본 유가와 법가의 가족관」, 『중국학보』 46.

유현주, 「詩 · 禮 · 樂을 통한 참된 예술의 완성」, 『한국무용연구』 3 1-2, 2013.

윤용남, 「유가의 생사관과 죽음에 대한 태도」, 『철학논총』 59, 2010.

윤인현, 「『논어』에서의 『詩經』 詩」, 『국제어문』 60, 2014.

이경무, 「'지(知)'와 공자 인학(仁學)」, 대한철학회, 『哲學硏究』 제107집, 2008.

───── , 「'학(學)'과 공지 인학(仁學)」, 한국동서철학회, 『동서철학연구』 제43호, 2007.

──, 「공자의 정명사상 연구」, 『인문논총』 20, 전북대, 1990.

──, 「학(學)과 공자 인학(仁學)」, 『동서철학연구』 43, 2007.

이광호, 「공자의 학문관」, 『동서철학연구』 20.

이병갑, 「『논어』의 仁:개념분석과 행정학적 함의」, 『한국행정논집』 22권 제3호, 2010.

이선경, 「선진유가에 있어서 時中의 문제」, 『동양철학연구』 55, 2008.

이시유, 「『주역』의 죽음담론을 위한 시론」, 『철학논총』 69, 2012.

이영호, 「『논어집주』의 成書過程을 통해서 본 주자 경학의 특징」, 『한문학보』 9, 2003.

──, 「『論語集註』의 註釋方式과 그 經學史的 繼承樣相」, 『동양학』 35, 2004.

이영환, 「『논어』에 수용된 『시경』 시의 교육적 해석」, 『한국교육사학』 35, 2013.

──, 「『논어』의 시교육론」, 『한국교육사학』 34-3, 2012.

이우, 「論語와 孟子 中의 '仁'字에 關한 研究」, 『중국학보』, 18권. 1977.

이재권, 「공자의 교학사상」, 『대동철학』 24, 2004.

이정선, 「선진시대 天사상의 전환과정」, 『인문사회』 21, 2015.

이철승, 「『논어』의 '학이'1장에 나타난 배움과 익힘의 논리와 의미」, 『중국학보』 59, 2010.

이택용, 「『논어』 "지명(知命)"의 의미 고찰 -『논어』 전후 전적에 나타난 "지명"의 용례를 통해서-」, 한서대학교 동양고전연구소, 『동방학』 28권, 2013.

──, 「『논어』에서의 명론의 함의와 그 위상에 대한 고찰」, 『유교사상연구』 제47집, 한국유교학회, 2012.

임원빈, 「공자의 학(學)에 관한 연구」『공자학』1, 1995.

장승희, 「공자사상에서 '사랑'의 의미 고찰 -인(仁)의 개념사와 철학적 인간학」, 『윤리교육연구』 34, 2014.

장영백, 「古代中國의 '天'思想初探(一)」, 『중국어문학논집』 4, 1992.

장현근, 「君子와 世界市民」, 『유럽연구』 5, 1997 봄.

장현근, 「도덕군주론:고대 유가의 聖王論」『한국정치학회보』 38-1호.

전병욱, 「朱子 『論語集註』의 수양론적 해석학」, 『동양철학연구』 59, 2009.

정대환·유지웅, 「공자철학에서 성(性)과 습(習)의 의미」, 『유교사상문화』 59, 2015.

지준호, 「'종심소욕불유구'를 통해 본 공자의 인성론」, 『동양철학연구』 39, 20.

최문형, 「공자의 천명론과 귀신관」, 『동양철학연구』 18, 1998.

최병철, 「正義를 중심으로 한 공자와 플라톤의 비교연구」, 『동양철학연구』 10.

최상천, 「孔子의 修己治人의 정치사회학」, 『사회과학연구집』 5, 1998.

최석기, 「남당 한원지의 『중용』해석의 특징과 그 의미」, 『동방한문학』 32, 2007.

하영삼, 「"鬼"계열 한자군의 자원으로 살펴본 고대 중국인들의 귀신 인식」, 『중국어문학』 50, 1997.

하춘덕, 「논어에 나타난 공자의 시사상」, 『석당논총』 18, 1992.